दादी जानकी

मानव सेवा के सौ वर्ष

दादी जानकी
मानव सेवा के सौ वर्ष

लिज हॉजकिंसन

www.prabhatbooks.com

प्रकाशक

प्रभात पेपरबैक्स

4/19 आसफ अली रोड, नई दिल्ली-110002

फोन : 23289555 • 23289666 • 23289777 ❖ फैक्स : 23253233

इ-मेल : prabhatbooks@gmail.com ❖ वेब ठिकाना : www.prabhatbooks.com

संस्करण

प्रथम, 2016

अनुवाद

नजमुस शहर

मूल्य

दो सौ रुपए

अ.मा.पु.स. 978-93-5186-784-5

मुद्रक

आर-टेक ऑफसेट प्रिंटर्स, दिल्ली

———————— ★ ————————

DADI JANKI : MANAV SEVA KE SAU VARSH
by Liz Hodgkinson

Published by **PRABHAT PAPERBACKS**
4/19 Asaf Ali Road, New Delhi-110002
under licence from BK Publications,UK
Global Co-operation House, 65 Pound Lane, London NW10 2HH, UK
ISBN 978-93-5186-784-5

₹ 200.00

भूमिका

तीस वर्षों से भी ज्यादा समय से लिज हॉजकिंसन से दादी जानकी और ब्रह्माकुमारी के अद्‌भुत संबंध थे। सन् 1981 में पहली बार वे अपने पत्रकार पति नेविल के संपर्क में तब आईं, जब वे 'शी' पत्रिका के लिए राज योग चिंतन पर लेख लिख रही थीं। यद्यपि वे चिंतन के प्रति उतनी आकर्षित नहीं थीं, उसकी शिक्षा में उसे रुचि हो गई और वर्षों बाद उनमें से कई उपायों को अपने जीवन में लागू करके उसे लाभ मिला। उन्होंने अध्यात्मोन्मुख विषयों पर भी अनेक पुस्तकें लिखी हैं, जिनमें ब्रह्माकुमारीज का इतिहास 'पीस ऐंड प्योरटि' भी शामिल है।

जब नेविल और लिज के बेटे टॉम तथा विल बड़े हुए तो वे दोनों एक-दूसरे से अलग हो गए। लिज ने एक अति सफल लेखक और पत्रकार के रूप में अपना कॅरियर जारी रखा; जबकि सन् 1994 में नेविल पूर्णकालिक पत्रकारिता को छोड़कर ऑक्सफोर्ड के निकट ब्रह्माकुमारी रिट्रीट सेंटर में रहने और काम करने लगे।

वैश्विक तथ्यों के साथ निरंतर रूप से जुड़े रहने से लिज दादी जानकी की इस आत्मकथा के आदर्श लेखक हैं। यह पुस्तक ब्रह्माकुमारी की शिक्षाओं को भारत से बाहर प्रसारित करने में और ब्रह्माकुमारी को एक महत्त्वपूर्ण वैश्विक आंदोलन के रूप में स्थापित करने के लिए दादी की अद्‌भुत उपलब्धियों पर केंद्रित है। यह कोई आधिकारिक आत्मकथा नहीं है, बल्कि तीस वर्षों की मित्रता पर आधारित एक स्नेहपूर्ण व्यक्तिगत विवरण है। लिज विशेष रूप से दादी की प्रबल इच्छाशक्ति और उद्‌देश्य तथा महिलाओं के सशक्तीकरण के उनके उत्साह का गुणगान करते हैं। यह पुस्तक दादी की दूसरों के भीतर छुपी प्रतिभाओं और गुणों को बाहर निकाल लेने की क्षमता को भी रेखांकित करती है, जिसका उन्हें भी पता नहीं होता है।

लिज का यह विवरण ब्रह्माकुमारी से जुड़े अनेक ऐसे लोगों की कहानियों पर आधारित है, जिन्होंने दादी के साथ निकट से काम और अध्ययन किया है, जिनमें मैं भी शामिल हूँ, ताकि एक विशिष्ट व्यक्ति के बारे में अतिपठनीय विवरण दे सकूँ।

—सिस्टर जयंती

पुस्तक परिचय

"यदि एक प्रौढ़ भारतीय महिला, जो अंग्रेजी नहीं बोल सकती है और जिसके पास न पैसा है, न घर है, न शिक्षा, वह भव्य अंग्रेजी घर प्राप्त कर सकती है—तो कुछ भी संभव है।"

—दादी जानकी

इसी भव्य घर में, जो कि अब ब्रह्माकुमारी का रिहायशी रिट्रीट सेंटर है, जो ऑक्सफोर्ड के ठीक बाहर स्थित है और जहाँ मैं अंतिम बार 21 मई, 2015 को दादी जानकी से मिली।

'कॉल ऑफ द टाईम' विषय पर वार्त्ता के लिए वहाँ पर बड़ी संख्या में प्रतिनिधिमंडल मौजूद थे और पूरी दुनिया से लोग वर्तमान वैश्विक मुद्दों पर आध्यात्मिक दृष्टिकोण से विचारविमर्श करने के लिए एकत्रित होते हैं। इस दो दिवसीय सम्मेलन का सभापतित्व करने के लिए दादी जानकी का आना एक बजे अपेक्षित था। उनके आवागमन को लेकर लोगों में बड़ा उत्साह और जोश था।

क्या वे आएँगी? क्योंकि दादी से मिलने के लिए लोग हमेशा आतुर रहे हैं, और यद्यपि वे लोगों की इन अपेक्षाओं को पूरा करने की हमेशा ही कोशिश करती हैं, लेकिन साढ़े निन्यानवे वर्ष की आयु में उनका कमजोर शरीर निरंतर हार मानने के खतरे में होता है।

ऐसा नहीं है कि वे अपने शरीर की कमजोरियों को हावी होने देती हैं। एक सप्ताह पहले ही अत्यंत व्यस्त कार्यक्रम में भाग लेने के लिए वे भारत से लंदन गईं, जिसमें यू.एस. की हवाई यात्रा और यू.के. के चारों ओर का भ्रमण भी शामिल था। मैं भी इस आशा के साथ रिट्रीट सेंटर गई कि हो सकता है कि यह उनकी

अंतिम झलक हो, यद्यपि वहाँ उपस्थित लोगों की भीड़ को देखकर इस बात की संभावना कम ही लग रही थी कि वे मेरे लिए कुछ विशेष समय निकाल पाएँगी, क्योंकि लोग उनके लिए एकत्रित थे।

मैं गलत थी। लंदन से आने के कुछ ही मिनटों के बाद यह संदेश आया कि वे लिज से मिलना चाहती हैं।

दादी ऐसे व्यक्तित्व में नहीं हैं, जिनकी अवहेलना की जाए, इसलिए मैं खाने के कमरे से तेजी से निकली, जहाँ मैं दोपहर का भोजन समाप्त ही कर रही थी और स्वागतकक्ष की ओर भागी, जो सफेद वस्त्र में लिप्त जमीन पर बैठे योगियों से खचाखच भरा हुआ था। कुरसी पर बैठी दादी को भी वहाँ लाया गया। सफेद वस्त्र पहने दादी उपस्थित भीड़ को देखकर सादगीपूर्ण मुस्कान बिखेर रही थीं।

पहले ही वह वहाँ कुछ मिनट ही रहीं, वहाँ शांति और प्रेम का वातावरण बन गया। मैंने उनके पीछे की ओर से वहाँ प्रवेश लिया और उन्होंने शिकायत की कि वे मुझे नहीं देख सकीं। 'मैं यहाँ हूँ दादी।' उनकी ओर बढ़ते हुए मैंने कहा।

दादी से एक पवित्र मिठाई 'टोली' प्राप्त करने के बाद भीड़ छँट गई और मुझे मालूम हुआ कि दादी के साथ मेरी निजी बैठक होनेवाली है। वे बड़ी मुश्किल से उठीं, जिसमें उनकी पूरे समय देखभाल करनेवाले दो सहायकों ने सहायता की और अपने कमरे में चली गईं, जो पूरा सफेद था।

जब दादी खड़ी होती हैं तो पता चलता है कि वे कितनी छोटी और कमजोर हो गई हैं। वे चल-फिर नहीं सकती हैं, उन्हें उनकी देखभाल करनेवाले हर जगह लेकर जाते हैं। लेकिन उनका मस्तिष्क हमेशा की तरह तीक्ष्ण है और बैठक के दौरान हमने उस पुस्तक के बारे में भी बात की, जो मैं उन पर लिख रही थी।

''क्या तुम्हें यह आसान लग रहा है?'' उन्होंने पूछा।

''नहीं दादी, यह आसान नहीं लग रहा है।'' मैंने जवाब दिया। ''मैं यह बताने का प्रयास कर रही हूँ कि आपने इतना सब कुछ किस प्रकार हासिल किया और यह कोई आसान काम नहीं था।''

वे अचंभित लग रही थीं। ''लेकिन मैंने तो कुछ किया ही नहीं है।'' उन्होंने कहा।

''आपने पश्चिम में नए सिरे से एक आध्यात्मिक आंदोलन की बस शुरुआत की है।'' मैंने उन्हें याद दिलाया।

उन्होंने ऊपर की ओर इशारा किया, ''यह तो ईश्वर है, जिसने सब कुछ किया। मैं तो एक माध्यम भर हूँ।''

जैसा कि हम बातचीत कर ही रहे थे तो दादी ने कहा कि वे कभी भी अन्य लड़कियों की तरह नहीं थीं, क्योंकि दो वर्ष की आयु से ही उन्हें ईश्वर के साथ अपने मजबूत संबंध का अनुभव हुआ था। लगभग एक शताब्दी के बाद भी वह संबंध वैसा ही मजबूत है और उन्हें समर्थ बनाया है, उनके ही शब्दों में, असंभव को हासिल करने में।

मैं दादी को तीस वर्षों से भी ज्यादा समय से जानती हूँ और इस बार मुझे उनके साथ आलिंगन करते हुए एक नए और यहाँ तक कि शारीरिक निकटता का अनुभव हुआ। विगत में, मैं कहना चाहूँगी, मैं उनसे ज्यादा भयभीत रहती थी, लेकिन इस बार तो बची-खुची सारी ही बाधा पूरी तरह से खत्म हो गई थी। दादी में यह अद्‌भुत क्षमता थी कि जो कोई भी उनके सामने आता वे उसे खास अनुभव करातीं, इस बार मुझे लगा कि मैं सचमुच में उनसे जुड़ गई हूँ।

क्योंकि मैं, आप कह सकते हैं कि, उनके बारे में तथ्यपरक और सही पुस्तक लिखने के लिए एक 'माध्यम' के रूप में चुनी गई हूँ और इसका अर्थ यह है कि मुझे अपने विषय के साथ निकट का संबंध बनाना था। अपने कार्य को पूरा करने की अंतिम अवस्था की ओर बढ़ते हुए मुझे अंतत: यह लगा कि मैंने ऐसा कर लिया।

शायद अपने हिस्से के रूप में इस पुस्तक में उन्होंने स्वर्णिम जानकारियाँ उपलब्ध कराई हैं। मैं तो सिर्फ यह आशा ही कर सकती हूँ और यह आशा भी कर सकती हूँ कि मैं उनके साथ इंसाफ करने में समर्थ रही हूँ।

इस छोटी वृद्ध महिला, जो मुश्किल से चल-फिर या बोल सकती है, उसे पश्चिमी जगत् में एक प्रमुख आध्यात्मिक आंदोलन को शुरू करने का श्रेय जाता है, उसे लाखों लोगों को पश्चिम में शुरू किए गए एक अनोखे अभ्यास, राजयोग, का अध्ययन करने और ग्रहण करने के लिए प्रेरित करने का श्रेय जाता है।

यहाँ तक कि दादी ने मेरे पति को भी पकड़ लिया, जिसने कि मेरे उनके साथ संबंध को और भी संवेदनशील बना दिया। मैं प्राय: लोगों को कहती हूँ कि उन्होंने अपने से तीस वर्ष बड़ी महिला के लिए मुझे छोड़ दिया।

और हमारे बेटे विल ने एक पुस्तक लिखी, 'दि हाउस इज फूल ऑफ योगीज', जिसमें यह कहानी बताई गई है कि किस प्रकार एक पिता एक भारतीय महिला द्वारा चलाए जा रहे साधारण, दृढ आध्यात्मिक आंदोलन का धीरे-धीरे अनुयायी बन गया। बाकी परिवार ब्रह्माकुमारीज नहीं बना, यद्यपि दादी जानकी ने जो कुछ भी किया, हम उसकी सराहना और सम्मान करते हैं।

इसमें कोई संदेह नहीं था कि मैं एक असाधारण महिला के सामने बैठी थी, एक ऐसी महिला, जिसका मेरे अपने ही परिवार पर गहरा प्रभाव था और जिसे हमारे समय की महान् आध्यात्मिक नेताओं में से एक माना जा सकता है। विदेशी भूमि में अर्जित अपनी सफलताओं के बावजूद वे व्यापक रूप से गुमनाम ही रहीं। दादी, जो कि स्वयं भी अत्यंत अनुशासन और सात्त्विकता का जीवन जीती हैं, ने हजारों विदेशियों को अपने भौतिक सुखों का त्याग कर अपने जीवन का अनुसरण करने के लिए प्रेरित किया है।

जब आप उनसे मिलते हैं या उनके सामने आते हैं, दादी जानकी शांत और खुश लगती हैं, हमेशा मुसकराती हुई तथा आपके हाथों में तोहफे देती हुई। लेकिन धर्मनिरपेक्ष और आत्मकेंद्रित पश्चिम में इस आंदोलन को शुरू करना आसान नहीं था।

एक प्रश्न के उत्तर में कि उन्होंने जो कुछ भी हासिल किया, उससे उन्हें कैसा महसूस होता है, उन्होंने कहा कि उन्हें जो संदेश देना था, वह इतना महत्त्वपूर्ण था और इसे पूरे विश्व में प्रसारित किया जाना था कि भारत तक ही सीमित रहना था। लेकिन क्या पश्चिम के कोई भी व्यक्ति को इसमें रुचि होगी जो उन्हें कहना था, वही उन्होंने कहा कि उनकी सबसे बड़ी चुनौती थी।

धार्मिक और सांस्कृतिक बाधाओं को पार करना किसी भी तरह सहज नहीं था, लेकिन वे दृढतापूर्वक जमी रहीं और धीरे-धीरे उनके माननेवालों की संख्या बढ़ने लगी। जब मैंने पूछा कि उन्होंने कैसे अपने पहले पश्चिमी शिष्य को चुना था, उन्होंने कहा कि उन्हें पहले स्वयं से ही यह पूछना पड़ा था कि क्या वे साधारण जीवन जी पाएँगे। जब लोग भौतिक और आध्यात्मिक जीवन में अंतर को समझने लगते हैं, तो उन्हें संदेश में रुचि जाग जाती है, उन्होंने कहा, मुझे यह विश्वास था कि पश्चिमी जगत् के पहले के लोग जो मेरी कक्षाओं और चिंतन सत्र में आते थे, वे शिक्षाओं को समझ सकते थे तथा इस तरह से वे उन शिक्षाओं को दूसरों के साथ साझेदारी करने में सहायक हो सकते थे। 'जब आपका हृदय सच्चा होता है' दादी ने कहा, 'तो ईश्वर मदद करते हैं।'

उनकी बात सही थी। शुरू में दादी के संदेशों को सुनने के लिए लंदन के उनके छोटे से फ्लैट में आनेवाले पश्चिमी जगत् के लोगों में संदेशों को विश्व के अन्य भाग में ले जाने का साहस, विश्वास और प्रेरणा थी तथा इसी कारण आज विश्व के 120 देशों में और हर बड़े शहर में ब्रह्माकुमारी केंद्र है। ''मैं उन्हें ईश्वर की संतान के रूप में देखती हूँ'', दादी ने कहा, ''न कि पश्चिमी जगत् के लोग के

रूप में। पुरुष या स्त्री के रूप में भी नहीं। लेकिन शुरू में मुझे यह आश्चर्य तो होता ही था कि यह कैसे संभव है कि सभी आस्था और पृष्ठभूमि के लोग इन शिक्षाओं को स्वीकार कर लेंगे।''

वास्तव में यह शिक्षा क्या थी, सही में दादी जानकी कौन थीं और उन्होंने वह सब कुछ किस तरह हासिल किया जो असंभव लग सकता था, इन सारी बातों की पड़ताल इस पुस्तक में करेंगे। एक सच्चा चमत्कार यह हुआ कि मैं उनसे मिल पाई, जब वे भारत में मृत्यु के द्वार पर खड़ी थीं, जहाँ वे सन् 2005 से रह रही थीं और जब 91 वर्ष की आयु में वे ब्रह्माकुमारीज की विश्व-प्रमुख बन गईं।

उनके डॉक्टरों को भी यह अपेक्षा नहीं थी कि बीमारी के गंभीर हमले को वे झेल पाएँगी क्योंकि कभी-कभी वे पीड़ा से चिल्ला पड़ती थीं। उन्हें वायुयान द्वारा अस्पताल पहुँचाया गया था तथा एक समय तो अंतः-स्नायविक सुई की मदद से अस्पताल ले जाया गया था और परिणामतः विश्व के सभी केंद्रों के लिए हर घंटे समाचार बुलेटिन चलाया जाता था, ताकि जो अवश्यंभावी हो, उसके लिए स्वयं को तैयार रख सकें।

उसके वावजूद, सभी बाधाओं से लड़ते हुए उन पर विजय प्राप्त की और बच गईं तथा इतनी स्वस्थ भी हो गईं कि हिथ्रो की दो कठिन यात्राएँ भी कीं—1 जनवरी, 2015 में और अगली मई में। आजकल दादी प्रथम श्रेणी में यात्रा करती हैं, उनका किराया उनके एक श्रद्धालु द्वारा अदा किया जाता है। लेकिन फिर भी उन्हें हवाई अड्डे आना और जाना पड़ता है तथा विमान में भी चढ़ना एवं उतरना पड़ता है।

लंदन में उनसे मिलकर खुश होनेवाले लोगों में महामहिम प्रिंस ऑफ वेल्स भी एक थे और लघु सूचना पर ही क्लेयरेंस हाउस में एक बैठक आयोजित की गई। यह आसान नहीं था, सिर्फ इसलिए नहीं कि स्वयं राजकुमार का अपना कार्यक्रम अत्यंत व्यस्त होता है, महीनों पूर्व इसकी योजना बनाई और एक के बाद एक बैठक की, इसलिए भी कि दादी बमुश्किल चल सकती थीं और किसी भी क्षण गिर सकती थीं। इसलिए इन दोनों को साथ लाने की पूरी व्यवस्था की गई, और दादी इसे कह सकती हैं, उन्हें ज्यादा सहायता ईश्वर से मिली है।

ईश्वर की उन पर कृपा हुई और बैठक संपन्न हुई। स्वयं राजकुमार भी बिना साहस के नहीं हैं और दादी हमेशा से ही उनकी इस बात के लिए प्रशंसक रही हैं, जिस तरह उन्होंने आलोचनाओं का डटकर सामना किया। यद्यपि उनका जन्म शाही परिवार में हुआ था और जहाँ कहीं भी वे जातीं प्रायः उनका शाही अंदाज से

सत्कार किया जाता और उन्होंने जो कुछ प्राप्त करने की कोशिश की, उसके लिए उन्हें भी अनेक घृणित और विपरीत टिप्पणियों का सामना करना पड़ता। उनका दृढ विश्वास हमेशा दादी के प्रति रहा और यह उनकी तीसरी बैठक थी, मस्तिष्क तथा हृदय की सच्ची बैठक।

जहाँ तक मेरी बात है तो मेरे सामने यह कठिन कार्य का उस रहस्य के केंद्र तक पहुँचने की कोशिश करना, जो दादी जानकी है।

आभार

लेखिका उन ब्रह्माकुमारीज के प्रति अपना आभार व्यक्त करती है, जिन्होंने उनके जीवन में दादी जानकी के महत्त्व के बारे में बात करने के लिए समय निकाला और अपने विचार साझा किए। इसलिए उन सभी के प्रति हार्दिक आभार, जिनका इस पुस्तक में उल्लेख आया और जिन्होंने इस पुस्तक को रुचिकर बनाने में सहायता की। अपने पूर्व पति नेविले हॉजकिंसन के प्रति भी आभार व्यक्त करती हूँ, जिन्होंने इस पुस्तक का संपादन किया और जयमिनी के प्रति भी अपना आभार व्यक्त करती हूँ, जिन्होंने इस प्रकाशन के प्रबंधन की जिम्मेदारी ली।

वर्ष 1993 में ऑक्सफोर्ड में दादी जानकी अभिवादन स्वीकार करते हुए।

अनुक्रम

वर्ष 1996 में यू.एन.ओ. द्वारा इस्तबनूल में आयोजित विश्व पृथ्वी सम्मेलन को उद्‌बोधित करती हुई दादी जानकी।

1

दादी जानकी का लंदन आना

अप्रैल 1974 में एक 58 वर्षीय महिला प्रकटत: एक साधारण संदेश के साथ लंदन आई, पश्चिम को ईश्वर के सच्चे शब्दों का ज्ञान कराने के लिए। उसका कद पाँच फीट से भी कम था, वह अशिक्षित थी और अंग्रेजी नहीं बोल पाती थी। न ही उसके पास कुछ था और न ही रहने की जगह। इससे पहले वह कभी भी भारत से बाहर नहीं गई थी, इसके अलावा उसका स्वास्थ्य भी ठीक नहीं था और पूरे जीवन उसे गंभीर बीमारियों का सामना करना पड़ा।

वे जिस तरह से आईं, किसी ने ध्यान नहीं दिया, फिर भी उनके आने के समय में जरूर कुछ खास बात थी, जिसे देखकर लगता था रास्ता तैयार किया जा चुका है, जैसे कि 1960 और 1970 के दशक में भारतीय गुरुओं के वहाँ पहुँच कर प्राचीन पूर्वी ज्ञान देने की एक लहर द्वारा, जिनकी पश्चिमी विचारधारा पर पहले ही गहरा प्रभाव पड़ा।

दादी जानकी एक ऐसे समय इंग्लैंड आईं, जब पश्चिम के लोग भारतीय गुरुओं की शिक्षा के प्रति आकर्षित हो रहे थे। जो पश्चिम के लिए पहले अज्ञात था, जैसे—चिंतन और योग तथा पश्चिम जगत् के लिए समान रूप से विचित्र धारणा, कर्म और पुनर्जन्म।

यह 'मैं' पीढ़ी का युग था, एक ऐसा समय जब बहुत सारे युवा पारंपरिक धर्म और राजनीतिक व्यवस्था से भ्रमित थे तथा वे मस्तिष्क को जाग्रत् करनेवाले अनुभवों, व्यक्तिगत विकास, चेतना को जाग्रत् करनेवाले नए तरीके एवं अपनी स्वयं की संभावनाओं तक पहुँचने की तलाश में थे। नए भारतीय गुरुओं ने उन्हें

पूर्व के रहस्यवादी ज्ञान और अध्यात्म का एक आकर्षक मिश्रण प्रस्तुत किया तथा प्राय: सनकी और शिक्षित पश्चिमी युवाओं को आकर्षित करने के लिए इन्हें आकर्षक ढंग से प्रस्तुत किया। यह सब कुछ कैलिफोर्निया में जोर पकड़ रहे मानवीय संभाव्यता आंदोलन के साथ मिल गया और सन् 1974 तक अनेक भारतीय गुरुओं ने पश्चिम में अपना मजबूत आधार बना लिया था और कई तो इतने लोकप्रिय हो गए थे कि उनके आश्रम, रिट्रीट केंद्रों एवं मंदिरों में लोगों की भारी भीड़ इकट्ठी हो जाती थी।

यह सब कुछ कोई दस साल पहले ही शुरू हुआ था, जब भारतीय गुरु जिनमें कि कई स्वघोषित थे, लेकिन पश्चिम के लोगों को यह अंतर कैसे पता चलता? यह सबसे पहले पश्चिम में पहुँचा और एक बहुत ही अलग किस्म का आध्यात्मिक ज्ञान पारंपरिक ईसाइयत को देना शुरू किया। अब इस बात पर जोर था कि योग, चिंतन और मंत्रोच्चार द्वारा शरीर से परे उल्लासपूर्ण अनुभव प्राप्त करना। इन नई भारतीय शिक्षाओं के आरंभिक प्रसार में विटलस द्वारा महत्त्वपूर्ण भूमिका निभाई गई, जो निस्संदेह रूप से विश्व का सबसे बड़ा पॉप समूह था; वे महर्षि महेश योगी के अनुयायी बन गए और उनके द्वारा प्रसारित चिंतन के उस रूप का अभ्यास करने लगे। चिंतन का यह रूप ट्रांसेंडेनटल मिडिटेशन या टी.एम. के नाम से विख्यात हुआ।

टी.एम. हिंदूवाद का एक सहज और धर्मनिरपेक्ष रूप था, जो तेजी से लोकप्रिय हुआ और जल्द ही बड़ी संख्या में लोग दिन में दो बार चिंतन करने लगे तथा अपने विशेष मंत्र का उच्चारण करने लगे। चिंतन धीरे-धीरे प्रार्थना के अप्रभावी और लोगों की मान्यताओं के अनुसार पुराने तरीके का स्थान लेने लगा। और ऐसा लगता भी था कि इस नए चेतन का परिणाम भी आने लगा था तथा इसकी सहायता से अपने भीतर देखने में समर्थ हो रहे थे। इससे उनके भीतर लंबे समय से दबे तनाव से उन्हें बिना किसी दवा के प्रयोग के मुक्ति मिल रही थी, उन्हें शांति और नई अंतर्दृष्टि की प्राप्ति हो रही थी।

ठीक उसी समय जब पश्चिम में महर्षि का प्रभाव बढ़ता जा रहा था, स्वामी ए.सी. भक्तिवेदांता प्रभुपाड़ा नामक एक अन्य गुरु का न्यूयॉर्क में आगमन हुआ। भारत में उनके शिक्षक ने पश्चिम में कृष्ण के संदेशों को प्रसारित करने का उन्हें निर्देश दिया था और यही करने के लिए वे सन् 1965 में वहाँ पहुँच गए। उन्होंने टांपकिंस स्कवॉयर में उन लोगों के सामने 'हरे कृष्णा, हरे कृष्णा' करना शुरू किया जो उन्हें सुनते और जो उन्हें नहीं भी सुनते। लेकिन जल्द ही उन्होंने उतने

पैसे इकट्ठे कर लिये कि एक स्टोर के सामने एक मंदिर की स्थापना कर ली, जो इंटरनेशनल सोसाइटी फॉर कृष्णा कॉनशसनेस के नाम से विख्यात हुआ (Iskon)।

एक बार फिर आंदोलन तेजी से फैलता गया और बड़ी संख्या में पश्चिमी श्रद्धालू कृष्ण मंदिर में पूजा करने लगे। यह आंदोलन टी.एम. से इस अर्थ में बहुत भिन्न था। इसमें नृत्य, संगीत, अगरबत्ती, फूल की भी अनुमति थी, न ही कठोर रूप से व्यावहारिक महिर्ष द्वारा विकसित और व्यावहारिक चिंतन जैसी कोई चीज थी। कृष्ण आंदोलन शीघ्र ही अटलांटिक को पार कर गया और लंदनवासियों को मुँड़े सर तथा नारंगी वस्त्र में लंदन के ऑक्सफोर्ड स्ट्रीट में चलते हुए—भक्तों के समूह को देखने की आदत पड़ गई। कृष्ण मंदिर में नि:शुल्क शाकाहारी भोजन भी दिया जाता है और एक पूरी पीढ़ी को शाकाहारी भोजन से परिचित कराया।

शुरू से ही इस्कॉन एक दिखावेवाला का पूर्वी आंदोलन था, जिसकी ओर अनेक हॉलीवुड सितारे भी आकर्षित हुए। इसकी शिक्षा हिंदू शास्त्रों में सबसे प्रसिद्ध भागवद्गीता पर आधारित थी। आंदोलन ने सदस्यों को लैंगिक रूप से संतुष्ट रहने, शाकाहार करने और शराब से दूर रहने के लिए प्रोत्साहित किया। श्रेष्ठ आत्म के साथ निकट संबंध योग और इस सोसाइटी का संपूर्ण केंद्र था तथा अपने आपको ईश्वरीय या आध्यात्मिक देखकर शारीरिक या हथ योग की तेजी से बढ़ती लोकप्रियता के प्रति इसका दृष्टिकोण शंकालु था और उसे यह स्वस्थ रहने के मात्र एक रूप में देखता था।

इस समय तक एक अन्य संगठन, दि स्कूल ऑफ इकोनॉमिक साइंस भी अस्तित्व में आया, जिसका लंदन स्कूल ऑफ इकोनॉमिक्स से कोई संबंध नहीं था और इसने महर्षि महेश योगी के अनेक विचारों को ग्रहण कर लिया तथा पारंपरिक हिंदूवाद के आधार पर लंदन में अनेक पाठ्यक्रमों का संचालन शुरू कर दिया। इस स्कूल को संस्थापक लियोन मैक्लॉरेन पहली बार सन् 1959 में लंदन में महर्षि से तब मिला था, जब वे वहाँ टी.एम. के प्रसार के लिए गए थे। मैक्लॉरेन उनसे बहुत प्रभावित हुआ और वह महर्षि के अपने गुरु शांतानंदन सरस्वती से मिलने भारत गया। तब उसने एक दर्शन बनाया, जिसे 'अनेकता में एकता' का नाम दिया, जो पूर्व के दर्शन और पश्चिम के ज्ञान का मिश्रण था। 1960 के दशक से ही दि स्कूल ऑफ इकोनॉमिक साइंस (एस.ई.एस.) अद्वैत वेदांत की शिक्षा दे रहा है, जो 'शुद्ध चेतना' की भारतीय धारणा है, यह हर चीज का गैर-भौतिक सार है।

स्पष्टत: इन शिक्षाओं और धारणाओं में से कुछ जटिल हैं एवं इनकी सराहना तथा इन्हें समझने के लिए स्तरीय पश्चिमी विचारधारा से भिन्न मन: स्थिति की

आवश्यकता होती है। हमारी उत्पत्ति और उद्देश्य के संबंध में अनेक पूर्वी व्याख्या पूरे विश्व में रचना की पारंपरिक विचारों और विकास के नए सिद्धांतों के संदर्भ में फैल गए। इस तरह उन्हें सनकी कहकर खारिज कर देना आसान और कई भारतीय गुरुओं को भी 60 तथा 70 के दशक में ढोंगी और पाखंडी मानकर नकार दिया गया।

निस्संदेह उनमें से कुछ विद्वान थे। पत्रकार एलेन जेम्सन अपने स्मरणीय 'मेकिंग गॉड लॉफ' में उस गुरु के बारे में लिखती हैं, जिनसे ज्ञान की प्राप्ति के लिए वे उनके पास गई थीं।

> "निस्संदेह वह आत्म-प्रेरक था, जिसने अपने अनुयायियों को अपने जीवन की बचत अपनी धार्मिक व्यवस्था के सुपूर्द कर देने को कहा, जबकि वह स्वयं संयुक्त राज्य अमरीका में वैभवपूर्ण जीवन व्यतीत कर रहा था। वहाँ वह रॉल्स रॉइस में शॉफर के साथ घूमता था और अमूल्य आभूषण पहनता था तथा गरीबों में उसका बड़ा सम्मान था, और वे अनुयायी उन पर विश्वास करते थे, जिससे उसने आध्यात्मिक ज्ञान देने का वायदा किया था।"

फिर भी अंत:प्रवाह जारी था और उनका प्रभाव धीरे-धीरे बढ़ने लगा। और भी आ गए, जैसे कि गुरु महाराजजी, जिससे लड़के को आश्चर्य हुआ, जो कि अपने 'डिवाइन लाइट मिशन' पर सन् 1971 में अमरीका आए थे। उनका अद्भुत उत्थान उसी प्रकार अद्भुत पतन और विशाल कर्ज के साथ हुआ, फिर भी वे विश्व-प्रसिद्ध हुए और आगे भी लोगों को भारतीय अध्यात्म की मौलिक विचारधारा से परिचित कराया।

कुछ अन्य गुरु, जिनमें से कुछ तो बड़े महान् थे, जिनमें भगवान श्री रजनीश भी शामिल थे, ने भी पश्चिम के अनेक लोगों को आकर्षित किया। उनका आंदोलन तब बाधित हुआ, जब इनका आश्रम भारत में पूणे से चला गया, उन पर बहुत सारे बकाये कर्ज भी रहे, उन्होंने बाद में ओरेगान के एंटीलोप में अपना आश्रम स्थापित किया, जहाँ लोग आगे आए और शहर के लोगों का स्थानीय निकाय के चुनाव में उनका मत प्राप्त करने के लिए उन्हें दूषित भोजन दे दिया। आहत गुरु, जिनकी अनेक अनुयायी कभी पूजा करते थे, ने अपना नाम बदलकर रजनीश रखा, जो मित्र का जापानी पर्यायवाची शब्द है। यह आंदोलन आज भी जारी है, यद्यपि इसमें अनेक आरंभिक दिनों जैसी तीव्रता नहीं रही, और बहुत सारे लोग यह मानते हैं कि ओशो में अनेक अवगुणों—अहं और लालच के बावजूद, अद्भुत अंत:दृष्टि थी, जो आज भी प्रासांगिक है।

इसमें कोई संदेह नहीं कि ओशो, जिसकी मृत्यु सन् 1990 में हुई, एक विलक्षण व्यक्ति था। दर्शन का एक अध्यापक, 1960 के दशक के उत्तरार्द्ध में मुंबई में एक धार्मिक नेता के रूप में खुद को स्थापित किया, जब उसके चारों ओर उसे सुनने के लिए विद्यार्थियों की भीड़ लगी रहती थी। आरंभिक दिनों में उसके सभी अनुयायी भारतीय थे, लेकिन जल्द ही पश्चिम के लोग भी उसकी ओर आकर्षित होने लगे।

उस समय निश्चित रूप से उसका संदेश क्रांतिकारी था, विशेषकर युवा भारतीयों के लिए, क्योंकि वह उन्हें यह बताता था कि जितने साथियों के संभव हो, वे यौन आनंद ले सकते थे। उन्हें यह भी बताया कि सच्ची आध्यात्मिकता यौन चरमोन्माद से आती है, जिसमें फ्रायड के शिष्य विलहेम रेच के कार्यों की गूँज मिलती है। ओशो को कैलिफोर्निया के मानवीय संभाव्यता आंदोलन का अच्छा ज्ञान था और उसे यह लगता था यौन स्वतंत्रता, शांति, प्यार और ज्ञान जैसे विश्वव्यापी आंदोलन के लिए प्राचीन आध्यात्मिकता तथा आधुनिक मनोविज्ञान को साथ मिलकर काम करना चाहिए, जो विश्व में पहले कभी नहीं देखा गया।

यद्यपि ओशो का संबंध गरीब परिवार से था, वह बहुत बड़ा ज्ञानी और विद्वान व्यक्ति था, जो कि अत्यंत तेजी के साथ 16 पुस्तकें प्रतिदिन पढ़ सकता था। उसकी शिक्षा ने उस समय की अनेक हस्तियों को आकर्षित किया। उसकी एक मान्यता यह थी कि महिलाओं पर बोझ डाला गया था और उन्हें उन पर गर्भधारण और बच्चे पालने द्वारा पराधीन करके रखा गया था, न कि स्वतंत्र; और बड़ी संख्या में स्त्री और पुरुष माता-पिता बनने के लिए पूर्ण तरह अयोग्य थे। वह लोगों को आकर्षित और सम्मोहित करने वाला उच्च कोटि का वक्ता था, जिसकी बड़ी-बड़ी झील सी आँखें अनुयायियों को मंत्रमुग्ध कर देती थीं।

उसके अनेक विचार उस समय नए और क्रांतिकारी थे, जिनके पाश्चात्य लोग अभ्यस्त हो गए, उन्होंने उन विचारों को आधुनिकता का रंग दिया, लेकिन फिर भी उसमें प्राचीन पूर्वी दर्शन के तत्त्व मौजूद थे। भगवान की शिक्षा का एक महत्त्वपूर्ण पहलू, जिसकी गूँज दादी जानकी के संदेशों में भी मिलती है, वह यह है कि महिलाएँ पुरुषों के बिल्कुल समान हैं।

यह प्राचीन भारतीय विचारधारा से बिल्कुल भिन्न था, जिसमें हमेशा यह प्रभाव मिलता है कि महिलाएँ न सिर्फ पुरुषों से निम्नतर हैं, बल्कि शायद इनसान भी नहीं हैं।

स्वामी मुक्तानंद एक अन्य गुरु थे, जो विश्वप्रसिद्ध हुए। वे सिद्ध योगधाम

आंदोलन की शुरुआत करने के लिए सन् 1970 में अमरीका आए और सन् 1976 तक अमरीका में सिद्ध योग के 80 चिंतन केंद्र और पाँच आश्रम थे, जहाँ से निकलकर ये आगे यू.के. पहुँचे। एक बार फिर ये शीघ्र ही समस्त पश्चिमी जगत् में लोकप्रिय हो गए।

यद्यपि सिद्ध योग के पूर्णकालिक उपासक ब्रह्मचारी और शाकाहारी हैं। वे मद्यपान नहीं करते हैं और प्रात:काल उठकर एक घंटा मौन चिंतन करते हैं। सिद्ध योग में रुचि रखनेवाले अधिकांश लोग इसे हलके ढंग से अभ्यास करते हैं और सात्त्विक पक्षों पर अधिक जोर नहीं देते हैं।

सिद्ध योग प्राचीन सिद्धियों की शिक्षाओं पर आधारित है, जिन्हें कथित रूप से अप्राकृतिक शक्तियों से लैस माना जाता था और कई तरह से उनकी शिक्षाएँ पारंपरिक हिंदुत्व हैं। सिद्ध योग के अनुसार आत्मा का अवतरण होता है और मरणोपरांत आत्मा एक शरीर से दूसरे में चली जाती है। इसमें तनाव कम करने के लिए और आम तौर पर अधिक प्रभावशाली होने के लिए चिंतन पर अधिक जोर दिया जाता है। कृष्णा जागरूकता की तरह ही सिद्ध योग को 'हॉलीवुड योग' कहकर मजाक उड़ाया गया है और इसकी ओर अनेक महान् हस्तियाँ तथा कलाकार आकर्षित हुए। यथास्थिति में बहुत अधिक व्यवधान डाले बिना ही यह थोड़ा अतिरिक्त आध्यात्मिक भावनाएँ पैदा कर सकता है।

स्वामी शिवानंद, श्रीअरबिंदो से लेकर साईं बाबा तक और भी अनेक गुरु लगभग इसी समय पश्चिम में प्रसिद्ध हुए। इन सभी की ओर पश्चिमी अनुयायी आकर्षित हुए, यद्यपि इन सभी के आश्रम भारत से बाहर नहीं थे।

सन् 1974 तक मंत्रोच्चारण और चिंतन करना या हथ योग की शारीरिक तोड़-मरोड़ का अभ्यास करना अब अजीब नहीं लगता। मौलिक रूप से पुरुषों को (केवल पुरुष) अपनी शारीरिक सीमाओं से बाहर निकल ईश्वर से जुड़ने में समर्थ बनानेवाली एक शिक्षा थी। आश्रम और दर्शन जैसे भारतीय शब्द आम बोलचाल में लोकप्रिय हो गए तथा जल्दी ही पश्चिम के हिप्पी 'हेलो' या 'आप कैसे हैं?' की बजाय 'ओम शांति' और 'नमस्ते' कहकर एक-दूसरे का अभिनंदन करने लगे।

प्रार्थना का स्थान चिंतन ने ले लिया, वह क्षमता जो हमारे मस्तिष्क को स्थिर रखकर अंदर की ओर मोड़ दे। गहरे पोशाकों में लिप्त पुजारियों, पादरियों और मंत्रियों का स्थान रंग-बिरंगे वस्त्रधारी गुरुओं ने अपने मंत्रों, अपनी अगरबत्तियों तथा अपने विश्वव्यापी शांति और प्रेम के संदेश के साथ ले लिया। उन लोगों के लिए, जो अपनी आध्यात्मिकता में पूर्व के रंग देखना चाहते थे और जो पारंपरिक

पाश्चात्य धर्मों से ऊब गए थे या भ्रमित हो गए थे, उनके लिए इन दाढ़ीवाले असामान्य गुरुओं और उनकी शिक्षाओं में शक्तिशाली आकर्षण दिखाई पड़ा।

जिस समय दादी जानकी लंदन आईं, ये विचार, जिनमें से कई उनके अपने संदेशों का अभिन्न हिस्सा थे, की वहाँ गहरी पैठ हो गई थी, कम-से-कम नए विचारों के माननेवालों और समय के सत्य की खोज करनेवालों में।

पहले के सभी गुरु और शिक्षक, जो पूर्वी दर्शन के विभिन्न पहलुओं तथा ज्ञान का प्रचार कर रहे थे, अधिकांश पुरुष थे। स्थापित धर्मों के समान ही स्वयं मानव संभाव्यता आंदोलन भी लगभग पूरी तरह से पुरुष प्रधान था। कोई रिचार्ड अल्पर्ट जैसे लोगों के बारे में सोचता है, जिन्होंने अपना नाम बदलकर राम दास रखा, ने सन् 1971 में इसी नाम से एक विलक्षण पुस्तक 'बी हियर नॉ' लिखी। यह पुस्तक, जिसने पश्चिम के कई लोगों को पहली बार पूर्व के योग, चिंतन और आध्यात्मिकता जैसी धारणाओं से परिचित कराया, की अब तक 20 लाख प्रतियाँ बिक चुकी हैं और यह पुस्तक कभी अनुपलब्ध नहीं रही है।

इस तरह एक प्रौढ़ भारतीय महिला के लिए इन आकर्षक और पूरी तरह से पुरुष प्रधान प्रतियोगिता में क्या अवसर थे? उन्हें ऐसा क्या बताना था, जो इन अन्य गुरुओं से भिन्न था। प्राचीन ज्ञान पर प्रवचन देते हुए एक महिला को कौन सुनेगा, विशेषकर एक ऐसी महिला, जो अंग्रेजी भी नहीं बोल सकती थी।

अपने केंद्रों की स्थापना और विस्तार के लिए पैसों के बिना वह क्या करेगी? क्योंकि एक ओर तो अन्य भारतीय शिक्षक उच्च शुल्क लेकर अत्यंत समृद्ध हो गए, दादी जानकी ने एक दृढ नीति यह बनाई कि किसी भी पाठ्यक्रम या प्रोग्राम के लिए वे कोई भी शुल्क नहीं लेंगी।

कोई आश्चर्य नहीं, जब कोई यह कह सकता है कि वे धरातल के एक छोटे से फ्लैट में रह रही थीं और फर्श पर सोती थीं (उनके पास बिछावन के पैसे भी नहीं थे), जबकि अन्य अनेक गुरु कीमती पोशाक पहने ड्राइवर के साथ लंबी गाड़ियों में घूमते थे और महलों में रह रहे थे।

और तब तक ब्रह्माकुमारी, जैसा कि यह आंदोलन, जो कि इस समय तक भारत में लगभग स्थापित हो चुका था, जाना जाता था, महिलाओं द्वारा चलाया जाता था, न कि पुरुषों द्वारा। आंदोलन के संस्थापक, जो ब्रह्म बाबा के नाम से जाने जाते थे, ने पहला प्रमुख भी एक महिला को ही बनाया था, उस समय के प्रचलित ज्ञान के विरुद्ध कि आध्यात्मिक ज्ञान और समझ के प्रसार के लिए केवल पुरुष ही उपयुक्त हैं।

दादी जानकी के सामने ब्रह्माकुमारी को पश्चिम में स्थापित करने में कठोर संघर्ष का सामना करना पड़ा और यह सब कुछ निराशाजनक ही लग रहा था। लेकिन उन्होंने कभी हार नहीं मानी और अपने उदाहरण तथा प्रेरणा द्वारा धीरे-धीरे अपने चारों ओर अपने निष्ठावान लोगों का एक समूह बना लिया, जैसे कि ईसा मसीह के बारह शिष्यों का। अंतर यह है कि इनमें से अधिकांश शिष्य महिलाएँ थीं, पुरुष नहीं।

उनका काम था कि दादी जानकी के सरल और अच्छाई के संदेश को भारत के बाहर विश्व के कोने-कोने में पहुँचाना।

जो कि हम देखेंगे कि उन लोगों ने अद्‌भुत सफलता के साथ अंजाम दिया।

एक ओर जबकि इनमें से पहले के अधिकांश भारत-आधारित आंदोलन का अस्तित्व समाप्त हो गया या प्रमुख रूप से भूला दिया गया, वह आंदोलन जो दादी जानकी ने इतने छोटे और निम्न स्तर से शुरू की थी, वह बढ़ा ही है। दि ब्रह्माकुमारी विश्व आध्यात्मिक विश्वविद्यालय आज एक समृद्ध विश्वसनीय वैश्विक संगठन है, जिसके संयुक्त राष्ट्र संघ के साथ मजबूत संबंध हैं और जो नियमित रूप से बड़े-बड़े सम्मेलनों का आयोजन करता है, जिसमें अंतरराष्ट्रीय ख्याति प्राप्त राजनेता, राज्यप्रमुख, नीति-निर्धारकों और उद्योगपतियों का शिष्यमंडल भाग लेता है। अब यह संगठन लंदन के पिछड़े हिस्से में स्थित धरातल पर बने दो कमरे के फ्लैट से संचालित नहीं किया जाता है, बल्कि इसके अपने विशेष रूप से बने बड़े-बड़े हॉल और सभाकक्ष हैं, जिनमें हजारों लोग वार्षिक रूप से इकट्‌ठे होते हैं।

एकमात्र पक्ष जो नहीं बदला था, वह था अन्य गुरुओं से भिन्न दादी जानकी आज भी उतनी ही सादगी से रहती थी, जितनी वे आंदोलन के शुरुआत में रहती थीं। यद्यपि वे अब फर्श पर नहीं सोती थीं, उनका शयन कक्ष इतना ही सादा और साफ-सुथरा था, जितना कि किसी साध्वी का, जिसमें एक बिछावन, एक कुरसी और एक अलमारी के सिवा बिल्कुल भी कुछ नहीं था। आपको उनके कमरे में कोई भी व्यक्तिगत सामान नहीं मिलेगा।

दादी कभी भी दूर से भी भव्य नहीं थीं, उनका धन्यवाद, यह संगठन के एडीनबर्ग विश्वविद्यालय के स्टडी ऑफ रिलीजीअन के एमेरेट्स प्रोफेसर फ्रैंक व्हेलिंग के अनुसार नए धर्म के मानदंडों को पूरा करता था। सन् 2012 में छपी अपनी पुस्तक 'अंडर स्टैंडिंग द ब्रह्माकुमारीज' में, जो कि तुलना धर्म के छात्रों की शैक्षिक शृंखला का एक अंग था, में बताते हैं कि ब्रह्माकुमारीज 'एक नई आध्यात्मिक परंपरा' है। पुस्तक के संक्षिप्त विवरण में तो यहाँ तक कहा गया है कि 'ब्रह्माकुमारी

अपनी ओर आकर्षित करने की अपनी नवीनता और जटिलता में अन्य आध्यात्मिक परंपराओं से भिन्न तथा अद्‌भुत है।'

ब्रह्माकुमारीज के भिन्न होने का एक प्रमुख कारण यह है कि अपने आकार और प्रभाव के साथ यह एक मात्र ऐसा आध्यात्मिक आंदोलन है, जो महिलाओं द्वारा संचालित किया जा रहा है। वे आज भी अपने आयोजनों और प्रोग्राम के लिए कोई शुल्क नहीं लेते हैं।

तो उन्होंने यह कैसे किया? चूँकि 99 वर्ष (2015 में) की आयु में अब दादी इतनी बूढ़ी और कमजोर हो गई हैं कि उनके साथ व्यापक रूप से साक्षात्कार नहीं किया जा सकता है। इस पुस्तक में उन लोगों के विस्तृत विवरण की श्रृंखला प्रस्तुत की जा रही है, जो वर्षों से दादी जानकी के निकट रहे हैं। व्यक्तिगत विवरण में उनके अपने ही शब्दों में ज्ञान और प्रेरणा की बातें भरी हुई हैं तथा मुझे उम्मीद है कि यह एक शांत महिला के व्यापक विवरण को आयाम देगा, जो उन सबके बावजूद हमारे समय की सबसे असामान्य और रोचक व्यक्तित्व से एक है।

किसी भी स्थिति में दादी जानकी का कोई दिखावा नहीं था। वे अभी भी सस्ता सूती गाउन पहनती हैं, उनके पास कोई सामान नहीं है और न ही वास्तविक घर है। शायद उनका एक विशेष गुण यह भी है कि जब उनके और संगठन के पास कुछ भी नहीं था, तब भी वे हमेशा इस तरह से व्यवहार करतीं कि उनके जीवन में कोई कमी ही नहीं है। उन्होंने कभी भी किसी सांसारिक संपत्ति की कामना नहीं की और चूँकि एक तरह से वे इन सब चीजों से ऊपर उठ गईं, उनके बारे में हमेशा ही कुछ-न-कुछ राजकीय और भव्य था।

महारानी की तरह वे अपने पास कभी भी पैसे नहीं रखती थीं और वास्तव में उनके पास कभी अपना पैसा था भी नहीं। उन्हें जो कुछ भी मिलता वे उसे उसी समय किसी और को दे देतीं। उनका जीवन सादगीपूर्ण और समर्पित रहा है। उन्होंने कभी भी विशिष्ट व्यक्ति होने की कामना नहीं की या अपने लिए कभी विशेष बर्ताव की इच्छा नहीं की।

अपनी सादगी को बनाए रखते हुए विश्व मंच से संचालित करते हुए विश्वव्यापी आंदोलन की प्रेरणा देने का आशय है कि दादी जानकी का व्यक्तित्व एक पहेली था और उसका मूल्यांकन करना कठिन है तथा उनके बारे में लोगों के विचारों एवं प्रभावों में भी व्यापक रूप से मिलता है।

कुछ लोगों के लिए वे शालीन साध्वी हैं, उपहार देते हुए शालीनता से मुसकराती हुई, जबकि कुछ लोगों के विचार में वे एक निष्ठुर तानाशाह की तरह हैं, जो अपने

कर्मचारियों को नियमित रूप से अपनी सीमाओं तक या परे ढकेलती हैं।

कुछ लोगों की नजर में वे स्त्रीत्ववादी और माँ का अवतार हैं, जबकि कुछ लोगों का मानना है कि उनके भीतर स्त्रीत्ववाद की झलक भी नहीं मिलती है और उनकी नजरों में उनमें सबसे ज्यादा पौरुषता की झलक मिलती है। कइयों के विचार हैं कि वे दूसरों से काम करवाने के मामले में कठोरतम थीं और यह सच भी है कि वे किसी से भी कभी भी दूसरे दरजे का या निम्न गुणवत्ता स्वीकार नहीं करती हैं।

दादी जानकी से मिलने के बाद लोगों की जो भी भावनाएँ रही हों, एक बात तो निश्चित है, आप उनसे प्रभावित हुए बिना नहीं रह सकते हैं। उनकी उपस्थिति महसूस होती है और उसमें एक चुंबकीय शक्ति होती है, जिसकी उपेक्षा नहीं की जा सकती है। कुछ लोग खिंचाव महसूस कर सकते हैं और उन्हें ऐसा महसूस हो सकता है कि चिल्लाते हुए भाग जाएँ, क्योंकि उनकी शक्ति के प्रति आकर्षण से वे भयभीत हो जाते हैं, जबकि कुछ लोगों को और कुछ नहीं चाहिए बस उनकी उपस्थिति में बैठे रहना और उस जादू को अपने भीतर अवशोषित कर लेना, जो उन्हें लगता है कि उनसे निकल रही है।

कई दृढ स्वभाव के व्यक्ति भी दादी जानकी के संपर्क में बदल गए हैं, जिनमें इस पुस्तक की लेखिका के पति भी शामिल हैं, जिन्होंने इस आंदोलन के लिए अपना फलीट स्ट्रीट का कॅरियर और घर-परिवार सब कुछ छोड़ दिया। ब्रह्माकुमारी के साथ उनकी संलिप्तता उनके जीवन की सबसे लंबी प्रेम कहानी थी, जिसका कोई अंत नहीं है। नेविले को इस बात में कोई संदेह नहीं है कि ये दादी जानकी ही थीं, जिन्होंने उन्हें प्रेरित किया और करती रहीं। कभी-कभी यद्यपि यह भी लगता है कि वे अपने अंधकारपूर्ण क्षणों को और भी गहरा करने का नाटक करती हैं।

वे उनसे हमेशा ही अधिक, और अधिक की अपेक्षा करती हैं तथा कभी-कभी वे उनकी मानसिक यातना से प्रताड़ित भी हुए हैं।

उन सभी कठोर प्रतिक्रियाओं और इस तथ्य के बावजूद भी कि उन्होंने अनेक लोगों का जीवन बदल दिया, दादी जानकी को किसी प्रकार की भक्ति या पूजा स्वीकार्य नहीं है। यदि वे कुछ हैं तो वे आपको बताएँगी, वे ईश्वर की सहभागी हैं और कोई शक्ति, जो लगता है कि उनके पास है, वह सीधे ईश्वर से उनके पास आती है। क्योंकि वे हमेशा ईश्वर के संपर्क में रहती हैं, वे ऐसा ज्ञान दे सकती हैं जो कि कुछ एक लोगों को ही प्राप्त होती है। और चूँकि वे स्वयं ऐसा सात्त्विक जीवन

जीती हैं कि वे दूसरों से भी इसकी अपेक्षा करती हैं।

दादी जानकी, जिन्होंने कि अपना जीवन जानकी समतानी के रूप में शुरू किया, का जन्म एक पारंपरिक हिंदू परिवार में सन् 1916 में भारत में हुआ था। दो वर्ष की आयु से ही उन्हें ईश्वर के साथ गहरे लगाव का अनुभव होता था और उनकी एक मात्र इच्छा जीवन में उस ईश्वर की सेवा करना था। अपने आप में यह भी असामान्य था, क्योंकि महिलाएँ न केवल दूसरे दरजे की नागरिक समझी जाती थीं, यह भी संदेहास्पद होता था कि उनमें आत्मा भी होती थी या नहीं। निस्संदेह यह सोच से परे था कि कोई महिला धार्मिक नेता भी हो सकती थी। नहीं, उन दिनों महिलाओं की एक मात्र भूमिका यह होती थी कि जितनी जल्दी संभव हो उनकी शादी कर दी जाए, उनके बच्चे हों और पति की सेवा करना, जो उनका गुरु समझा जाता था और फिर पृष्ठभूमि में गायब हो जाना।

यद्यपि दादी जानकी अलग थीं और वे अपने लिए कभी भी ऐसे जीवन की कामना नहीं करती थीं, फिर भी उन्हें पारंपरिक सामाजिक व्यवस्था को स्वीकार करने के लिए विवश होना पड़ा और उनकी इच्छा के विरुद्ध उनकी शादी कर दी गई। उस समय उनकी उम्र मात्र 19 वर्ष की थी और उनकी इच्छा के विरुद्ध उन्हें एक बच्चा भी हो गया। व्यवस्थित विवाह के विरुद्ध ब्रह्माकुमारी की पूर्ववर्ती संस्था ओम मंडली से जुड़ने के लिए वे भाग गईं और फिर दादा लेखराज के नेतृत्व में शुरू किया गया तेजी से विकसित होता आंदोलन से जुड़ गईं। दादा लेखराज एक पूर्ववर्ती व्यवसायी थे, जो ब्रह्म बाबा के नाम से जाने जाते थे तथा जिन्होंने पचास के दशक में अपना जीवन ईश्वर को समर्पित करने का निर्णय किया। उनके चारों ओर अनेक अनुयायियों का एक समूह था, जिनमें कि अधिकांश युवा महिलाएँ थीं। शुरू से ही ब्रह्म बाबा ने महिलाओं को ही प्रभारी बनाया और यह उस समय की प्रथा के अनुसार अद्‌भुत था, यद्यपि ईसाइयों में हमेशा से ही यह परंपरा रही है कि महिलाएँ साध्वी या धार्मिक व्यवस्था की प्रमुख बनकर अपना जीवन ईश्वर को समर्पित करती रही हैं, लेकिन हिंदूवाद में कभी भी ऐसी कोई प्रथा नहीं रही है।

ऐसा माना जाता था कि केवल पुरुष ही ईश्वर से सीधे-सीधे जुड़ने के योग्य थे।

जब दादी योग मंडली से जुड़ीं तो उस वक्त उनकी आयु 21 वर्ष थी और वे इसे कभी भी न छोड़ने और किसी अन्य जीवन की कामना नहीं करती थीं। वे कभी भी किसी अन्य के साथ किसी प्रकार का व्यक्तिगत संबंध नहीं चाहती थीं और न ही कभी इसकी कोशिश करती थीं और हमेशा इस बात पर कायम रहीं

कि उनका एक मात्र जुड़ाव ईश्वर के प्रति है और वह ही उनका एक मात्र साथी है। कई वर्षों तक दादी जानकी ने ब्रह्माकुमारी के साथ भारत में सेवा की, लेकिन हमेशा ही उनकी यह मंशा रही कि भारत से बाहर पूरे विश्व में यह संदेश जाए।

ब्रह्माकुमारी की उत्पत्ति और उसकी स्थापना की कठिनाई भरी पूरी कहानी इस लेखिका की पहली पुस्तक 'पीस ऐंड प्यूरिटी' में बताई गई है। उस परिप्रेक्ष्य में दादी जानकी को प्रस्तुत करने का यह एक संक्षेपण मात्र है।

जैसा कि हमने बताया है कि वे ऐसे समय लंदन आईं, जब भारतीय आध्यात्मिकता अब उतनी नई और विचित्र नहीं रही। अधिकांश भारतीय गुरुओं ने अपने संदेशों और अपनी शिक्षाओं में गैर-हिंदू श्रोताओं को आकर्षित करने के लिए बदलाव लाए और यद्यपि उनमें से कुछ दूसरों की तुलना में अधिक सख्त थे, लेकिन अधिकांश गुरुओं ने पश्चिमी संस्कृति, विश्वास और रीतियों को समावेश करने के साथ काफी हद तक समझौता कर लिया था।

शुरू से ही दादी जानकी किसी भी बात पर समझौता न करनेवाली थीं। वे इस बात पर जोर देती थीं कि उनके अनुयायी, जो भारतीय हैं या नहीं, वे सफेद साड़ी पहनेंगे और अपने बालों की एक चोटी पीछे बनाएँगे। उन्हें चिंतन के लिए सुबह चार बजे उठना पड़ता था, उसके बाद उन्हें कक्षा या प्रवचन में भाग लेना होता था, उन्हें प्याज, लहसुन और अंडे तथा मांस या मछली के बिना शुद्ध शाकाहार करना होता था।

इसके लिए उन्हें ब्रह्मचर्य का पालन करना होता था, यहाँ तक कि विवाहित लोगों को भी। उन्हें फिल्म या नाटक नहीं देखना होता था, कोई उपन्यास नहीं पढ़ना होता था या वास्तव में ऐसा कुछ भी करने की अनुमति नहीं थी, जिससे उनका ध्यान भटके या ईश्वर के साथ उनका लगाव कमजोर पड़े। दिन के समय उन्हें कई बार खामोशी रखनी पड़ती थी। ये तो इसके व्यावहारिक पक्ष थे। आध्यात्मिक पक्ष, जिसकी व्याख्या बाद में की जाएगी, वह भी उतना ही कठिन था और अन्य भारतीय शिक्षकों से काफी भिन्न था, जो अपने सिद्धांतों को भोगवादी पश्चिम के लिए अधिक आकर्षक बनाने के लिए उसे नरम तथा सहज बनाते थे।

इन तथ्यों के मद्देनजर ब्रह्माकुमारी का दैनिक जीवन अलग तरीके से अनाकर्षक था और उतना ही सात्त्विक था, जितना कि किसी परिबद्ध कैथोलिक साध्वी का। फिर भी धीरे-धीरे, जैसे-तैसे दादी जानकी उस गंदे छोटे से फ्लैट में सभा आयोजित करती थीं, जिसे सभी भारतीय अनुयायियों ने किसी तरह किराए पर ले रखा था, पश्चिम के लोग उनके संदेशों से प्रभावित होकर उनकी ओर आकर्षित होने लगे

और उनसे जुड़ते भी गए। जल्दी ही उनकी किसी अन्य प्रकार के जीवन की संभावना भी क्षीण पड़ती गई। शुरू से ही उन्हें एक अन्य युवा महिला की सहायता और समर्थन भी मिला, जो यद्यपि भारतीय थीं, लेकिन उनका पालन-पोषण और शिक्षा लंदन में हुई थी तथा जो बाद में दादी की अनुवादक, व्याख्याकार और उनके बाद संस्था की दूसरी श्रेष्ठ अधिकारी बनीं। ये युवा महिला सिस्टर जयंती थीं, जो 19 वर्ष की आयु में ब्रह्माकुमारी बनीं और तब से वे हमेशा दादी के साथ रहीं।

इस बात में संदेह है कि क्या दादी जयंती के बिना या जयंती दादी के बिना सफल हो पातीं। लेकिन इस बात में कोई संदेह नहीं है कि इन दोनों ने मिलकर एक मजबूत दल बनाया, एक ऐसा दल, जिसके प्रति पश्चिम के लोगों का आकर्षण निरंतर बढ़ता जा रहा था।

इन छोटी शुरुआतों के साथ ब्रह्माकुमारीज निरंतर वृद्धि करते हुए जरूरतमंदों की सहायता करनेवाले यू.के. के शीर्ष 200 संगठनों में से एक बन गया। आज इसकी संपत्तियों में लंदन स्थित एक बड़े फंड के साथ ही 500 एवं 200 सीटोंवाले दो बड़े हॉल, ऑक्सफोर्ड और वर्दिंग स्थित आवासीय शरण केंद्र तथा छह इनर स्पेस दुकानें भी शामिल हैं।

आज ब्रह्माकुमारीज पूरे यू.के. में 50 केंद्रों पर कार्यक्रमों और आयोजनों का संचालन करती है तथा वे अपने आरंभिक दिनों में किए गए उन वायदों पर आज भी कायम हैं, चाहे कितना ही बड़ा आयोजन हो, वे उसके लिए शुल्क नहीं लेंगे। दादी के स्वयं के उदाहरणों की फटकारों के कारण पूरी तरह स्वयंसेवकों के माध्यम से काम करती है, क्योंकि दादी का कठोर विश्वास है कि जिन्हें इस संस्था से फायदा हुआ है, वे बदले में कुछ देना जरूर चाहेंगे।

यद्यपि आप जब भी दादी से मिलेंगे, वे शांत मालूम पड़ेंगी, सफेद पोशाक पहने कुरसी पर बैठी, शांति का वातावरण बिखेरती हुई, वास्तव में ये यू.के. में बड़ी व्यस्त रही हैं, जहाँ उन्होंने बड़ी संख्या में योजनाएँ चलाई हैं, लेकिन वे सभी आध्यात्मिक उत्पत्ति की नहीं थीं और न ही उनका ब्रह्माकुमारीज के साथ कोई सीधा संबंध ही रहा है।

उदाहरण के लिए वे अनेक ऐसे संगठनों के साथ जुड़ी रही हैं, जो युवाओं को प्रोत्साहित करते हैं और उन्हें समर्थन देते हैं। वे 'वर्ल्ड कांग्रेस ऑफ फेथ्स' की संरक्षिका हैं और सन् 2003 में 'रिस्पेक्ट : इट्स अबाउट टॉइम' का समर्थन करनेवाले धार्मिक नेताओं में से एक थीं। यह प्रिंस चार्ल्स और दि चीफ रब्बी द्वारा स्थापित किया गया था। प्रिंस चार्ल्स ने ब्रह्माकुमारीज के डायमंड हाउस, लंदन

स्थित दूसरे सबसे बड़े केंद्र के उद्घाटन संदेश में सन् 2003 में कहा था कि "ब्रह्माकुमारीज वर्ल्ड स्प्रिचुअल यूनिवर्सिटी जरूरतमंदों की सहायता करनेवाली हमारी दि प्रिंस ट्रस्ट की एक प्रमुख सहयोगी बन गया है, जो यू.के. के विश्वास समुदाय के बीच समाज को प्रोत्साहित करने के लिए काम करता है।"

दादी हेल्थकेयर स्थित जानकी फाउंडेशन ऑफ स्प्रिचुअलटी की अध्यक्ष भी हैं। दि रॉयल कॉलेज ऑफ फिजिशिअन्स में सन् 1997 में स्थापित यह संस्था मूल्य आधारित वार्तालाप, प्रशिक्षण, सीडीज, पुस्तकों और अभिभाषणों द्वारा स्वास्थ्य के क्षेत्र में कार्यरत व्यावसाायिकों को प्रोत्साहित करती है। यह प्रमुख रूप से ब्रह्माकुमारी द्वारा संचालित राजस्थान स्थित अस्पताल को भी वित्तीय सहायता देती है, जिसमें आधुनिक चिकित्सा तकनीकों के साथ ही आध्यात्मिक एवं पूरक चिकित्सा भी सम्मिलित होती है।

दादी ने सभी स्तर के जेल कर्मचारियों के साथ काम किया था, जिनमें गवर्नर, जेल अधिकारी, शिक्षाविद्, प्रोवेशन अधिकारी और नशा पुनर्वास योजनाएँ चलानेवाले भी शामिल थे। आज तक सैकड़ों जेल कर्मचारियों ने ब्रह्माकुमारी की प्रशिक्षण योजनाओं तथा गोष्ठियों में भाग लिया है और एच.एम.पी. ग्रेंडन तथा स्प्रिंगहिल के पूर्व गर्वनर टीम नेवेल ने कहा है—

> "जेल अधिकारियों के काम में सम्मिलित हैं वे तरीके, जिनका संबंध दूसरों की मानवता का सम्मान करना, विशेषकर उनकी, जो कमजोर हैं और जिनका आचरण विनाशकारी रहा है। इसके लिए आध्यात्मिक जागरूकता का होना जरूरी है, जिसमें कि अर्थ, उद्देश्य, संबंध, आशा और समर्पण की खोज शामिल है। जेल कर्मचारियों के साथ ब्रह्माकुमारीज के काम करने के कारण जेल जीवन के इस पहलू को परस्पर सम्मान के अद्भुत तरीके के रूप में विकसित होने में समर्थ बनाया है।"

श्रेष्ठता के मामले में दादी जानकी की प्रेरणा और समर्पण को भी धन्यवाद, ब्रह्माकुमारीज सामाजिक कार्यकर्ताओं, सामाजिक कार्य प्रबंधकों तथा उनके लिए भी, जो देखभाल के व्यवसाय से जुड़े हुए हैं, के लिए नियमित गोष्ठियों और बैठकों का आयोजन करती है। सन् 1986 में संयुक्त राष्ट्र द्वारा अंतरराष्ट्रीय शांति वर्ष घोषित किए जाने के सम्मानस्वरूप पीस बस ने पूरे यू.के. का भ्रमण किया, जो कोष इकट्ठा करने को प्रेरित करनेवाली सबसे बड़ी योजना थी। लोगों से शांति के लिए अपनी प्रार्थनाएँ, चिंतन और सकारात्मक विचारों का दान करने का आह्वान किया गया।

सन् 1988-91 के दौरान प्रयास के तहत लोगों से एक बेहतर विश्व की अंतर्दृष्टि का वर्णन करने के लिए कहा गया और अपनी-अपनी अंतर्दृष्टि को साक्षर करने के लिए व्यावहारिक योजनाएँ बनाने के लिए भी कहा गया। उन वर्षों के दौरान अनेक लोगों ने स्थानीय क्षेत्र की सफाई में मदद की, पड़ोसियों की मदद की और शारीरिक रूप से विकलांग व्यक्तियों की देखभाल की।

इस प्रकार दादी ने अनेक व्यावहारिक योजनाओं और आंदोलनों में आध्यात्मिकता तथा शांति और प्रेम का उदाहरण लाया। वे उन लोगों तक पहुँचने के लिए अथक प्रयास करती हैं, जिसके लिए उन्हें लगता है कि उनके जीवन में उत्थान की जरूरत है। वे जिनकी सहायता करतीं, कभी उन्हें ब्रह्माकुमारी के सिद्धांत या उनके कठोर जीवनशैली को अपनाने के लिए उन्हें बाध्य नहीं करती हैं।

दादी जानकी का धन्यवाद कि ब्रह्माकुमारी कभी भी अंतर्मुख संगठन नहीं रहा है, लेकिन अपने आरंभ से ही वह उन तक पहुँचा है, जिनकी मान्यताएँ अलग रही हैं, जो जीवन के दूसरे क्षेत्रों से रहे हैं और जिनकी राष्ट्रीयता भी अलग रही है और इसने विशुद्ध रूप से धर्मनिरपेक्ष संगठनों को भी अपनाया है। यह भी उग्र रूप से अनेक भारतीय गुरुओं के इस दृष्टिकोण से भिन्न रहा है, जो लोगों को अपने आंदोलन की ओर आकर्षित करना चाहते थे, न कि उन लोगों तक पहुँचना, जिनकी हो सकता है कि आध्यात्मिकता के स्वरूप में रुचि न हो।

हमेशा की तरह दादी का यह विश्वास है कि जीवन के सभी क्षेत्रों के लोगों को सम्मिलित करने की उनकी प्रेरणा, साहस और योग्यता उन्हें सीधे ईश्वर से प्राप्त होती है, जो किसी की पोशाक या बाह्य रूप-आकार को नहीं देखती है, बल्कि सीधे आत्मा को प्रभावित करती है। जिसमें शाही परिवार से लेकर राष्ट्र प्रमुख नशे के आदि और गरीब तथा निराश लोग भी शामिल हैं। उन्हें विश्वास है कि आध्यात्मिक जीवंतता के उस निरंतर स्रोत के बिना इनमें से कुछ भी संभव नहीं हो पाता।

यद्यपि ब्रह्माकुमारीज की आज पूरी दुनिया में उपस्थिति है, भारत के बाहर जो कुछ भी हुआ है, उनमें अधिकांश की शुरुआत लंदन से ही हुई।

किसी भी भारतीय महिला के लिए विश्व आध्यात्मिक नेता के रूप में उभरना एक असामान्य बात थी; लेकिन यह बिल्कुल अद्‌भुत भी नहीं है और न ही यह ब्रह्माकुमारी के सदस्यों तक ही सीमित है। एक अन्य भारतीय महिला माता अमृतानंदमयी, अम्मा के नाम से प्रसिद्ध, ने शारीरिक रूप से अपने आलिंगन के

कारण पूरे विश्व को बहुत प्रभावित किया है। अनुमान लगाया जाता है कि अपने आंदोलन के आरंभ से अब तक वे 30 करोड़ लोगों का आलिंगन कर चुकी हैं, और लोग घंटों पंक्तिबद्ध होकर उनके एक जादुई आलिंगन का इंतजार करते हैं।

सन् 1953 में दक्षिण भारत के केरल में जन्मी माता ने भी दादी जानकी की तरह अपना अधिकांश समय चिंतन में बिताया। उनके संबंध मछुआरे परिवार से था और जब वे नौ वर्ष की थीं तो उनकी माँ बहुत बीमार हो गईं और उन्हें घर के कामकाज में मदद करने तथा अपने भाई–बहनों की देखभाल करने के लिए उनकी शिक्षा रोक दी गई। अनुमान है कि उनके छह और सात के बीच भाई–बहन थे।

अपने परिवार और अपनी गायों के लिए बचे–खुचे भोजन इकट्ठा करने के लिए जब वे घर–घर जातीं तो वे अपने चारों ओर व्याप्त दु:ख और पीड़ा को देखकर स्तब्ध रह जातीं तथा उन्होंने इसके बारे में कुछ करने का निश्चय किया। जब कभी वे कुछ बचा सकतीं, वे गरीबी से त्रस्त परिवारों के लिए भोजन और कपड़े लातीं तथा विस्मित रूप से उन्हें गले भी लगा लेतीं।

हिंदू संस्कृति में किसी भी युवा लड़की के लिए (विवाह के बाद पति के सिवाय) किसी भी पुरुष को स्पर्श करने की सख्त मनाही थी और उस समय उनकी उम्र 14 वर्ष की थी। उन्होंने इस परंपरा को तोड़ा और दादी जानकी के विपरीत अपने माता–पिता के व्यवस्थित विवाह के लिए दबाव के प्रयास को नकार दिया। उनके पास करने के लिए और भी महत्त्वपूर्ण काम थे, जैसा कि उन्हें महसूस होता था। गहरे चिंतन के अपने दैनिक अभ्यास के साथ ही अम्मा ने भक्ति गीतों की रचना करना भी शुरू कर दिया। धीरे–धीरे उनके भक्तों और श्रद्धालुओं की संख्या बढ़ने लगी।

उनका प्रभाव इतना था कि सन् 1981 में एक विश्वस्तरीय संस्था की स्थापना की गई और अम्मा, जो ब्रह्माकुमारीज की तरह सफेद पोशाक पहनती हैं, ने एक वैश्विक नेटवर्क की शुरूआत की, जिसके माध्यम से वे कई देशों का भ्रमण करती हैं और जिनसे मिलती हैं हमेशा उनका आलिंगन करती हैं। उनकी मान्यता है कि वास्तव में उनके आलिंगन से रोगमुक्त होते हैं और उनके दु:खों का निवारण होता है। यह सच है या नहीं, अम्मा विश्व स्तर पर लोकप्रिय हो गईं और व्यापक रूप से उन्हें साधू समझा जाता है। वे किसी धर्मविशेष या सिद्धांतों की शिक्षा नहीं देती हैं, लेकिन अपने जीवन भर के चिंतन और अपने आध्यात्मिक गीतों के कारण पूरे विश्व में हजारों लोगों द्वारा पूजा की जाने लगी हैं।

अम्मा और दादी जानकी की तुलना करने के लिए यह सही जगह नहीं है।

सिर्फ यही कहना है कि भारत के लिए यह गर्व कि बात है कि इसने दो ऐसी प्रेरणादायक महिलाओं को जन्म दिया, जिन्होंने पश्चिम को गहरे रूप से प्रभावित किया है। अम्मा का व्यक्तित्व शायद दादी जानकी की तुलना में ज्यादा प्रभावशाली है, जो कि कम प्रदर्शन करती हैं, लेकिन उनका चिंतन अभ्यास और मानवता के लिए उनका प्रेम उनकी तरह ही प्रबल है।

यह बात अत्यंत दिलचस्प है कि अम्मा और दादी जानकी दोनों ही अपने आपको इस संसार की माँ समझती हैं, न कि एक महान् नेता और निस्संदेह भारत भी भारतमाता के नाम से जाना जाता है।

□

वर्ष 1989 में लंदन में ब्रह्माकुमारी के भव्य भवन निर्माण के लिए
भूमि-पूजन के समय दादी जानकी।

भारत के बाहर ब्रह्माकुमारी का प्रथम केंद्र वर्ष 1998 में किलबर्न (लंदन) में
बनकर तैयार हुआ।

2

जयंती कृपलानी : सन् 1968 से समर्पित ब्रह्माकुमारी की कहानी

सिस्टर जयंती, जो कि अब ब्रह्माकुमारी की यूरोपीय डायरेक्टर हैं, का जन्म भारत में सन् 1949 में हुआ था और उनके परिवार का दादी जानकी के साथ दूर का संबंध है।

जब जयंती की उम्र आठ वर्ष की थी तो उनकी भेंट ब्रह्म बाबा से हुई, जिन्होंने बताया कि वे भविष्य में एक महान् आध्यात्मिक नेता बनेंगी। उनकी माँ भी लगभग उसी समय ब्रह्माकुमारी बन गईं। भविष्य की महानता संबंधी इस घोषणा का उस छोटी लड़की के लिए कोई अर्थ नहीं था, यद्यपि अब वह यह बताती थी कि उन्हें उनके प्रति गहरी प्रेम की भावना का अनुभव होता था।

उनके पिता मुरली, जो कि एक सफल व्यवसायी थे, घटनाओं के इस क्रम से खुश नहीं थे और अपने परिवार को ब्रह्माकुमारी के प्रभाव से दूर रखने के लिए सन् 1957 में लंदन चले गए। शुरू में तो परिवार गोल्डरस ग्रीन में रहा और बाद में सन् 1959 में उत्तर-पश्चिम लंदन के विल्सडेन स्थित कलेरंडन कोर्ट स्थित एक फ्लैट में चला गया। जयंती की माँ रजनी, जिनका विवाह भारतीय पंरपरा के अनुसार सोलह वर्ष की आयु में हुआ था, ब्रह्माकुमारी की जीवनशैली के अनुसार ही जीती रहीं, लेकिन बाहर से कोई संपर्क नहीं था तथा अभ्यास पारिवारिक परिवेश तक ही सीमित था।

जयंती एक हरीश नामक छोटी बहन थी, जो एक अंग्रेज लड़की की तरह

पली–बढ़ी और अंग्रेजी स्कूल गई, जहाँ कक्षा छह तक वह एकमात्र भारतीय लड़की थी।

वे बताती हैं कि अपनी माँ के प्रभाव में 12 वर्ष की आयु तक वे नियमित रूप से चिंतन करती थीं, लेकिन उसके बाद वे एक अंग्रेजी युवती बन गईं। यह सोलह वर्ष की युवा उम्र भी थी, जब वे आधुनिक बनना चाहती थीं। उन्हें उम्मीद थी कि डॉक्टर बनने के लिए आयोजित प्रतियोगिता परीक्षा में सफल होंगी, लेकिन श्रेष्ठ रैंक मिलने के बावजूद भी उन्हें लंदन के किसी भी चिकित्सा स्कूल में दाखिला नहीं मिल सका, जिनमें उन दिनों 25 प्रतिशत स्थान महिलाओं के लिए आरक्षित होता था। हो सकता है कि एक भारतीय होने के कारण भी उन्हें दाखिला न मिला हो, लेकिन इसके बाद उन्होंने एक फार्मिस्सिट के रूप में प्रशिक्षण प्राप्त करने का निर्णय लिया और आज की तरह तब भी यह भारतीयों के लिए एक लोकप्रिय व्यवसाय था।

विश्वविद्यालय में उन्होंने लगभग एक सत्र पूरा कर लिया था, तब एक ऐसी घटना घटी, जिसने उनका पूरा जीवन ही बदल दिया।

वे अपनी कहानी बताती हैं—'सन् 1967 में विश्वविद्यालय जाने से पहले मैं छुट्टियों में रिश्तेदारों से मिलने के लिए कई बार भारत आई थी। जब मैं यहाँ होती तो मैं ब्रह्माकुमारीज के साथ संपर्क में रहती, लेकिन लंदन वापस आते ही यह संबंध खत्म हो जाता। मेरे मन में यह बात बिल्कुल स्पष्ट थी कि मैं वित्तीय रूप से स्वतंत्र होना चाहती थी और मुझे किसी व्यवसाय में होना था तथा निश्चित रूप से मैं पारंपरिक भारतीय जीवन बिताना नहीं चाहती थी। लंदन में मुझे स्वतंत्र जीवन जीने की आदत पड़ गई थी। उस समय भारत की तुलना में विशेष रूप से लड़कियों की स्वतंत्रता को आदत हो गई थी।

तब तक यही मेरे जीवन का लक्ष्य था। एक दिन मैं लेक्चर थिएटर में एक प्राध्यापक को बोर्ड पर रासायनिक फार्मूला लिखते देख रही थी। मैं पीछे बैठी हुई थी और तभी पूरी तरह से अनपेक्षित रूप से मुझे शरीर से बाहर कुछ अनुभव हुआ। कुरसी पर बैठे रहने की बजाय मैं उस पर खड़ी हो गई और उस दृश्य का पर्यवेक्षण करने लगी। कुछ मिनटों या कुछ सेकेंड के बाद मुझे अनुभव हुआ कि मैं अपने शरीर में वापस आ गई। निश्चित रूप से मैं शब्दशः ऊपर नहीं गई, लेकिन मेरी आत्मा कुछ क्षणों के लिए मेरे शरीर से अलग हो गई थी।

उस अनुभव के बाद मुझे यह लगने लगा कि मैं अभी जो कुछ कर रही थी

वह बेकार था और मुझे कुछ और करना था। चूँकि मैंने अभी तक विश्वविद्यालय में एक सत्र भी पूरा नहीं किया था और इस कोर्स का बहुत अध्ययन भी नहीं किया था, मुझे लगा कि मुझे अध्ययनकालीन अवकाश लेकर भारत जाना चाहिए और यह पता लगाने की कोशिश करनी चाहिए कि वास्तव में वह देश क्या है।

पहली चीज जो मुझे मालूम हुई वह यह थीं कि भारत सौंदर्य और संस्कृति की एक बहुत बड़ी सभ्यता थी। ऐसा लग रहा था कि मानो मैं गहराई में इसे पहली बार देख रही थी। मुझे लग रहा था कि यह क्या है इसे समझने के लिए यहाँ रुकने के लिए जगह और समझ की जरूरत थी। भारत में मुझे एक शक्तिशाली धार्मिक आदेश की भावना का भी अनुभव हुआ। एक अर्थ में मैं अपने मूल की तरफ वापस जा रही थी, ऐसा मेरा मानना है, लेकिन इसमें इससे भी ज्यादा बहुत कुछ था।

''मैं किसी गरीब आदमी को किसी समाधि के ऊपर केला चढ़ाते देखकर सोचने लगती, उन्हें ऐसी क्या चीज है जो यह अनुभव कराती है कि वहाँ कुछ श्रेष्ठ है? वे स्वयं खाने के चीज को प्रतिमाओं और चित्रों के सामने प्रसाद के रूप में क्यों चढ़ाते हैं?''

जयंती बताती हैं कि इस आभास ने उन्हें यह अनुभव करने के लिए प्रेरित किया कि वर्तमान जीवन का कोई सार नहीं है और वे और गहराई में जाना तथा आध्यात्मिकता का अध्ययन करना चाहती थीं एवं निस्संदेह इस मामले में ब्रह्माकुमारीज बिल्कुल सही था। उस समय वे जींस, छोटे स्कर्ट्स जैसी पश्चिमी पोशाकें पहनती थीं और समर्पित सिस्टर बनने का कोई तात्कालिक विचार नहीं था, लेकिन इसके बाद चीजें तेजी से बदलने लगीं।

मैं दादी जानकी से मिली, जो उस समय शिक्षक-प्रशिक्षण कार्यक्रम चला रही थीं और आध्यात्मिक विषयों पर बातें भी करती थीं। पहली बार मैंने उनकी शिक्षाओं को समझना शुरू किया और फिर से चिंतन करना भी शुरू कर दिया। उस समय ब्रह्माकुमारी के साहित्य हिंदी में होते थे और वे अभी तक उस भाषा में धाराप्रवाह नहीं थीं।

यह एक मुश्किल काम था। वे बताती हैं, ''समझना आसान नहीं था, लेकिन मेरे पास चिंतन का शक्तिशाली अनुभव था और शीघ्र ही मैंने यह निर्णय ले लिया कि मैं ब्रह्माकुमारी बनना चाहती थी।''

''ब्रह्म बाबा, जो कि उन दिनों अपने शारीरिक जीवन की अंतिम अवस्था में थे, ने मुझे एक टेलीग्राम भेजा, जिसमें उन्होंने कहा कि मेरे पास आओ और अपने

फैसले पर चर्चा करो। सन् 1968 में मैं अपनी माँ, दादी और दादी जानकी के साथ माउंट आबू गई तथा उनकी आँखों में देखने पर अद्‌भुत अनुभव हुआ। मैं दूसरे पक्ष पर चल पड़ी, लेकिन किसी अन्य जीवन की संभावना थी ही नहीं। मुझे मालूम था कि आगे चुनौतियाँ भी होंगी, लेकिन यह बात मुझ पर इतनी स्पष्ट थी कि मेरे लिए यही सही फैसला था।''

जयंती अब यह बताती हैं कि ब्रह्माकुमारी बनने के लिए, या किसी अन्य धर्म या विश्वास का प्रमुख सदस्य बनने के लिए, यह आवश्यक है कि आपको कम-से-कम दृष्टा या अन्य सांसारिक अनुभवों का ज्ञान हो। इससे आप दूसरे संसार के प्रति जागरूक होते हैं और इस प्रकार के जीवन के कारण आनेवाले बाधाओं का सामना करने में समर्थ बनाते हैं।

लंदन में सभी प्रकार की आधुनिक सुविधाओं से सज्जित घर में रहने के बाद अपने जीवन के अधिकांश समय जयंती के लिए अभी भी भारत की पुरानी दशाओं के साथ तालमेल बिठाना कठिन था। ''उन दिनों यह अभी भी तीसरा विश्व था,'' उन्होंने बताया, ''और मुझे मालूम था कि यह कठिन होगा। उदाहरण के लिए माउंट आबू के मुख्यालय में सिर्फ एक मात्र ऐसी जगह थी, जहाँ कि गरम पानी मिल सकता था। वरना आपको ठंडे पानी से ही गुजारा करना पड़ता था।''

तभी उन्हें अपने पिता से भी निपटना पड़ा, जो निश्चित रूप से अपनी इकलौती बेटी के लिए ब्रह्माकुमारी का जीवन नहीं चाहते थे। ''वे हतप्रभ थे और उन्होंने सोचा कि कुछ दिनों मुझे समझ आएगी।'' वे बताती हैं, ''लेकिन कुछ भी मुझे नहीं रोक सकता था। मेरे जीवन में वास्तव में महत्त्वपूर्ण क्षण 18 जनवरी, 1969 को तब आया, जब ब्रह्म बाबा का देहांत हो गया। कुछ महीनों के बाद दादी जानकी माउंट आबू आईं और उन्होंने मुझे बताया कि मुझे लंदन वापस चले जाना चाहिए।''

''इस संभावना से मैं भयभीत हो गई, विशेषकर इसलिए कि इस समय पश्चिम में ब्रह्माकुमारी का कोई भी संस्थान वहाँ बिल्कुल भी नहीं था। भारत में तो एक मजबूत सहायता प्रणाली थी। ब्रह्माकुमारीज पहले ही अच्छी तरह स्थापित थे और यहाँ उनके केंद्र भी थे। यह एक सम्मानित आध्यात्मिक संगठन था, इसके बावजूद भी किसी तरह महिलाओं द्वारा संचालित यह एक विचित्र संगठन माना जाता था।

''जब मैं भारत में थी तो मुझे एक विशाल प्लेटफॉर्म दिया गया था और यद्यपि

मैं अभी भी बहुत युवा थी, फिर भी मैं जहाँ कहीं जाती मुझे सम्मानित किया जाता। एक बार मुझे कानपुर में 500 लोगों की सभा को संबोधित करने के लिए कहा गया, जिसमें राज्य के राज्यपाल भी शामिल थे। जब मैं बोलने के लिए खड़ी हुई तो मानो मेरे भीतर का बटन दबा दिया गया हो और वार्त्तालाप सहज आने लगा।''

मैं बहुत ज्यादा भारत में रहना चाहती थी। लेकिन दादी जानकी दृढ थीं। उन्होंने मुझे कहा कि मुझे वापस लंदन चले जाना चाहिए। अब वे मुझे माता चील की तरह लगती हैं, जो अपने युवा बच्चे को घोंसले से बाहर जाने के लिए विवश करती हैं। जब बल प्रयोग किया जाता है तो उन्हें पता चलता है कि उनके पंख भी हैं और वे उड़ सकते हैं। मेरे साथ भी काफी हद तक ऐसा ही था, यद्यपि मुझे मालूम था कि लंदन में कोई सहायता प्रणाली नहीं है। लेकिन भारत में अपने लिए दरवाजा खोले जाने की आदत लगने के बाद मुझे लगा कि लंदन भी मेरे लिए ऐसा ही होगा।

मुझे बहुत ज्यादा गलतफहमी हुई थी। उन सबने झटके से बंद कर दिया और मैं किसी भी चीज को जारी रख पाने में असमर्थ थी। किसी को भी ब्रह्माकुमारीज में दूर से रुचि नहीं थी और मेरे पास कागज का एक टुकड़ा भी नहीं था, जिस पर लिखकर मैं लोगों को समझा सकती कि यह क्या था। घोर निराशा की स्थिति थी। मैं अपने माता-पिता के साथ घर पर ही थी और यह कोशिश कर रही थी कि किसी भी तरह इस आंदोलन को लंदन में चलाया जाए तथा हर जगह मुझे लोगों की उदासीनता का सामना ही करना पड़ा।

सन् 1971 में भारत से ब्रह्माकुमारीज का एक प्रतिनिधिमंडल यह प्रयास करने के लिए लंदन आया कि किस तरह इस आंदोलन को पश्चिम में चलाया जाए। इस प्रतिनिधिमंडल ने पश्चिम के लोगों को लुभाने का प्रयास नहीं किया। लेकिन उन भ्रमण के बाद लंदन के किलबर्न में टेनिसन रोड पर भारत के बाहर ब्रह्माकुमारीज का पहला केंद्र खोला गया।

सन् 1974 में दादी जानकी का लंदन आगमन हुआ। ''अब चीजें बदलनी शुरू हो गईं,'' जयंती बताती हैं, ''लगभग आरंभ से ही दादी की बौद्धिकता और ज्ञान ने पश्चिम के लोगों के दिल व दिमाग को छू लिया। मैंने विभिन्न स्थानों पर प्रदर्शनों का आयोजन किया। दी सेंटर लंदन में बहुत सारे लोग आए। कुछ लोग तो इतना प्रभावित हुए कि वे हमारी कक्षाओं को सुनने, चिंतन सीखने और दादी जानकी को जानने के लिए हमारे छोटे से केंद्र भी आना चाहते थे। मुझे लगा कि

ये छोटी-छोटी शुरुआत मेरी चार साल के गहन चिंतन का फल था।''

सन् 1969 से 1973 के बीच जयंती भारत नहीं लौट सकीं, क्योंकि उनके पिता ने उन्हें ऐसा करने से रोका, उन्हें फिर भी यह उम्मीद थी कि उनका विचार बदल जाएगा और वे ब्रह्माकुमारी बनने की अपनी इच्छा को छोड़ देंगी। उन दिनों में भी बीस के आरंभिक वर्षों में अधिकांश लड़कियाँ अपने पिता की किसी भी बंदिश की ओर शायद कोई ध्यान नहीं देतीं, लेकिन किसी भारतीय लड़की के लिए यह एक अलग बात थी। हमें अपने बड़ों के लिए सम्मान होता था और मैं उनकी आज्ञा का पालन करती थी।

लेकिन एक बार जब दादी जानकी लंदन आईं तो वीसा कठिनाइयों के कारण वे स्वयं भी चार वर्ष तक भारत वापस नहीं जा सकीं। चीजें तेजी से बदलने लगीं। जयंती बहुमूल्य थीं, क्योंकि उनके बिना यह देखना कठिन होगा कि किस प्रकार ब्रह्माकुमारीज की शुरुआत लंदन में होती। क्योंकि उनमें से किसी को भी अंग्रेजी बोलना नहीं आता था। जयंती वे हैं, जिनके बारे में यह कहा जाता था कि वे बहुत अच्छा बोलती हैं और उनका अंग्रेजी उच्चारण बहुत स्पष्ट था, जिसमें भारतीय उच्चारण शैली की झलक मात्र भी नहीं थी और वे दादी जानकी के लिए अनुवाद भी करती थीं तथा पश्चिम के पुराने लोगों के साथ वे उनकी ही भाषा में बात भी करती थीं। बिना किसी संदेह के जयंती की सुंदर आवाज के कारण ही पश्चिम के लोग आकर्षित होने लगे और वे रेडियो पर भी सहज प्रोग्राम करने लगी।

जयंती स्वयं अपनी आवाज के जादू को नकारती हैं, यह कहते हुए कि हर व्यक्ति के पास विशिष्ट कौशल और गुण होते हैं तथा हर किसी ने अपने-अपने तरीके से इसमें योगदान किया है।

दादी जानकी जब वहाँ आईं तो वे अंग्रेजी नहीं बोलती थीं और अभी भी पश्चिम में चालीस वर्ष बिताने के बाद भी वे बहुत थोड़ी अंग्रेजी बोल पाती हैं, यद्यपि उनकी अंग्रेजी की समझ अच्छी है। सिस्टर सुदेश, जो कि लगभग उसी समय भारत से आई थीं, वे भी अंग्रेजी नहीं बोलती थीं, लेकिन उन्हें भाषा का उपहार था और उन्होंने जल्द ही अंग्रेजी सीख लिया तथा इस प्रकार तीन प्रमुख व्यक्तियों के समूह व (या इसे तीन महिलाओं का समूह कहना चाहिए)—जयंती, दादी जानकी और सुदेश ने धीरे-धीरे पश्चिम के युवाओं को आंदोलन एवं उसकी शिक्षाओं की ओर आकर्षित करना शुरू कर दिया।

जयंती को दादी जानकी के प्रति गहरा सम्मान था और दोनों ने मिलकर

चालीस वर्षों से भी अधिक समय तक साथ-साथ काम किया, लेकिन दादी जानकी के बारे में क्या कोई ऐसी चीज है जो जयंती को पसंद नहीं है या उन्हें साथ काम करने में कोई कठिनाई हुई?

वे, ''हाँ'' स्पष्ट रूप से कहती हैं। ''दादी हमेशा से ही किसी में भी कोई बुराई को बिल्कुल पसंद नहीं करती हैं और हमेशा ही किया भी है। विगत में मैं उनके साथ बहुत बहस करती थी और सहज शब्दों में कहें तो वे वास्तविकतावादी नहीं हैं और यह कि उन्हें यह स्वीकार करना पड़ता कि यह व्यक्ति भरोसेमंद नहीं है, और कोई अन्य गप्पबाज है तथा इसी तरह से आगे भी। लेकिन दादी वही बात हमेशा कहती हैं। आप जो कुछ भी कहती हैं, आप कह रही हैं, मैं नहीं।

''वे हमेशा सकारात्मक पर केंद्रित रहती हैं और उनका विश्वास है कि हर व्यक्ति, हर आत्मा में कहीं-न-कहीं गुण भरा हुआ है, लेकिन लोगों को प्राय: दुष्ट मान लिया जाता है। दादी सहज ही किसी को भी अवगुणों पर इस समय के आधार पर ध्यान देने से मना कर देती थीं कि यदि आप उनकी कमजोरियों पर ध्यान देते हैं तो आप इस नकारात्मक ऊर्जा को कई गुना बढ़ा देते हैं।''

इस और कई अन्य पहलुओं पर दादी को यह मालूम होता था कि वे क्या कर रही हैं। नेतृत्व मंडली में यह सिद्धांत है कि यदि आप उनका श्रेष्ठ निकलवाना चाहते हैं तो उन्हें उस सीमा से परे प्रदर्शन करने के लिए प्रेरित कीजिए, जो उनकी क्षमता की सीमा मानी जा सकती है। आप उनके गुणों पर अपना ध्यान केंद्रित कीजिए और उनके अवगुणों की अनदेखी कर दीजिए।

यद्यपि आप कह सकते हैं जयंती का परिचय ब्रह्माकुमारीज से अत्यंत युवावस्था में ही हो गया, लेकिन उनकी प्रौढ़ अवस्था में आंदोलन को उनसे इतना लगाव आवश्यक रूप से इस कारण नहीं रहा होगा, विशेषकर तब जब उनका पालन-पोषण कहीं अधिक पंथनिरपेक्ष और सनकी पश्चिम में हुआ था।

वह क्या चीज थी, जिसने उन्हें अपनी पूरी प्रौढ़ावस्था उनके साथ बिताने के लिए रोका है? वर्षों तक, वे बताती हैं कि मुझे अनेक विभिन्न अध्यात्मिक और धार्मिक मार्गों का अति अविश्वसनीय संपर्क मिला और मुझे ब्रह्माकुमारीज द्वारा सिखाई जा रही चिंतन प्रणाली राजयोग से उनकी तुलना करने का अवसर मिला। आरंभ में जिस चीज ने आकर्षित किया और बाद में भी करती रही, वह यह है कि सबसे बढ़कर यह गहन अध्ययन और अन्वेषण की एक यात्रा है, जो जीवन के सबसे अधिक मौलिक प्रश्नों के उत्तर देती है।

''मुझे इतने स्पष्ट दिशा-निर्देशों के साथ और कोई मार्ग कभी नहीं मिला। मुझे अपने अस्तित्व और ईश्वर की धारणा से संबंधित प्रश्नों के उत्तर मिल रहे थे, जो कि मुझे कभी भी किसी अन्य धर्म में नहीं मिले।''

जयंती के लिए वह महत्त्वपूर्ण भूमिका भी थी, जो महिलाएँ संगठन के भीतर अदा करती थीं। ''यहाँ दादी जानकी के साथ मेरा संपर्क बहुत ही महत्त्वपूर्ण था। किसी भी धार्मिक या आध्यात्मिक संगठन में महिलाएँ इतनी केंद्रीय भूमिका अदा नहीं कर रही थीं।'' ब्रह्माकुमारी बनाना कोई स्त्रीत्ववादी निर्णय नहीं था, वे जोर देती हैं, लेकिन जैसे-जैसे समय बीतता गया, उन्हें यह महसूस होने लगा कि महिला-प्रधान संगठन पुरुष-प्रधान संगठनों से अलग होते हैं।

''महिला-प्रधान होने के कारण किसी भी आध्यात्मिक आंदोलन की संरचना और अनुभव में बहुत अंतर आ जाता है।'' वे कहती हैं, ''एक अर्थ में सबसे बढ़कर हमारा यह आंदोलन एक परिवारोन्मुख संगठन है।'' बल्कि मैं यह नहीं कहूँगी कि हमारा यह संगठन जितना एक बड़े परिवार की तरह है, उतना कोई आंदोलन या संगठन नहीं है तथा यह लगातार बढ़ता ही जा रहा है।

''आज दादी जानकी विश्वस्तरीय संगठन की प्रधान हैं, लेकिन संगठन के हर सदस्य के साथ उनका संबंध व्यक्तिगत है। जब लोग परिवार के स्नेह से वंचित होते हैं तो वे प्राय: हमारे पास आते हैं और पारिवारिक भावना होने के कारण ही वे आकर्षित होते हैं।''

जयंती को इस बात का तनिक भी पछतावा नहीं है कि किसी अन्य जीवन का अनुभव करने से पहले ही उन्होंने अपना जीवन ब्रह्माकुमारीज को समर्थित करने का निर्णय लिया। ''कुछ भी नहीं है, बिल्कुल भी कुछ नहीं है जो मुझे लगता हो कि मैंने खोया है।'' वे कहती हैं, ''किसी और तरह से मेरा जीवन इतना दिलचस्प नहीं होता। कभी-कभी, हाँ, यह एक कठिन सफर रहा है, लेकिन ऐसे समय में मैं स्वयं से कहती हूँ, मैंने यह नहीं चुना। भाग्य ने मुझे चुना।

''यह एक लोकप्रिय गलत धारणा है कि यदि आप विवाह, परिवार, कॅरियर, घर चलाने जैसे पारंपरिक जीवन को नहीं अपनाने का चुनाव करती हैं तो इस प्रकार के जीवन के साथ आनेवाले तनाव और चुनौतियों से बच जाती हैं। लेकिन आध्यात्मिक जीवन में भी इतनी ही चुनौतियाँ हैं।

''मानव जीवन मूल रूप से संबंधों पर आधारित है और समान आध्यात्मिक यात्रा में भी दूसरे लोगों के साथ तीव्र टकराव हो सकता है। आप हमेशा किसी भी

तरह समान व्यवहार नहीं कर सकते हैं। हमें भी तो आम लोगों की तरह देर होने, ट्रॉफिक जाम, नलकों का काम न करना, आवश्यक मरम्मत के लिए पैसों का अभाव, लोगों का अपेक्षा के अनुरूप न होना या अंतिम समय में परास्त हो जाने जैसी समस्याओं से निपटना पड़ता है। अंतर केवल यह है कि नियमित चिंतन मुझे स्वयं को सँभालने में मदद करता है और इसलिए अपने जीवन में आनेवाली समस्याओं से बेहतर तरह से निपटने में समर्थ हूँ।''

और क्या ब्रह्माकुमारी आंदोलन दादी जानकी के बिना पश्चिम में कभी इतना लोकप्रिय हो पाता? जयंती दृढ हैं, बिल्कुल नहीं।

□

सन् 1988 में लंदन के हाउस ऑफ लार्डस को संबोधित करती हुई दादी जानकी।

3

मूल शिक्षा

इस बिंदु पर पहुँचकर यह पूछा जा सकता है कि ब्रह्माकुमारीज क्या है? उनकी मूल शिक्षा क्या है और किसी भी धर्म या विश्वास से अलग वे क्या चीजें हैं, जो पश्चिम को आकर्षित करती हैं?

जब आप उनसे मिलते हैं तो वे आकर्षित, दयालु, मित्रवत और सकारात्मक लगते हैं तथा वे वास्तव में हैं भी। वे अति व्यस्त और अति व्यावहारिक हैं, घटनाओं और आयोजनों के अत्यंत विभिन्नतापूर्ण कार्यक्रमों का निरंतर संगठन करते हुए और उनके केंद्र शांति, सफाई तथा व्यवस्था के स्वर्ग हैं।

इसके सदस्य हमेशा मुसकरानेवाले और उदार होते हैं तथा सभी आगंतुकों का सम्मानित अतिथि की तरह स्वागत करते हैं। वे निःशुल्क खाने, स्नैक्स और उपहार देते हैं तथा सफेद पोशाक पहनते हैं, वे देवदूत की तरह लगते हैं, उनमें से कुछ तो गोल-मटोल, बल्कि इसलिए, क्योंकि वे भोजन को बड़ा महत्त्व देते हैं।

लेकिन इन सबके पीछे एक रहस्यवादी, अन्य सांसारिक, और कुछ यह भी कह सकते हैं कि एक अद्‌भुत विश्वास प्रणाली है, जिसे बहुत सारे पश्चिम के लोगों को समझने में कठिनाई हुई, जबकि कुछ ने तो इसे उत्साहपूर्वक एक ऐसी सच्चाई के रूप में स्वागत किया, जो उन्होंने पहले कभी सुना नहीं था और जिसका पूर्ण अर्थ है।

यह जानने के लिए कि दादी जानकी ने कहाँ से शुरुआत की थी, यह सराहना करने के लिए इस विश्वास प्रणाली के मूल तत्त्वों को समझना आवश्यक है। यद्यपि निस्संदेह दादी जानकी ज्ञान की बहुत सारी बातें करती हैं। यह ज्ञान इस

विश्वास से आता है कि ब्रह्मांड के रहस्यों पर उनका नियंत्रण है या कम-से-कम यह कि ये रहस्य उन्हें ईश्वर के साथ उनके पूरे जीवन के संबंध के कारण उन्हें प्राप्त हुए हैं और इस आंदोलन के संस्थापक ब्रह्म बाबा से भी।

दादी जानकी का पक्का विश्वास है कि ब्रह्म बाबा को स्वयं ईश्वर ने अपने एक माध्यम के रूप में चुना था और वह अकेला ही एक नई विश्व-व्यवस्था को बनानेवाला था। इसके लिए उसने महिलाओं के एक समूह को प्रशिक्षित किया, जो बाकी भारत में और अंततः पूरे विश्व में उनके संदेश को फैलाएँगी।

कुछ विश्वासों का स्रोत पारंपरिक हिंदूवाद था और कुछ या तो नए थे या प्राचीन मान्यताओं के गहन नकल थे। अन्य पूर्वी धर्मों और मान्यताओं के समान ही ब्रह्माकुमारीज का विश्वास भी कर्म तथा अवतार में था। साधारण शब्दों में कहें तो, इसका अर्थ यह था कि इस जीवनकाल में हम कुछ भी करते हैं, उसका नाटकीय प्रभाव हमारे अगले जन्म पर पड़ सकता है। यह तथ्य कि पूर्वजन्म में किए गए अपने कार्यों की कोई सजग स्मृति नहीं होती, का अर्थ यह नहीं है कि इस मान्यता का कोई अर्थ नहीं है। सबसे बढ़कर, ब्रह्माकुमारीज कहते हैं कि तीस, चालीस साल पहले आपके जीवन में क्या हुआ, क्या आप उसे याद कर सकते हैं? क्या आपको याद है कि एक शिशु के रूप में आपके साथ क्या हुआ? नहीं—लेकिन इसका अर्थ यह नहीं है कि यह हुआ ही नहीं।

कुछ लोग यह कहते हैं कि वे अपने पिछले जीवन को याद कर सकते हैं? ऐसे व्यक्तियों में सबसे प्रसिद्ध महिला हैं लेखिका जोआन ग्रांट, जिन्होंने अपने 'सुदूर स्मृति' के आधार पर अनेक ऐतिहासिक उपन्यास लिखे। वे सम्मोहन की अवस्था में चली जाती थीं और प्राचीन मिस्र मध्यकालीन रोम तथा ऐसे ही जगहों के बारे में अपने जीवन के बारे में लिखती थीं। ये उपन्यास, जो प्राचीन नायिकाओं की नाटकीय कहानियाँ बताते हैं, अपने समय की श्रेष्ठ पुस्तकें माने जाते हैं। स्वर्गीय प्रोफेसर इयान स्टीवेन्सन ने प्रकटतः बच्चों के पूर्वजन्म पर काफी अनुसंधान किया है, यद्यपि उनके निष्कर्ष अनिश्चित हैं, उन्हें नकार देना भी इतना आसान नहीं है।

हाल के दिनों में कुछ समूहों में पूर्वजन्म चिकित्सा काफी लोकप्रिय हुई है, और पूर्व जीवन में ले जाने के द्वारा लोगों को दीर्घ भय और अन्य स्थितियों की समस्या से राहत मिली है, जब उनके साथ कथित रूप से अप्रिय अनुभव हुआ हो। सम्मोहन की अवस्था में बीमार व्यक्तियों को उदाहरण के लिए किसी दाँव में जलाए जाने, युद्ध में मारे जाने या चार्ल्स के प्रेमी होने की 'याद' आ गई है।

लेकिन इनमें से कुछ भी इस बात का प्रमाण नहीं हो सकता है और आलोचक, जिनका यह विश्वास होता है कि पदार्थ सिवाय मानव के लिए और कुछ भी नहीं है, वे सहमत नहीं होते हैं। अधिकांश भारतीय फिर भी पूर्वजन्म की वास्तविकता को स्वीकार करते हैं, वास्तव में इस पर कभी सोचे बिना भी, क्योंकि यह प्रबल विश्वास उनकी संस्कृति में निहित है।

कर्म और अवतार सघन रूप से जुड़े हुए हैं और यह सब कुछ इस तरह आता है, हम जैसा कर्म करेंगे वैसा ही फल मिलेगा; यदि इस जीवन में नहीं तो अगले जीवन में। यह ऐसा है मानो एक बड़ी पुस्तिका है, जिसमें हमारे सभी अच्छे और बुरे कर्म लिखे जाते हैं और वे भुलाए नहीं जाते हैं। पूर्वजन्म चक्र में इस बड़ी पुस्तिका को आकाशीक रिकॉर्ड के नाम से जाना जाता है।

इस मान्यता के अनुसार जो कुछ भी होता है वह कभी भी मिटाया नहीं जाता और वह अपनी छाप छोड़ता है, या हिंदी में, आत्मा पर संस्कार आनेवाले जन्म को प्रभावित करेगा। दादी जानकी का इसमें गहरा विश्वास है। ठीक है, ऐसा नहीं है कि वे इस पर केवल विश्वास ही करती हैं, बल्कि वे इसे सौ प्रतिशत तथ्य के रूप में स्वीकार भी करती हैं।

उनका पूरा जीवन इस सिद्धांत पर आधारित रहा है कि आपको बुरे कर्म नहीं करने चाहिए, क्योंकि ये किसी-न-किसी अवस्था में उसी रूप में आपको वापस मिलेंगे। अपने दिल और दिमाग को बिल्कुल साफ तथा शुद्ध रखिए, वे कहती हैं, ताकि आपकी आत्मा में किसी भी बुरे कर्म का प्रवेश न हो। किसी अन्य के बारे में बुरा सोचने पर भी वे कहती हैं कि बुरा कर्म होता है।

किसी भी पेरोवर धर्मवादी या चिंतक के लिए यह सब कुछ बेकार की बात हो सकती हैं, यद्यपि पूर्व के धर्मों ने भी पश्चिम में अपनी घुसपैठ शुरू कर ली है, यह धारणा अब इतनी विचित्र नहीं लगती, जितनी यह आज से सौ साल पहले लगती थी। आजकल हमें यह कहना अच्छा लगता है, जो हम अपने आसपास सुनते भी हैं और जो कहने का एक लापरवाह तरीका है कि कर्मों के फल होते हैं। यदि आप यह विश्वास करते हैं कि आप जो कुछ भी करते हैं उसका अवश्यंभावी परिणाम होता है, इसका आपके आचरण पर सकारात्मक प्रभाव पड़ता है और आपके कर्मों पर भी।

पूर्वजन्म की संभावनाओं को समझने के लिए आपको यह विश्वास करना होगा कि जीवन के कुछ गैर-भौतिक पक्ष भी होते हैं, जो फिर भी आचरण और व्यक्तित्व को प्रभावित करते हैं तथा यह प्रभाव जीव और पर्यावरण के प्रभाव से अधिक

प्रभावशाली होता है। वे लोग जिनको आत्मा या किसी शास्वत पहलू पर विश्वास नहीं होता है उनके लिए यह विचार बिल्कुल बेकार है और उन्हें किसी अन्य तरह से यकीन दिलाने का प्रयास करने का कोई फायदा नहीं है। प्रत्येक धर्म और मान्यता में यह कहा जाता है कि आदिकाल से ही यह मान्यता रही है कि मानव और शायद जंतु को भी, कम-से-कम किसी भी परंपरा में, आत्मा होती है, कोई गैर-भौतिक चीज जो देखी नहीं जा सकती है और जो शाश्वत है। यही सभी धर्मों का आधार है, यद्यपि विचारों में भिन्नता हो सकती है कि वास्तव में वह आत्मा क्या है।

लेकिन और भी बहुत कुछ है। ब्रह्माकुमारी दर्शन के केंद्र में यह धारणा है कि समय वृताकार है न कि रेखीय और समय का यह अनंत चक्र ही इस ब्रह्मांड तथा अनंत की प्रकृति की व्याख्या करता है। किसी स्टीफेन हॉकिंग को यह आसान लग सकता है, लेकिन अधिकांश गैर-ब्रह्मांड विशेषज्ञों के लिए यह काफी जटिल है।

इस प्रकार धर्मशास्त्र और ब्रह्मांड विज्ञान ब्रह्माकुमारी की जीवनशैली तथा दृष्टिकोण का हिस्सा है।

> ब्रह्माकुमारीज का इस बात पर कोई विश्वास नहीं है कि मानव की उत्पत्ति अरबों वर्ष में आकस्मिक घटनाओं की शृंखला से एक साधारण जीव से हुई। उनका मानना है कि समय चक्र अनंत रूप से चलता रहता है और हर एक चक्र कुल मिलाकर पाँच वर्षों का होता है। जब पाँच हजार साल पूरा हो जाता है तो संसार जैसा कि हम इसे जानते हैं, समाप्त हो जाता है और एक नया चक्र फिर से शुरू हो जाता है। इस प्रकार अंततः ऐसी न तो कोई शुरुआत है और न ही अंत एवं न ही ऐसा कोई समय जब ईश्वर ने शून्य से पदार्थ की रचना की।
>
> जब तक कि आत्मा मानव शरीर का रूप धारण नहीं कर लेती, अन्य पूर्वी धर्मों के विपरीत ब्रह्माकुमारीज का यह मानना है कि हम कभी भी गैर-मानव प्रजातियों के शरीर को धारण नहीं करते हैं। वे गैर-पदार्थ अवस्था में निवास करती हैं, जो स्थान और समय की सीमा से बाहर हैं। इसे ही घर कहते हैं, जहाँ ईश्वर का वास भी होता है। ईश्वर, जिसे सर्वोच्च आत्मा कहते हैं, मानव प्रयत्न में जो कुछ भी श्रेष्ठ है—प्रेम, शांति, आनंद, ज्ञान, शक्ति उसका संदर्भ बिंदु है। दादी जानकी का यह विश्वास है और वे यह सिखाती हैं कि जब हम इस सर्वोच्च आत्मा से जुड़ सकते हैं तो हम अपने भीतर भी उन गुणों का नवीकरण कर लेंगे।

सभी आत्माएँ शुद्ध और निर्दोष रूप में अस्तित्व में आती हैं, लेकिन बाद में अवतार के साथ ही वे गंदी और दुष्टताओं से मर जाती हैं। योग के माध्यम से ईश्वर से जुड़कर ही इस गंदगी को साफ किया जा सकता है और हम वापस अपनी मूल प्रकृति में लौट जाते हैं, जो कि सिर्फ अच्छाई ही है।

पृथ्वी ग्रह की चार मौलिक अवस्थाएँ हैं और प्रत्येक अवस्था 1250 वर्षों की होती है। ठीक-ठीक संख्याओं के बारे में ब्रह्माकुमारीज बिल्कुल स्पष्ट हैं। सबसे पहले स्वर्ण युग आता है, जिसकी चर्चा प्रायः कवियों द्वारा की जाती है और प्राचीन यूनानी दर्शन में यह एक शक्तिशाली धारणा भी है। स्वर्ण युग में सब कुछ शुद्ध और अच्छा होता है तथा हर कोई खुश होता है। भौगोलिक रूप से स्वर्ण युग भारत में घटित होता है, भारत जो प्रचुरताओं का देश है और अब जिसे इंडिया कहते हैं। इस समय जनसंख्या कम होती है और हर तरफ शांति तथा सौहार्द होता है।

इसके बाद सिल्वर युग आता है, जो थोड़ा गंदा होता है, लेकिन फिर भी शांति और प्रचुरता होती है। जनसंख्या में वृद्धि होना शुरू हो जाता है।

तीसरा ताम्र युग है। यही वह समय है, जब महान् धर्म जैसे यहूदी, ईसाई, इसलाम और बौद्ध स्थापित हुए, उनके साथ ही इनके सम्मानित दूत भी। अब विश्व विभाजित हो गया, दुष्टों का अभ्युदय हो गया और इन महत्त्वपूर्ण धर्मों के महान् दूतों, अब्राहम्, बुद्ध, ईसा और मोहम्मद ने कभी बिना किसी प्रयास के अपनाए गए उच्च मूल्यों की याद दिलाते हैं। सभी प्रमुख दूत मूल रूप से वही शिक्षा देते हैं। अपनी मूल अवस्था में लौटने के लिए हमें अपने विचारों, शब्दों और कर्मों में ईमानदार, स्पष्ट शुद्ध होना चाहिए, झूठ और धोखा नहीं करना चाहिए तथा साधारण जीवन बिताना चाहिए।

ब्रह्माकुमारीज के अनुसार जनसंख्या और भी बढ़ती है, क्योंकि नई आत्माएँ नए शरीरों में वास करने के लिए लगातार आती रहती हैं।

चौथा लौह-युग है, जो हमारा ही युग है, जिसमें युद्ध, अतिजनसंख्या, लालच और पाप तथा सभी प्रकार की बुराइयों की भरमार हैं। पाँच हजार वर्ष चक्र की विशेषता होती है परिवर्तन और गिरावट।

जब लौह-युग में जीवन को बनाए रखना कठिन हो जाता है तो उच्चतम आत्मा हस्तक्षेप करती है, ताकि विश्व के नवीनीकरण का बीज बोया जाए। चूँकि इस चक्र की शुरुआत सबसे पहले भारत में हुई, इसीलिए भारत में एक नए प्रेरित शिक्षक का विश्व को वापस अच्छाई और प्रेम की तरफ ले जाने के

लिए आगमन होता है। वे व्यक्ति ब्रह्म बाबा थे, जो भारतीय व्यवसायी थे और जिनकी दैवीय दृष्टि ने 1930 के दशक में उन्हें यह विश्वास करने के लिए प्रेरित किया कि वे ही वे व्यक्ति हैं, जिनका चयन चेतना में बदलाव और एक नई विश्व–व्यवस्था के निर्माण के लिए किया गया है। एक बार फिर साधारण जीवन की प्रशंसा की गई और यहाँ नया तत्त्व यह था कि ब्रह्म बाबा ने महिलाओं को प्रभारी बनाया। ऐसी चीज पहले कभी नहीं हुई थी। पूर्व में सभी पुरुष ही हुए थे और विश्व के सभी धर्मशास्त्री भी पुरुष ही हुए।

आज भी, यह कितना क्रांतिकारी था, इसकी पूरी तरह प्रशंसा नहीं की गई है, विशेषकर भारत में जहाँ महिलाओं की कोई व्यक्तिगत स्थिति है ही नहीं।

नई विश्व–व्यवस्था की तैयारी की अवधि संगम युग के नाम से जानी जाती है, जिसकी अवधि लगभग 100 वर्षों की होती है। जब बहुत बड़ी संख्या में लोगों को इस बात का ज्ञान हो जाता है कि किस प्रकार उच्चतम आत्मा के साथ अपने मन को जोड़ा जाए और पूर्व के पापपूर्ण जीवन का त्याग किया जाए, तो सभी आत्माएँ इस चक्र को पुन: शुरू के लिए घर वापस हो जाती हैं।

इसे प्राय: विश्व के अंत के रूप में जाना जाता है, लेकिन विश्व का अंत नहीं होता, बल्कि इसका नवीकरण होता है और यह पुन: शुरू होता है।

लौह युग में यह प्रभाव अपनी चरम सीमा पर पहुँच गया, इस हद तक कि पहले से कहीं ज्यादा लोग अब पूरी तरह से भौतिकतावादी हो गए थे, उन्हें ईश्वर के किसी भी रूप में कोई विश्वास नहीं था और पदार्थ से परे किसी भी चीज के अस्तित्व को वे स्वीकार नहीं करते थे। इस समय वैज्ञानिकों द्वारा आत्मा के अस्तित्व को भी नकार दिया गया तथा ईश्वर और भी ज्यादा भौतिकतावादी एवं उग्र हो गया।

ब्रह्माकुमारीज का यह विश्वास है कि 1930 के दशक में आध्यात्मिक विश्वविद्यालय के संस्थापक ब्रह्म बाबा एक माध्यम हैं, जिनके द्वारा ईश्वर इस संसार को इसके शुद्ध रूप में वापस होने के समर्थ बनाता है और जिस समय उनकी मृत्यु हुई उस समय तक वे स्वयं शुद्धता की एक ऐसी अवस्था में पहुँच गए थे कि उन्होंने अवतार धारण नहीं किया, बल्कि ईसाई शब्दावली के अनुसार ईश्वर के दाएँ हाथ में बैठ गए। ब्रह्म बाबा को यह विश्वास है कि उनका 84 बार जन्म हुआ, पाँच हजार वर्ष के चक्र में किसी भी आत्मा द्वारा जन्म लेने की अधिकतम सीमा और यह कि उनका काम लोगों को यह दिखाना

था कि लोगों के पदार्थ के प्रति आकर्षण को किस प्रकार कम करना और उन्हें हिंसा, लत तथा सभी प्रकार के व्यसन, जिसमें लैंगिक व्यसन, भी शामिल है, से दूर रखना था।

जब उनकी मृत्यु हुई तो वे 'सूक्ष्म क्षेत्रों', मेटा-फिजिकल संसार, जो भौतिक संसार और घर के बीच स्थित है, में विलीन हो गए। यह मेटाफिजिकल संसार तो भौतिक संसार बिल्कुल भी नहीं है।

सेवानिवृति की अवस्था में ब्रह्म बाबा को अंतर्दृष्टि की एक शृंखला का अनुभव हुआ, जिससे उन्हें यह विश्वास हो गया कि ईश्वर प्रत्यक्ष रूप से उनके माध्यम से बातें कर रहे थे। सन् 1939 में जब उनकी मृत्यु हुई उस समय तक, ब्रह्माकुमारी भारत में पहले ही अच्छी तरह स्थापित हो चुका था और दादी जानकी, जिनकी उम्र 53 साल की हो चुकी थी, कई वर्षों से संगठन में प्रमुख भूमिका निभा रही थीं।

इसे इस तरह से देखा जाएगा कि यह पृथ्वी पर जीवन की काव्यात्मक रहस्यवादी व्याख्या है और इसका क्या विज्ञान या ब्रह्मांड विज्ञान में कोई आधार है, यह विवाद का विषय लेखक करने में आर्मस्ट्रांग ने अपनी पुस्तक 'दि केस फॉर गॉड' में यह रेखांकित करती हैं कि हमारा वर्तमान वैज्ञानिक युग में इस मिथ्या का महत्त्व अविश्वसनीय हो गया है। वे कहती हैं मैंने एक भ्रामक संसार में लोगों को रचनात्मक तरीके से रहना सिखाया। वे आगे बताती हैं कि धर्म का सत्य वैज्ञानिक सूक्ष्मताओं की पड़ताल करने से नहीं प्राप्त किया जाता है, बल्कि व्यावहारिक कार्यों द्वारा प्राप्त किया जाता है। कुछ चीजें निरंतर समर्पित अभ्यास द्वारा सीखी जा सकती हैं और धर्म एक व्यावहारिक विषय हैं जो हमें अपने मस्तिष्क और हृदय की नवीन क्षमताओं का पता लगाना सीखाता है।

आर्मस्ट्रांग यह बताती हैं कि विज्ञान ने ऐसे अद्‌भुत परिणाम प्राप्त किए हैं जिनसे मिथ्या को वंचित कर दिया गया और सत्य की प्राप्ति के लिए विज्ञान को ही एकमात्र माध्यम माना जाता है।

आप कभी भी सत्य या अन्यथा 5,000 वर्ष के चक्र को, श्रेष्ठ आत्मा की सच्चाई या ब्रह्म बाबा किसी गैर-भौतिक आयामों में विद्यमान रहे अपने भौतिक शरीर का त्याग करने के बाद भी, प्रमाणित या नकार नहीं सकते। हम केवल यह कह सकते हैं कि इन मान्यताओं को सच मानने से जीवन बदल गया है और दूसरे भी प्रेरित एवं प्रभावित हुए हैं।

ब्रह्म बाबा ने जो कुछ कहा या प्रकट किया उसे दादी जानकी ने शब्दशः सत्य माना और अपने पूरे जीवन में उन्हें अपना पथ प्रदर्शक, दार्शनिक और मित्र तथा अपने जीवन का किस तरह संचालन करें संबंधित सभी ज्ञान का स्रोत माना। उनका पूर्ण विश्वास ही है, जिसने उन्हें पश्चिम में उनके कठिन समय में सहारा दिया और अनेक चुनौतियों का सामना करने तथा उन पर विजय प्राप्त करने में मदद की।

जब ब्रह्म बाबा की मृत्यु हुई तो उनके संदेश और ज्ञान का अंत नहीं हुआ। आज भी (सन् 2015) एक बहन राजस्थान में ब्रह्माकुमारी के मुख्यालय में हजारों लोगों की भीड़ के सामने अवचेतन की अवस्था में चली गईं, जिसके द्वारा उन्होंने वहाँ एकत्रित भीड़ को संदेशों का संचार करने और सच्चाई प्रकट करने के एक माध्यम के रूप में काम किया। यह संदेश 'बापदादा' नामक अस्तित्व से आता, जो कि ब्रह्म बाबा और श्रेष्ठ सत्ता का संयुक्त रूप था, बहुत हद तक उसी तरह जिस तरह ईसाई यह समझते हैं कि ईसा मसीह सांसारिक जीवन की समाप्ति के बाद ईश्वर के साथ संयुक्त रूप से माने जाते हैं। ईसाई मान्यता के अनुसार अब ईसा ईश्वर के दाएँ हाथ पर बैठते हैं, यद्यपि पवित्र आत्मा भी है जो त्रिनिटी या 'एक में तीन रूप' का निर्माण करती है, जिसका ब्रह्माकुमारी धर्मशास्त्र के साथ कोई सहसंबंध नहीं है।

इसके अलावा धार्मिक उपदेश और संक्षिप्त धार्मिक वार्त्ता, जिसे मुरली कहते हैं, ब्रह्म बाबा द्वारा अपने जीवन के पाँच वर्षों में बोले गए, पूरे विश्व में प्रतिदिन सुबह कक्षाओं में पढ़े जाते हैं।

ब्रह्माकुमारी की शिक्षा का सबसे विवादास्पद पहलू शायद उनकी यह मान्यता है कि इस संसार का अंत निकट है। इसी कारण उन्हें 'विनाशक' या 'सहस्राब्दि' विचारधारा की संज्ञा दी गई है। निश्चित रूप से ब्रह्म बाबा ने यह बताया कि जैसा कि इस संसार को हम जानते हैं यह शीघ्र ही समाप्त होगा और फिर स्वर्ण युग आरंभ होगा। ब्रह्माकुमारीज के आलोचकों ने यह रेखांकित किया है कि इस आंदोलन में व्यापक रूप से यह भविष्यवाणी की गई कि इस संसार का सन् 1976 में अंत होने जा रहा है। ऐसा हुआ नहीं और ऐसी भविष्यवाणियों की तिथियाँ आई एवं गईं। कुछ लोगों का यह मानना है कि ऐसी लगातार बदलती तिथियों के कारण ब्रह्माकुमारीज की पूरी शिक्षा की विश्वसनीयता खतरे में पड़ गई।

इसके विपरीत यह कहा जाता है कि बहुत सारे धर्मों द्वारा भी विश्व के

अंत की भविष्यवाणी की गई है, जिसमें ईसाई धर्म भी शामिल है। 'विश्व का अंत निकट है', यह चेतावनी बाइबिल से आरंभ होती है और निस्संदेह मध्ययुग में व्यापक रही। अनेक मध्यकालीन शास्त्रों द्वारा लोगों की दुष्टताओं की चेतावनी दी गई, जिसके कारण निश्चित रूप से व्यापक विनाश होगा। ईसाइयों द्वारा दूसरे आगमन का इंतजार किया गया, जबकि यहूदियों द्वारा अभी भी सच्चे मसीहा का इंतजार किया जा रहा है।

इस मान्यता के अनुसार, कई धर्मों का यह विश्वास है कि वर्तमान समाज भ्रष्ट और बेईमान है। यह अपना अस्तित्व बनाए नहीं रह सकता है और नए युग की शुरुआत होने से पहले कुछ नाटकीय एवं अवश्यंभावी शक्ति द्वारा इस संसार को नष्ट किया जाना है। अधिकांश सहस्राब्दि समूहों द्वारा यह विश्वास किया जाता है कि भक्तों और ईश्वरीय लोगों के एक समूह का यह विश्वास है कि 'ईश्वर के चयनित' आनेवाली विपदा में भी बच जाएँगे तथा नए स्वर्ण युग का आरंभ होगा।

विकिपीडिया की एक प्रविष्टि में ब्रह्माकुमारी को सहस्राब्दि आंदोलन बताया गया है, जिसमें द्रविड़यन शाखा, जीहोवास विटनेसेस मॉरमॉन्स, शेकर्स, प्लायमाउथ ब्रदर्न, रास्ताफेरियन और अनेक यहूदी आंदोलन भी शामिल हैं, जिन्हें मसीहा का इंतजार है।

इस विषय पर दादी जानकी का मानना है कि हमें 'तिथि जागरूक' नहीं होना चाहिए, बल्कि हमें इस निश्चित ज्ञान के साथ काम करना चाहिए। आज जो संसार है, इसका किसी-न-किसी बिंदु पर निश्चित रूप से अंत होगा और इस बचे हुए समय का प्रयोग हमें अपनी आत्माओं को दुष्टताओं से मुक्त करने के लिए करना चाहिए। ताकि यह शुद्ध हो सके और इसलिए ईश्वर के निकट होने में समर्थ होगा। जैसा कि ईसाई श्लोक में बताया गया है, 'धन्य हैं वे, जो हृदय से शुद्ध हैं, क्योंकि वे ईश्वर से मिलेंगे।' किसी को भी निशचित रूप से यह नहीं मालूम है कि इस संसार, जैसा कि हम इसे जानते हैं, का अंत आएगा या अंत होगा। लेकिन यह बात किसी भी संदेह से परे है कि हमारे वर्तमान युग में लालच, भ्रष्टाचार और हिंसा का इतना बोलबाला है और इस पैमाने पर है, जो पहले कभी नहीं था।

दादी जानकी की आध्यात्मिक पृष्ठभूमि का यही सार है और जो कुछ भी वे कहती हैं, वह इसी विश्वास के आधार पर कहती हैं। कुछ मामलों में ब्रह्माकुमारीज की शिक्षा ओल्ड टेस्टामेंट पर आधारित है, जिनमें इजरायल की

संतानों को अपना जीवन कैसे बिताएँ, इस आधार पर कठोर नियम बताए जाते हैं। बल्कि सभी सहस्राब्दि धार्मिक विचारधारा और आंदोलन संयमी जीवन, सादी आकृति, भोगवादी के प्रति अरुचि तथा आत्म-संतुष्टि से दूरी पर बहुत ज्यादा जोर देते हैं।

ब्रह्माकुमारीज द्वारा अनुशासित जीवनशैली की मठों, आश्रमों तथा कॉन्वेंटों में जीनेवाले जीवन के साथ बहुत समानता है और इस तरह यह बहुत ही अनुशासित तथा व्यवस्थित है, जिसमें दैनिक क्रियाओं, संयमों का शब्दश: अभ्यास किया जाना चाहिए, ताकि हृदय की शुद्धता प्राप्त की जा सके और यही ईश्वर से जुड़ने में समर्थ बनाता है। यही वह जीवनशैली है, जो आठ दशकों से दादी जानकी ने स्वयं कभी भी नहीं छोड़ा है।

इस प्रतिदिन की दिनचर्या में यह भी शामिल है कि चिंतन करने के लिए प्रात:काल चार बजे जागना, सुबह साढ़े छह बजे कक्षा में शामिल होना, फिर चिंतन करना, फिर नाश्ता और 'कर्मयोग' या पूरे दिन किए जानेवाले काम, जिनमें कपड़े साफ करना और प्रेस करना, साफ-सफाई करना, बागवानी करना तथा खाना बनाना भी शामिल हो सकता है। ब्रह्माकुमारी के दिन में भीड़ नियंत्रण करने जानने और समझाने के लिए कुछ मिनट का मौन भी शामिल होता है। शाम के समय और ज्यादा चिंतन होता है तथा आम जनता के लिए शायद कोई कार्यक्रम भी।

कम-से-कम आश्रम में या केंद्र में हर कोई सफेद वस्त्र पहनता है, जो मठों की प्राचीन परंपरा को दरशाता है, जहाँ हर कोई एक जैसे कपड़े ही पहनते थे।

इस प्रकार व्यवस्थित और साधारण तरीके से ब्रह्माकुमारी अपना जीवन जीते हैं या समर्पित करते हैं।

यह आंदोलन बहुत ही भारतीय है और इस प्रकार यह एक बहुत बड़ा प्रश्न था, जैसा कि हम आज भी कह सकते हैं कि दादी जानकी के लिए पश्चिम में आकर नए सिरे से शुरुआत करना और विशेषकर अनेक विभिन्न विचारधारावाले पश्चिम के लोगों के साथ शुरू करना, जैसा कि उन्होंने सबसे पहले उन्हें प्रभावित किया। उन्होंने शायद पहले कभी भी छोटे स्कर्ट या छोटे-छोटे पैंट या सड़कों पर खड़े होकर महिलाओं को सिगरेट पीते और उन्हें बार में शराब पीते नहीं देखा होगा।

उन्हें वास्तव में सांस्कृतिक आघात लगा, लेकिन ईश्वर में अपनी अडिग

आस्था और इस विश्वास के कारण खुद को सँभाल लिया कि सच्चाई के संदेश को इस संसार में फैलाने के लिए उनका चयन किया गया है तथा जिसे सुनने की इस संसार को जरूरत थी। इस तथ्य को 1970 के दशक में पश्चिम के युवाओं को वे अपने एक बिल्कुल ही भिन्न पृष्ठभूमि और दृष्टिकोण से संबोधित कर रही थीं और जिसने उन्हें विचलित नहीं किया, क्योंकि जैसा कि वे कहती हैं—

'राज भोग (ईश्वर के साथ जुड़ाव) का अभ्यास करने के कारण मैं किसी के साथ भी सहयोग कर सकती हूँ। जब आपके विचारों में ईश्वर होते हैं तो आपको चिंता करने की जरूरत नहीं है। जब मैं ब्रह्म बाबा के पास आई तो मेरे मन में तनिक भी यह विचार नहीं आया कि पश्चिम के लोगों के साथ मेरा कोई जुड़ाव या मित्रता भी होगी। लेकिन चूँकि मैं बाबा की मित्र हूँ और अपनी भी हूँ, इसलिए इन यूरोपियनों के साथ भी मित्रवत हो गई।'

'मैं किसी को भी बदनाम नहीं करूँगी और न ही उनके बुरे पक्ष की ओर देखूँगी, क्योंकि यह मेरे अपने कर्म और ईश्वर के साथ मेरे जुड़ाव को भी बाधित करेगा। मैं किसी के प्रति अपना विश्वास कभी भी नहीं खोती हूँ और न ही किसी से खुद को निराश होने देती हूँ। मैं कोशिश करती हूँ कि मैं कभी भी किसी से बिल्कुल भी परेशान न होऊँ और इस तरह से मैं हमेशा खुश और संतुष्ट रहती हूँ।'

आजकल भारतीय, पश्चिम जगत् के लोग और बल्कि हर जाति, पृष्ठभूमि तथा संस्कृति के लोग एक-दूसरे के साथ खुशी-खुशी घुल-मिल जाते हैं। मेरे अपने पूर्व पति, लगभग 35 वर्ष ब्रह्माकुमारी में रहे, सन् 1994 से रिट्रीट केंद्र में रहे हैं, जो एक प्रकार का छोटा इंद्रधनुषी राष्ट्र है, जिसमें कि हर प्रकृति, हर उम्र और अनेक विभिन्न पृष्ठभूमिवाले ब्रह्माकुमारीज सौहार्द के साथ एक समुदाय के रूप में रहते हैं।

इसलिए हमें पूछना है कि क्या ये दादी या ईश्वर थे, जिन्होंने 1970 के दशक के मध्य में वैश्विक विस्तार लाया? क्या ये ईश्वर थे या दादी थीं, जिन्होंने पश्चिम के इतने लोगों को आकर्षित किया? क्योंकि सबसे बढ़कर ईश्वर में आस्था इतनी भी अजीब बात नहीं थी। हममें अधिकांश लोगों का पालन-पोषण, ईसाई या शायद यहूदी या मुसलमान के रूप में हुआ है और अपने बाद के जीवन में इन आस्थाओं को नकारने का यदि सजग प्रयास भी करें तो वे हमारी गहराई में इतना सजाए हुए

हैं कि उन्हें पूरी तरह उखाड़कर फेंका नहीं जा सकता है।

इस तरह हम सबकी एक धारणा थी कि ईश्वर क्या हैं और ब्रह्माकुमारी द्वारा बताए गए सिद्धांतों से यह भिन्न था भी तो, कम-से-कम ये जानते थे कि वह एक गैर-भौतिक शाश्वत अस्तित्व है जो कभी भी नहीं बदला है तथा जो ऊपर से ही हमारे सभी कर्मों पर नजर रखता है और यहाँ तक कि हमारे धर्मनिरपेक्ष और स्पष्ट रूप से नास्तिक युग में भी OMG (Oh my God) (हे ईश्वर) एक लोकप्रिय अभिव्यक्ति है।

एक सच्चाई, जिसने दादी को यह अडिग विश्वास दिया कि वे विश्व के हर कोने तक अपना संदेश पहुँचाएँगी, वह उनका यह दृढ विश्वास है कि ईश्वर एक है। हिंदू, ईसाई, यहूदियों आदि के लिए अलग-अलग ईश्वर नहीं हैं, बल्कि एक अस्तित्व है और इसलिए वे अन्य धर्मों के विश्वास और रीतियों को प्रभावित करके उस सार को भेद पाईं कि ईश्वर क्या है।

जिस चीज के लिए हम तैयार नहीं थे, वह था दादी जानकी का ईश्वर के प्रति असामान्य अंतर्दृष्टि कि ईश्वर ने स्वयं को ब्रह्म बाबा के माध्यम से परिचित कराया या यह तथ्य कि उन्हें ईश्वर को अपने निकट या साथी के रूप में देखा, न कि कोई सत्ता शाश्वत रूप से 'उन पर है' और दूर तथा अज्ञात है। उनकी तत्परता और समर्पण की भावना उनके विश्वास पर आधारित है कि ईश्वर वास्तव में घर से परे और इस समय पृथ्वी पर स्वर्ग का रास्ता दिखा रहा है।

यह बात ध्यान देनेवाली है कि ब्रह्माकुमारी के सभी विश्वास और शिक्षा ब्रह्माकुमारीज के लिए अद्‌भुत नहीं हैं। हिंदू और सिक्ख दोनों ही अवतार पर विश्वास करते हैं या हमें यह कहना चाहिए कि इसे एक पूर्ण सत्य के रूप में स्वीकार कीजिए तथा कर्म का नियम इस विश्वास का अभिन्न हिस्सा है।

सिक्ख भी चार युगों में विश्वास करते हैं और यह मानते हैं कि हम अब कलयुग में हैं, जो कि लौह युग है तथा जिसमें सभी चीजों में गुणवत्ता में गिरावट आ जाती है एवं हर समय वे और भी खराब होते जाते हैं। जिस मामले में ब्रह्माकुमारीज पारंपरिक हिंदूवाद से भिन्न है वह है उनका यह दृढ विश्वास कि पुराने चक्र के अंत और नए चक्र के शुरुआत के संगम के इस युग में ईश्वर सभी आत्माओं को घर ले जाने के लिए आए हैं तथा इसके शीर्ष पर महिलाओं को रखा है।

कई लोगों के लिए यह आंदोलन का यू.एस.पी., या यूनिक सलिंग प्वाईंट (अद्‌भुत विक्रय बिंदु) है।

□

4

ब्रह्माकुमारीज बननेवाले पश्चिम के पहले लोग

ब्रह्माकुमारीज बननेवाले पश्चिम के पहले व्यक्ति थे, सन् 1975 में डेनिसे लारेंस और जॉनकेन। डेनिसे तो ब्रह्माकुमारी बने रहे, जबकि जॉनकेन बाद में इस आंदोलन से अलग हो गए, यद्यपि इसके आदर्शों के प्रति उनकी सहानुभूति फिर भी बनी रही। बाद में तीन युवा व्यक्ति आए, जो कि भारत के बाहर ब्रह्माकुमारी के विकास और विस्तार के पूर्णतः केंद्र में रहे। ये थे—चार्ली हॉग, केन ओ'डोनेल और बलवंत पटेल।

चार्ली हॉग पूरे ऑस्ट्रेलिया में केंद्र का संचालन करते हैं।

वे बताते हैं कि स्कूल में उनका पुकार का नाम 'स्वामी' था, क्योंकि ऐसा लगता था कि उन्हें हमेशा ही धर्म में रुचि थी और विशेष रूप से पूर्व के धर्म में। जो भी हो, आरंभ में उन्होंने अपने लिए पारंपरिक कॅरियर का चुनाव किया और ऑस्ट्रेलिया के अपने गृह नगर मेलबोर्न में वास्तुकला की उपाधि के लिए पढ़ाई शुरू की। वास्तुकला विश्वविद्यालय द्वारा संचालित पाठ्यक्रमों में संभवतः सबसे लंबा और सबसे कठिन पाठ्यक्रम है। कुछ समय के बाद चार्ली ने इस कोर्स को स्थगित कर दिया, बदले में विश्व-भ्रमण का निश्चय किया।

सन् 1974 में एक समय लंदन के कुछ हिस्से ऑस्ट्रेलिया के युवा बैकपैकरों से भरे हुए थे और चार्ली उनमें से एक थे।

ऐसा हुआ कि ऑस्ट्रेलिया से लंदन पहुँचने में आठ माह का समय लगा,

रास्ते में उन्होंने भारत का भ्रमण भी किया और यहाँ वे धार्मिक समुदायों के साथ रहे। "जब मैं लंदन पहुँचा तो मैं रॉयल शेक्सपियर कंपनी के साथ काम करके अपना गुजारा करने लगा और दूसरे छोटे-छोटे काम भी किए। उस समय मैं बेकर स्ट्रीट के सराय में रह रहा था, इसलिए इस तरह से रहने पर बहुत ही खर्च आ रहा था और वहाँ अपने प्रवास को लगभग अनिश्चित काल के लिए बढ़ा पाया।"

वे सन् 1975 में ब्रह्माकुमारीज के संपर्क में तब आए, जब वे बेलग्रेव स्कवेचर में दि स्पीरिचुअल एसोसिएशन ऑफ ग्रेट ब्रिटेन की सभा में शामिल होने के लिए गए। दादी जानकी और जयंती भी वहीं थी, वार्त्तालाप दे रही थीं। मेरी समझ में कुछ भी नहीं आया कि यह किस बारे में था, लेकिन जब जयंती बातें कर रही थीं तो दादी जानकी वहाँ बैठी हुई थीं और मुझे याद है कि उनका चेहरा कितना स्पष्ट था।

'वार्त्ता खत्म होने के बाद जयंती ने मुझे टेनिस रोड, नॉर्थ वेस्ट लंदन स्थित अपने छोटे से फ्लैट में आमंत्रित किया, जो उस समय भारत से बाहर उनका विश्व मुख्यालय था। मैं शीघ्र ही किसी चीज से प्रभावित हुआ, जबकि मुझे वास्तव में यह नहीं मालूम कि वह क्या था और फिर ट्रेन से मैं उनकी सुबह की कक्षा करने जाना शुरू किया। मैं वहाँ कुछ महीनों तक गया और जितना ज्यादा मैं सुनता उतना ही पसंद करता। मैं केंद्र के और निकट होता गया तथा उन्हें और भी अच्छी तरह जान पाया।'

जब पीछे मुड़कर देखते हैं तो चार्ली कहते हैं कि जब वे पहली बार दादी जानकी और जयंती से मिले तो इस बात से वे बहुत प्रभावित हुए कि वे उन्हें कितना परिचित लग रही थीं और किस तरह वे उन्हें जरा भी अपरिचित नहीं लगीं। यह परिचित होने का अहसास था, जो मैं किसी तरह समझ सकता था और शुरू से ही दादी जानकी का मुझ पर अविश्वसनीय रूप से शक्तिशाली प्रभाव रहा है। उस समय उनकी उम्र मात्र 22 वर्ष की थी। एक युवा 'स्वामी' से लेकर पूर्ण नास्तिक के रूप में आगे बढ़ते हुए धीरे-धीरे इसका स्थान अज्ञेयवाद ने लिया।

यद्यपि तब भी मैं ईश्वर में विश्वास नहीं करता था। शुरू से ही ब्रह्माकुमारीज के विचार तार्किक लगते थे और अब मुझे लगता है कि दादी जानकी ने मुझे सिखाया कि ईश्वर को कैसे जानें और ईश्वर से कैसे प्यार करें। उन्होंने यह धार्मिक तरीके से नहीं किया, लेकिन उन्होंने भक्तिपूर्ण भाव के साथ बताया और ईश्वर को बहुत ही वास्तविक बनाया। शुरू से ही मेरे ऊपर उनका सबसे प्रबल प्रभाव रहा।

तब भी चार्ली को साथ-ही-साथ यह भी लगता था कि उस महिला में कुछ शर्मीलापन और घबराहट थी। एक बार उन्होंने कहा कि वे इतनी चिंतित और घबराई हुई थीं कि उन्हें लगता था कि वे कूद जाएँगी, तभी एक कुत्ता भौंक पड़ा। और फिर तभी उनमें इतना साहस और निडरता होती थी। मैं इसकी प्रशंसा करता था। वे इतनी छोटी, शांत और विनम्र थीं, फिर भी उनमें इतना बड़ा, बल्कि मैं कहूँगा कि वे जो कुछ भी कहती थीं, उसमें उनका पूर्ण विश्वास था।

> उनका जन्म एक ऐसे देश में हुआ था, जहाँ महिलाओं की स्थिति बिल्कुल दूसरे दरजे की होती है और जब मैं उनसे मिला, निश्चित रूप से उन्हें पश्चिम के पुरुषों के साथ काम करने की आदत नहीं थी, विशेषकर मेरे जैसे युवा ऑस्ट्रेलियाई लोगों के साथ। फिर भी जब मैं किलबर्न में एक घर को किराए पर ले रहा था, केंद्र के ठीक निकट तो उन्होंने पूछा कि क्या वे वहाँ आकर इसे देख सकती हैं।
>
> 'स्वाभाविक रूप से मैंने कहा कि हाँ, और वे वहाँ आईं, लेकिन जब वे आईं तो मेरे मकान मालिक सफेद साड़ी पहने एक बूढ़ी छोटी भारतीय महिला को वहाँ देखकर नाराज हो गए। आपको याद रखना है कि उस समय इंग्लैंड में भारतीयों के प्रति बड़ा जातिवाद और पक्षपात था तथा उन्हें उनका वहाँ आना बिल्कुल भी पसंद नहीं आया था। वे जो कुछ भी कर रही थीं, वह देखकर मैं हैरान था। लेकिन मैंने देखा कि दादी जानकी ने किस तरह से उनकी बातों पर प्रतिक्रिया की थी। वे सम्मान से भरी हुई बिल्कुल शांत थीं और उनकी प्रतिक्रिया में तनिक भी भय नहीं था। दादी ने अत्यंत ही सुरक्षित जीवन जीया था और यहाँ वे एक अज्ञात मकान में घुस रही थीं बिना किसी घबराहट के, एक क्रोधित मकान मालिक का सामना कर रही थीं और निस्संदेह क्षण भर में उसका गुस्सा गायब हो गया और वह उन पर मोहित हो गया।'

चार्ली कहते हैं कि वे एकदम पूरी तरह ब्रह्माकुमारी नहीं बन गए, यद्यपि वे उस समय के इस छोटे से आंदोलन के प्रति लगातार आकर्षित होते जा रहे थे। 'मैंने अन्य भारतीय आंदोलनों का भी अन्वेषण किया और फिलाडेलफिया एसोसिएशन का भी, जिसकी स्थापना समझने के स्वीकृत तरीकों को चुनौती देने और मानसिक तथा भावनात्मक पीड़ा का इलाज करने के लिए आर.डी. लांईंस द्वारा की गई थी। मैंने कृष्णमूर्ति को सुना और मुझे इन सबमें दिलचस्पी हो गई।

'लेकिन एक चीज जिसने मुझे ब्रह्माकुमारी की ओर सबसे ज्यादा आकर्षित किया, वह थी कि मैं विश्वास को वास्तविक अनुभव में बदलना चाहता था। मैं कोई सैद्धांतिक चीज नहीं चाहता था। बहुत जल्द यह स्पष्ट हो गया कि दादी जानकी को भी बुद्धि या विश्वास मात्र से परे किसी चीज का अनुभव हुआ था और मैं स्वयं भी इसका अनुभव करना चाहता था।'

'शुरू से ही मुझे यह तीव्रता से महसूस होता था कि मैं सच सुन रहा था, शायद पहली बार भी। मुझे टेनिसन रोड पर शनिवार की वह रात याद है, जब दादी जानकी हमारे छोटे से समूह को विचारों की गहराई में ले गईं और इससे मुझे स्वयं ही गहराई में सोचने के लिए उत्तेजित कर दिया। उन्होंने हमें पुनर्जन्म का विचार बताया और यह भी कि आत्मा अपनी अनेक विभिन्न यात्रा के क्रम में कई जन्म लेती है। इसी से मेरे लिए विचारों के नए आयाम खुल गए।'

फिर यह सब कुछ चार्ली के लिए हुआ। 'मेरा ईश्वर के साथ शक्तिशाली संबंध बनना शुरू हो गया और प्यार की एक सनसनाहट मेरे भीतर भरना शुरू हो गई। इसका इतना मजबूत प्रभाव पड़ा कि उसके बाद मैंने कभी पीछे मुड़कर नहीं देखा और उसी क्षण मैंने अपना जीवन ब्रह्माकुमारीज के लिए समर्पित करने का फैसला किया। मेरे सभी दोस्तों की जीवनशैली मेरे से बिल्कुल अलग थी, विश्वविद्यालय पाठ्यक्रम को पूरा कर उपाधि प्राप्त करके, नौकरी हासिल करके, विवाह करके, परिवार बनाकर, घर खरीदकर, भिन्न जीवन जी रहे थे, लेकिन मुझे अब मालूम था कि मैं उनमें से कुछ भी अपने लिए नहीं चाहता था।

दादी जानकी और ब्रह्माकुमारीज के साथ मेरी बढ़ती संलिप्तता के कारण मैं सन् 1977 तक लंदन में ही रहा। उस समय तक चीजें सिडनी में सही तरह होनी शुरू हो गई थीं। सन् 1975 में एक भारतीय ब्रह्माकुमारी डॉ. निर्मला ऑस्ट्रेलिया के कार्यक्रम का संचालन करने के लिए वहाँ आ चुकी थीं और केन ओ'डॉनेल (जिनकी कहानी आगामी पृष्ठों में आएगी) नामक एक साथी ऑस्ट्रेलियाई वहाँ ब्रह्माकुमारी केंद्र के साथ जुड़ा हुआ था।

चार्ली के सिडनी पहुँचने के बाद उन्होंने वहाँ एक केंद्र का संचालन शुरू किया और तब से ही वे वहाँ केंद्र का संचालन कर रहे हैं।

'अब हमारे पास ऑस्ट्रेलिया में बड़े-बड़े केंद्र हैं और इसकी सफलता का अधिकांश श्रेय दादी जानकी को जाता है। ऐसा लगता है कि आपके साथ

व्यक्तिगत संबंध बनाने की उनकी क्षमता है और हमेशा ही आप पर अपना अविभाजित ध्यान देती हैं। वे आपके आध्यात्मिक सफर के बारे में जानना चाहती हैं और आपको भी इसके बारे में बात करने के लिए प्रोत्साहित करती हैं, निस्संदेह हमेशा एक व्याख्याकार के साथ, क्योंकि आज तक वे स्वयं केवल हिंदी ही बोली हैं। यह स्तब्धकारी है कि दादी स्वयं एक भारतीय होकर भी हर संस्कृति, जाति और पृष्ठभूमि के लोगों के साथ शीघ्रता से जुड़ जाती हैं।'

ऐसा है कि चार्ली आगे बताते हैं कि दादी हमेशा ही सीखने के लिए तत्पर रहती हैं और शुरू से ही पश्चिम के लोग कैसे सोचते हैं, उसकी गहराई में जाने के लिए आकर्षित रही हैं। 'उन्हें लगता है कि सामान्य तौर पर हम ईमानदार और स्पष्ट होते हैं, जबकि तुलनात्मक रूप से भारतीय कपटी होते हैं और उनकी तरह नहीं होते हैं। शुरू से ही दादी ऐसे लोगों के साथ काम करने के प्रति उत्सुक रही हैं, जिनका दृष्टिकोण भिन्न हो, जीवन के प्रति अपेक्षा भिन्न हो और इससे उन्हें विकास में मदद मिली है। वे कभी भी संकीर्ण विचारोंवाली नहीं रहीं और सभी संस्कृतियों तथा धर्मों को अपनाने के लिए उत्सुक रही हैं, क्योंकि उन्हें लगता है कि हृदय से हर व्यक्ति को जीवन में वही चीजें चाहिए होती हैं—शांति, प्रेम और सौहार्द—प्रायः यह ऐसा नहीं भी लगता हो।'

यह तथ्य कि दादी एक महिला हैं, चार्ली के लिए यह महत्त्वपूर्ण पक्ष था। दादी जहाँ भी जातीं वे प्रेम और अपनापन का वातावरण बना देतीं, जो मुझे लगता है कि पुरुष स्वभाव की तुलना में महिला का अधिक पक्ष है। निस्संदेह अलग-अलग संस्कृतियों से आनेवाली सभी ब्रह्माकुमारीज के लिए बहुत ही महत्त्वपूर्ण है। अभी ऑस्ट्रेलिया के केंद्र में 70 या 80 अलग-अलग राष्ट्रीयता के लोग हैं और हम सभी एक साथ आते हैं। मैं कहना चाहूँगा कि इसके लिए बहुत बड़ा धन्यवाद दादी जानकी और उनकी शरीर के या शारीरिक पोशाक की बजाय आत्मा पर सीधे ध्यान केंद्रित करने की क्षमता को जाता है या उनकी नजरों के सामने होता है।

चार्ली का विश्वास है कि दादी की अद्‌भुत विशेषता उनकी विस्तृत अंतर्दृष्टि है। यद्यपि ब्रह्माकुमारी के विस्तार के संदर्भ में उनका दृष्टिकोण बड़ा होता है। उनके अंदर अपनी निगाहों को आप पर केंद्रित करने और आपकी क्षमताओं को देखने की भी क्षमता है। आपके मन में जो भी संदेह है वे उससे प्रभावित नहीं होती हैं। उनके चेहरे से हमेशा शांति झलकती है। आप उन्हें कभी भी और किसी तरह

से नहीं देख सकते हैं। मैं कई शक्तिशाली और सफल लोगों से मिला हूँ, उनके चेहरे पर तनिक भी शांति नहीं होती है।

दादी विशेष से सीमाओं को लाँघती हैं। वे हमेशा आपके बेहतर करने, नया केंद्र खोलने, व्यापक प्रोग्राम चलाने के लिए, वह भी तब, जब ऐसा करने के लिए पैसे न हों, आपको श्रेष्ठता के उच्चतर स्तर पर व्यक्तिगत रूप से पहुँचने के लिए प्रेरित करती हैं।

उनका दृष्टिकोण इस संबंध में हमेशा बड़ा रहा है कि पश्चिम में चीजें कैसी होती हैं और यह दृष्टिकोण कुछ ऐसा था जो सभी संस्कृतियों को छू लेता है। चार्ली का यह विश्वास है कि सन् 2015 में यह दृष्टिकोण व्यापक रूप से सही साबित हुआ है।

आज ऑस्ट्रेलिया में हमारे तीन बड़े रिहायशी केंद्र हैं और दादी के मौलिक सिद्धांतों की तरह हमने कभी भी अपने किसी भी प्रोग्राम तथा रिट्रीट के लिए कोई शुल्क नहीं लिया। हमारा एक दान-पत्र होता है और मैं कहूँगा कि नब्बे प्रतिशत लोग न्यूनतम से कभी भी ज्यादा नहीं देते हैं, लेकिन कुछ महत्त्वपूर्ण लोग ज्यादा, बल्कि काफी ज्यादा देते हैं। उदाहरण के लिए एक लड़का, जो एक प्रकाश बल्ब की कंपनी चलाता है, ने हमें इतने बल्ब दिए, जो कि कम-से-कम दस साल तक खत्म नहीं होंगे। जब आप कोई शुल्क नहीं लेते तो इस तरह की चीजें होती हैं। एक अन्य लड़का हमारे ब्लू माउंटेन्स स्थित रिट्रीट में आया, उस समय जमा देनेवाली ठंड थी तो उसने भूमिगत गरमी प्रणाली लगवाने के लिए पैसे दिए। इससे हमारे सुख में अथाह अंतर आया, लेकिन इसके लिए हम कभी भी पैसों की माँग नहीं करते।

एक लड़का, जो हमारे किसी केंद्र पर आया, उसकी विज्ञापन एजेंसी थी और उसने बताया कि उसके कर्मचारी कभी भी इतना मेहनत नहीं करते हैं, जितना हम करते हैं। मुझे लगता है कि स्वैच्छिक काम से लोगों को बड़ी संतुष्टि मिलती है और वे उन लोगों की तुलना में ज्यादा घंटे काम करते हैं, जो किसी निश्चित मजदूरी पर काम करते हैं।

चार्ली को पूरा यकीन है कि पैसे नहीं लेने से ब्रह्माकुमारीज को बड़ा सम्मान मिलता है और यह उन्हें बहुत सारे अन्य आध्यात्मिक संगठनों से अलग करता है, जो अपने कार्यक्रमों के लिए भारी शुल्क लेते हैं तथा विशेषकर उनके रिहायशी

रिट्रीट के लिए। दादी जानकी में इतनी उदारता है। वे हर समय हर किसी को, जिनसे वे मिलती हैं, उन्हें प्यार और सम्मान देना चाहती हैं, जिससे उत्साहित होकर लोग संगठन को वित्तीय सहायता देते हैं। हर साल हमारा हिसाब-पुस्तक संतुलित रहता है और उदाहरणस्वरूप अन्य दान संस्थाओं से भिन्न हम किसी भी स्विस बैंक में कभी भी धन इकट्ठा नहीं करते हैं। हमें जो कुछ भी मिलता है, वह सीधे किसी-न-किसी सेवा के रूप में चला जाता है।

'मेरा मानना है कि हम लोग एक मात्र आध्यात्मिक संगठन हैं, जो कोई शुल्क नहीं लेते हैं और जो अपने मौलिक सिद्धांतों पर अडिग रहे हैं। दादी जानकी ने हमारे भीतर धन और निष्ठा के सभी सिद्धांतों को दृढता से बैठा दिया और इस कारण हमारे मूल्य हमेशा ऊँचे रहे हैं।'

क्या चार्ल्स को यह लगता है कि सन् 1974 से पश्चिम में आंदोलन का इतना विस्तार दादी जानकी के बिना होता? वे इस बात पर दृढ हैं कि नहीं होता। दादी जानकी की सबसे बड़ी प्रतिभा जो मैं देखता हूँ, वह है ज्ञान देने की उनकी क्षमता। वे आपके भीतर इतना विश्वास भर देती हैं और फिर आपकी क्षमता देखती हैं। फिर वे उसी पर काम करती हैं। लोगों से जुड़ने की उनकी दुर्लभ क्षमता है और यही वजह है कि हममें से अधिकांश लोग उनके प्रति वफादार और स्नेही हैं तथा इस संगठन को विकसित होते देखा है, जबकि भारत आधारित अनेक आंदोलन फुस्स हो गए हैं।

दादी के अपने संबंध हमेशा सीधे ईश्वर के साथ हैं और रहे हैं तथा यही सबसे महत्त्वपूर्ण पक्ष है। उन्होंने मेरे भीतर यह भावना जगाई कि ईश्वर से कैसे प्यार करें और अपने जीवन में उन्हें कैसे वास्तविक बनाएँ। यही सबसे बड़ा उपहार है, जो उन्होंने मुझे दिया है और यह आज भी जारी है।

चार्ली कहते हैं कि इसी कारण उनमें पारंपरिक जीवन में जीने का कभी भी कोई पश्चात्ताप नहीं रहा और यह कि ब्रह्माकुमारी की प्रमुख होने के कारण तथा अंतत: पूरे ऑस्ट्रेलिया में सभी केंद्रों के लिए उत्तरदायी होना उन्हें पूर्ण संतुष्टि देता है।

और यह सब कुछ एक संयोगवश भेंट से, या क्या यह एक संयोग था?— ग्रेट ब्रिटेन के आध्यात्मिक संघ में?

केन ओ डोनेल मूल रूप से ऑस्ट्रेलियाई केन अब दक्षिण अमरीका में ब्रह्माकुमारी के केंद्रों की देखभाल करते हैं।

उस समय के अनेक ऑस्ट्रेलियाई युवाओं की तरह केन मौज-मस्ती, साहसिक कार्य और शायद जीवन के अर्थ की तलाश में 1970 के दशक में लंदन आए। उन्हें वह तीनों ही वहाँ मिला, जैसा कि वे बताते हैं।

> 'मैं औद्योगिक रसायनविद् बनने के लिए सिडनी में अध्ययन कर रहा था, तभी मैंने यह फैसला किया कि अध्ययन से समय बचाकर मैं इस संसार को देखने के लिए यात्रा करूँगा। मुझे पूरी तरह से इसकी कीमत मिली या शायद नहीं मिली। हिप्पी वंश का सदस्य और मैं रिजेन्टस पार्क के एक सराय में रह रहा था। मद्यशालाओं और सड़कों पर संगीत प्रदर्शन करके मैं अपने जीवनयापन भर पैसे कमा रहा था। मैंने पहले ही पाँच माह मोरक्को में शांति से चिंतन करते हुए बिता दिए थे और निश्चित रूप से मेरा झुकाव अध्यात्म तथा चिंतन की ओर था। और मुझे पहले से ही यह लगता था कि मैं अपना जीवन दूसरों को समर्पित करना तथा लोगों की मदद करना चाहता था।
>
> 'मैं अगस्त 1975 में लंदन पहुँचा और सबसे पहले मैं चार्ली से मिला, जिन्हें मैं पहले से ही सिडनी में जानता था। मैं यह जानकर हैरान था कि वह सुबह सवेरे जागता है और चिंतन करने के लिए जाता है। मैंने भी उसके साथ जाने का फैसला किया। वह ब्रह्माकुमारी के साथ मेरा पहल संपर्क था।
>
> 'मैंने आरंभिक कोर्स नहीं किया, क्योंकि दादी और जयंती वहाँ नहीं थे, बल्कि वे नॉर्थ में कहीं थे। सिस्टर सुदेश कक्षा ले रही थी और मैं सीधे चिंतन तथा प्रातःकाल की कक्षा में फँस गया। वहाँ तत्क्षण कुछ था, जिसने मुझे आकर्षित किया और जब मैं दादी से मिला तो सब कुछ बदल गया।
>
> मैं यहाँ था, मेरे मोरक्कन पोशाक में यह रोवेंदार जीव, उस समय यही मात्र मेरे पास था और मुझे संशय था कि दादी मेरा क्या करेंगी। मैं उनसे अपनी पहली मुलाकात को याद करता हूँ जो टेनिसन रोड के छोटी सी सीढ़ी पर हुई थी। उन्होंने मुझे देखा और मुझ पर लंबी दृष्टि डाली और कहा, 'आप पूरे संसार में सेवा करेंगे।'
>
> 'मेरी ऐसी कोई योजना नहीं थी और न ही यह समझ में आया कि 'सेवा' का क्या अर्थ है, लेकिन बस ऐसा ही हुआ। मैं मुग्ध रह गया और उन कंपनों से बहुत ज्यादा प्रभावित हुआ जो मुझे लगा कि दादी से हो रही थीं।'

केन कहते हैं कि 'उस समय उन्हें ब्रह्माकुमारीज की विश्वास प्रणाली या वे क्या हैं के बारे में कुछ भी समझ में नहीं आया। पाँच माह मोरक्को में मौन

में बिताया गया मेरा समय यह समझने का प्रयास था कि जीवन क्या है? और मैं बहुत लंबे समय से भ्रमण कर रहा था तथा बहुत कुछ देखा था। शायद इसी वजह से एक चीज, जो मैं ब्रह्माकुमारीज के बारे में शीघ्र ही समझ गया, वह यह था कि उनमें शुद्धता थी। वे ईमानदार और सीधे थे तथा जो वे बताते थे, उसी पर चलते भी थे।

'मुझे ऐसा लगता था कि दादी अपनी आंतरिक शांति की सहायता से चीजों को बाँधकर रखती थीं। वे कोई अंग्रेजी नहीं बोलती थीं। जयंती बहुत युवा थी और सुदेश भी ज्यादा अंग्रेजी नहीं बोलती थी, इसलिए यह शायद ही ऐसा संगठन था जिसका कोई आधार मिला था। दादी जानकी दैनिक उपदेश-मुरली, हमें हिंदी में पढ़कर सुनाती थीं और जयंती हाथों से उसका अनुवाद लिखती थीं। प्रात:काल हम कोई आधे दर्जन लोग मिलते थे और यह मिलना बहुत घनिष्ट होता था तथा शौकिया भी। मेरा सेवा करने का बिल्कुल भी कोई विचार नहीं था और तीन महीने के बाद मैं ऑस्ट्रेलिया वापस चला गया।'

केन बताते हैं कि 'उस समय दादी जानकी प्रात:काल कक्षा में तथा चिंतन सत्र में आनेवाले पश्चिम के सभी लोगों में गहरी रुचि लेती थीं और जल्दी ही ऐसा लगने लगा कि उन सबके लिए उनकी बहुत बड़ी योजना थी। दादी को इस बात की बड़ी चिंता थी कि मुझे ऑस्ट्रेलिया वापस चले जाना चाहिए और मैंने उनकी आज्ञा का पालन किया। लेकिन मैं शीघ्र ही ब्रह्माकुमारी नहीं बना। मैंने जैसे ही अपना अध्ययन पूरा किया, मैं मैक्स फैक्टर की नौकरी करने लगा, जो सौंदर्य प्रसाधन बनानेवाली कंपनी थी। लेकिन मेरे भीतर यह विचार गहराता जा रहा था कि मुझे ब्रह्माकुमारीज के लिए कुछ करना चाहिए।' जैसा कि वे इसे कहते हैं।

भारतीय सिस्टर डॉ. निर्मला, जो ऑस्ट्रेलिया में ब्रह्माकुमारी आंदोलन शुरू करने के लिए मूल रूप से वहाँ आई थीं, उन्हें भारत वापस जाना पड़ा, क्योंकि उनका वीसा खत्म हो गया था और केंद्र बंद हो गया था। सब कुछ खत्म हो गया। बस मैं ही वहाँ बचा था और मैं अपनी क्षमतानुसार सेवा जारी रखने की कोशिश कर रहा था। मैंने पार्क में बैठकें आयोजित कीं और जल्द ही लोग चिंतन के लिए आने लगे।

सन् 1976 के आरंभ में केन को सिडनी में एक अपार्टमेंट मिल गया और उन्होंने सोचा कि चिंतन कक्षाएँ तथा सत्र आयोजित करने के लिए वह

उपयुक्त जगह है और वे राजयोग चिंतन का प्रयास करने लगे। 'हम परिवर्तित हिप्पियों के एक दल थे।' वे बताते हैं, 'चार्ली एक वर्ष या 18 माह और लंदन में रुक गया, जबकि मैं सिडनी के ब्रह्माकुमारी केंद्र को चलाने की कोशिश कर रहा था। मैं पश्चिम जगत् का पहला व्यक्ति था, जिसने चीजों को ऑस्ट्रेलिया में जारी रखा, लेकिन बहुत दिनों तक मैं अचंभित था कि मैं किस प्रकार इस आंदोलन को वहाँ मजबूत करने की कोशिश में लगा हुआ था।

इस तरह मैंने समझदारी का काम किया और दादी जानकी से पूछा। शुरू से ही मुझे यह लगता था कि उन्हें मुझमें ऐसा विश्वास है। दादी ने कहा कि पश्चिम के लिए मैं आवश्यक था और उन्हें योग्यता में ऐसा विश्वास था, जितना कि स्वयं मुझे अपने आपका उससे कहीं ज्यादा उन्हें था, मुझे यह स्वीकार करना पड़ेगा। लोगों के प्रति उनकी दीर्घ दृष्टि थी और वे आपके भीतर ऐसी चीजें देख सकती थीं, जो हो सकता है कि दूसरों पर प्रकट न हो।

सबसे पहले उन्हें आत्मा में विश्वास था। कभी भी मैं निश्चित रूप से स्वयं को अकेला महसूस करता हूँ, लेकिन उनका सूक्ष्म सहारा और विश्वास हमेशा मुझमें रहा है। केन बताते हैं कि शुरू से ही योग जीवनशैली का आत्म-अनुसार उन्हें बहुत पसंद था। इस तथ्य का महत्त्वपूर्ण पक्ष था कि बहुत ज्यादा समय मौन रहकर बिताया जाता था। 'बोलना नहीं और खामोश रहना', मुझे हमेशा आकर्षित करता है।

जल्द ही केन को यह लगने लगा कि केंद्र चलाने से आगे वे बहुत कुछ करना चाहते थे। विचार यह था कि पश्चिम के श्रोता को समझाने के लिए राजयोग पर पुस्तक लिखनी चाहिए। उस समय इस विषय पर जो साहित्य उपलब्ध था, वह भारतीय पाठ का न समझ में आनेवाला अंग्रेजी अनुवाद था। वे कहते हैं, "मेरे लेखन के लिए दादी मेरी प्रेरणा थीं।"

उन्होंने मुझे भारतीय भाई जगदीश से बात करने को कहा, जिन्होंने कि विद्यमान ब्रह्माकुमारी साहित्य की हिंदी में रचना की थी। मैंने दादी से यह वायदा किया था कि मैं लेखन में तब तक आगे नहीं बढ़ूँगा, जब तक कि मुझे जगदीश की तरफ से आगे बढ़ने का संकेत नहीं मिल जाता है। उन्होंने मुझे आगे बढ़ने का संकेत दे दिया। वे स्वयं भी बड़े चिंतक थे और मुझे लेखन शुरू करने के लिए मेरे विश्वास को बढ़ा दिया। 'इस तरह मैंने अंग्रेजी, स्पेनिश और पुर्तगाली भाषा में लिखना शुरू किया।'

चार्ली हॉग के ऑस्ट्रेलिया वापस आने और वहाँ ब्रह्माकुमारी केंद्र स्थापित करना शुरू करने के बाद केन को लगा कि यही समय है, जब उन्हें अपनी पहुँच को बढ़ाना चाहिए और वे दक्षिण अमरीका चले गए, जहाँ वे 1980 के दशक के आरंभ से ही ब्रह्माकुमारी के कार्यों का समन्वयन कर रहे हैं।

> 'पुस्तकें लिखकर और ब्रह्माकुमारी के ज्ञान को समझाकर मैं स्वयं को उपयोगी समझने लगा हूँ', वे कहते हैं। और 62 वर्ष की उम्र में (लेखन के समय) वे उतने ही संकल्पित हैं, जितना अपनी युवावस्था में थे। दादी जानकी से मिलने के समय से ही उन्हें अब किसी और जीवन की कोई इच्छा नहीं है।
>
> 'शुरू से ही मैंने देखा है कि दादी जानकी में ज्ञान और बुद्धि है तथा उन्हें मालूम है कि किसी में भी सच्चाई को कैसे चिह्नित किया जाता है। वे सही लोगों को चुन सकती हैं। ऐसे लोग, जो ब्रह्माकुमारीज के लिए पूँजी बन सकते हैं। मेरा आई क्यू तेज था और मैंने प्रतिभाशाली बच्चों के विशिष्ट स्कूल में पढ़ाई की थी, इसलिए बुद्धि को लेकर मेरे भीतर बड़ा अहंकार था, लेकिन दादी तो कुछ और ही थीं। वे बुद्धि से परे थीं, लेकिन कुछ और ही था जो मुझे उनकी ओर खींचता था।'
>
> जब मैं पहली बार उनसे मिला तो मेरे भीतर एक ऐसी भावना थी कि मैं उन्हें पहले से जानता हूँ और मैं वहाँ पहले भी आता रहा हूँ। लेकिन वह कंपन ही था, जो मुझे उनकी ओर खींचता था और मुझे उनसे जोड़े रखता था। अब मुझे ऐसा लगता है कि दादी को हर व्यक्ति के जीवन में ऐसी महत्त्वपूर्ण भूमिका निभाना है। ब्रह्माकुमारीज में उनकी तरह प्रेरणादायक तथा उनके व्यक्तित्व, दृष्टिवाला कोई और व्यक्ति नहीं है। वे अद्‌भुत हैं और पश्चिम के उनसे मिलनेवाले व्यक्तियों में प्रथम होने पर मुझे विशिष्टता का अहसास होता है।

केन बताते हैं कि वे कभी भी शादी करना और बच्चे पैदा करना नहीं चाहते थे। मुझे लगता था कि यह उचित नहीं होगा कि मैं एक परिवार को पालूँ, जबकि मैं उतना ज्यादा सड़क पर रहता हूँ और मेरा ब्रह्माकुमारी का जीवन इतना व्यस्त है कि परिवार उसमें व्यवधान होता। मैं अभी भी बिना रुके भ्रमण करता रहता हूँ और हमेशा रिट्रीट, प्रोग्राम आदि घटनाओं का आयोजन करता रहता हूँ।

अब, पीछे मुड़कर अपना जीवन देखने पर केन को लगता है कि उन्होंने हजारों लोगों को इस योग्य बना दिया है कि वे कम-से-कम एक कदम किसी

अच्छी चीज की तरफ बढ़ा सकते हैं। जैसा कि नाम से ही पता चलता है, वे आयरिश कैथोलिक पृष्ठभूमि से आते हैं। वे कहते हैं कि वे विशेष रूप से उनकी माँ की ओर अधिक कठोर थे। लेकिन अनेक भ्रमित कैथोलिक की तरह वे कर्मकांडों और पदानुक्रम से शुरू से ही खुश नहीं थे, ब्रह्माकुमारी जीवनशैली की पूर्ण सादगी उनके दिल को छू गई।

वे कहते हैं कि ब्रह्माकुमारीज में अन्य भारतीय धर्मों और भारतीय आध्यात्मिक आंदोलनों के विपरीत महिलाओं की प्रधानता होने पर उन्हें कभी समस्या भी नहीं हुई। इससे कभी कोई फर्क नहीं पड़ा। ब्रह्माकुमारीज के समर्थक में आने से पहले मेरी एक महिला मित्र थी, जो प्रबल स्त्रीवादी थी, इसलिए मुझे महिलाओं की प्रधानता के साथ रहने की आदत थी।

बलवंत पटेल

चार्ली हॉग की तरह ही बलवंत पटेल भी जब दादी जानकी के संपर्क में आए तो वे स्थापत्यकला का अध्ययन कर रहे थे और चार्ली की तरह ही उन्होंने भी कभी अपनी पढ़ाई पूरी नहीं की।

इन दोनों युवाओं पर दादी जानकी के भेंट का इतना गहरा प्रभाव पड़ा कि इस पारंपरिक जीवन की कई संभावनाओं को मिटा दिया।

बलवंत हिंदू पृष्ठभूमि से आते हैं, लेकिन उनका जन्म और पालन-पोषण नैरोबी में हुआ, न कि भारत में। सबसे पहले वे दादी जानकी से लेसेसटर में मिले, जहाँ 1970 के दशक में पहले ही एक बड़ा भारतीय समुदाय रह रहा था।

उनकी उम्र 21 वर्ष थी। अब 60 वर्ष के बलवंत कहते हैं, ''जिस क्षण मैं दादी जानकी से मिला, किसी अन्य जीवन या किसी बड़े कॅरियर का विचार ही खत्म हो गया। यह सब कुछ दादी की वजह से था और उनकी वजह से ही मैंने अपनी पढ़ाई छोड़ी तथा उसमें योग्यता प्राप्त नहीं की। मैंने कभी शादी भी नहीं की। वह भी किसी भारतीय के लिए बहुत असामान्य बात थी।''

> ''दादी में तत्क्षण आकर्षण था। उनके भीतर ऐसा आकर्षण था कि मैं उनके हर शब्द को मानना चाहता था। मैं लंदन आ गया, जहाँ शहर में मैंने एक वर्ष तक काम किया, तब मैं ऑफिस का काम करता था। लेकिन अब तक मुझे यह पता चल चुका था कि मेरा वास्तविक काम ब्रह्माकुमारी बनना है और दादी के आदेश पर ही।

"जब मैं ब्रह्माकुमारी बना तो संपत्ति की देखभाल या रखरखाव करनेवाला कोई नहीं था और यही मेरा काम हो गया। मैं दादी का ड्राइवर भी था, एक ऐसी नौकरी जो मैंने 36 वर्षों तक की।"

भारतीय होने के कारण बलवंत को गुरुओं की आदत थी। लेकिन वे सभी भारतीय थे और यह विचार कि यह भूमिका कोई महिला ले लेगी, या किसी आध्यात्मिक समुदाय का प्रमुख कोई महिला होगी, न केवल असामान्य था, बल्कि वास्तव में यह हतभ्रम कर देनेवाला था। जब मैंने अपनी बहन को यह बताया कि ईश्वर महिला शरीर में आ सकते हैं, वह अचंभित रह गई और उसने मेरी बात का विश्वास नहीं किया। हम सभी यह सोचते हुए बड़े हुए कि केवल पुरुष ही प्रमुख हो सकते हैं, चाहे वह घर हो, वित्तीय मामले हों या आध्यात्मिकता हो।

दादी का आकर्षण क्या है, क्या वे पीछे मुड़कर देखना चाहती हैं? शुरू से ही दादी जानकी को त्याग करने का साहस था। इससे उन्हें कोई परेशानी नहीं थी कि वे दो कमरे के एक छोटे से घर में रह रहे थे और स्नानघर को भी अन्य किराएदार के साथ साझेदारी कर रहे थे, जब वे लंदन आई थीं। वे कभी भी अपने लिए कोई भव्य चीज नहीं चाहती थीं और संगठन मजबूत होता गया, तब भी उनकी जरूरतें और अपेक्षा उतनी ही साधारण रहीं, जितनी पहले थीं।

दादी को कभी भी इस बात की चिंता नहीं रही कि उन्हें किस तरह की कार मिली और आरंभिक दिनों में तो वास्तव में अत्यंत जर्जर अवस्था में होती थीं। न ही दादी ने अपने ड्राइवर को कभी भी अपने से नीचे देखा। उनके विचार में वे सब बराबर हैं। न ही दादी के पास कभी कोई चीज उनके अपने ही नाम से थी। वे कभी भी कोई चीज अपने ऊपर खर्च नहीं करतीं और कभी यह भी नहीं कहतीं—यह मेरी साड़ी है।

बलवंत कहते हैं कि भारतीय गुरुओं की तुलना में यह सब कुछ बिल्कुल विपरीत है, जो अपने आपको सबसे ऊपर रखते हैं और अपने अनुयायियों से अपेक्षा करते हैं कि वे उनकी पूजा करें। उन्हें शीर्ष पर होना है और अपने अनुयायियों को अपने से निम्नतर समझते हैं। दादी जानकी कभी भी किसी को अपनी पूजा करने की अनुमति नहीं देतीं और जिनसे भी वे मिलती हैं, उनका व्यवहार उनके साथ समानता का होता है। यहाँ तक कि नए विद्यार्थी भी समान समझे जाते हैं।

दादी ने हमेशा जब उपदेश दिया उसी का पालन भी किया और उन्होंने सादगी तथा स्वच्छता के गुण को बनाए रखा है। मैं समझता हूँ कि यही चीजें

लोगों को आकर्षित करती हैं कि जो प्रमुख हैं वे इतनी सादगी से रहते हैं जैसे नए भरती होनेवाले।

बलवंत का मानना है कि यह सादगी, और दादी की सभी को समान रूप से व्यवहार करने की योग्यता ने ही इस आंदोलन के प्रसार में मदद किया है। महिलाओं का प्रमुख होना बिल्कुल ही असामान्य बात थी, वह कहती हैं, लेकिन महिलाओं द्वारा संचालित होने के कारण ब्रह्माकुमारीज अन्य आध्यात्मिक आंदोलन से भिन्न है। संभवतः महिलाओं द्वारा चलाए जाने के कारण ब्रह्माकुमारीज में खुलापन और देने के गुण हैं। दादी किसी भी प्रकार के तमाशे, समारोह या कर्मकांड से घृणा करती हैं। और फिर यह भी कई अन्य भारतीय गुरुओं से भिन्न है।

आरंभ में उनका परिवार इस बात से खुश नहीं था कि वे एक प्रोफेशल वास्तुकार की बजाय ब्रह्माकुमारी बनना चाहती थीं, या यह कि वे कभी भी शादी करना नहीं चाहती थीं। मेरे परिवार ने मेरी शादी करवाने की बहुत कोशिश की, मुझे ऐसी अनेक लड़कियों से परिचित करवाया, जो उन्हें लगा कि मेरे लिए उपयुक्त हैं। लेकिन मैंने कभी भी हार नहीं मानी। मेरे लिए शादी करने का मतलब होता ब्रह्माकुमारी बनने का अंत होना।

यह सच है कि ब्रह्माकुमारीज शादी को हतोत्साहित तो करते हैं, संभवतः उनकी जड़ें व्यवस्थित या कभी जबरी शादी में होती हैं, उन लोगों के साथ, जिन्हें वे शायद जानते भी नहीं हैं और इसके बाद अलग होना या परित्याग करना भी असंभव होता है। दादी जानकी निश्चित रूप से कभी भी किसी अन्य व्यक्ति के साथ कानूनी रूप से बँधना नहीं चाहती थीं और वे अन्य ब्रह्माकुमारीज के लिए भी अविवाहित रहना ही बेहतर समझती हैं, न कि अपने जीवन को पत्नियों–पतियों या बच्चों के साथ जटिल बनाना। इस तरह ब्रह्माकुमारीज कैथोलिक संन्यासियों, साध्वियों और पुजारियों की तरह कार्य करते हैं, जिनकी प्रतिज्ञा (कम–से–कम उस क्षण) उन्हें अविवाहित या ब्रह्मचर्य बने रहना चाहती है।

काफी हद तक कैथोलिक महंतों, साध्वियों और साधुओं की तरह ही ब्रह्माकुमारीज का भी यह विश्वास है कि यदि आप भी सचमुच में आध्यात्मिक जीवन जीना चाहते हैं तो आपको स्वयं को ईश्वर को समर्पित कर देना चाहिए, न कि परिवार बनाने के बारे में या अन्य लोगों के साथ भावनात्मक लगाव के बारे में सोचना चाहिए। बौद्ध साधू और साध्वियों को भी गैर–विवाहित तथा ब्रह्मचर्य का पालन जरूर करना चाहिए।

फिर बौद्ध और कैथोलिक धर्म में ऐसे पुरुष तथा स्त्रियों दोनों के लिए ब्रह्मचर्य की लंबी परंपरा रही है, जो ईश्वर का पालन करना चाहते हैं। हिंदूवाद में ऐसी कोई परंपरा नहीं है। और यद्यपि पुरुषों को संन्यासी, पवित्र पुरुष बनने की अनुमति जिनकी एक मात्र इच्छा ईश्वर के प्रति प्रेम है, महिलाओं के लिए कभी भी यह विकल्प नहीं रहा है।

इस प्रकार अविवाह और ब्रह्मचर्य ब्रह्माकुमारी का एक सबसे ज्यादा विवादास्पद पहलू रहा है, और आज भी है। विगत में ब्रह्माकुमारीज की सबसे बड़ी समस्या यह रही है कि उन पर परिवारों को तोड़ने के आरोप लगे हैं। 'ब्रह्मचर्य अन्य धर्मों में कभी भी समस्या नहीं रहा है।' बलवंत कहते हैं, ''लेकिन भारत में हर किसी को शादी को करना ही होता है और ब्रह्मचर्य अजीब लगता है। यह एक प्रमुख चीज है, जो लोगों को इस आंदोलन के विरुद्ध करता है और आरंभिक दिनों में यह निस्संदेह सबसे प्रमुख समस्या थी।''

लेकिन एक बार फिर वे कहते हैं कि यह आंदोलन पश्चिम में इतना सफल नहीं हुआ होता, यदि इसके अनुयायी शादी करने और परिवार रखने के लिए प्रोत्साहित होते। उनकी जिम्मेदारियाँ सेवा के स्तर को गंभीर रूप से प्रभावित करतीं, जो कि आंदोलन के समर्पित सदस्य देने में समर्थ थे। लेकिन अब हम ऐसे दो अंग्रेजों के बारे में बातें करेंगी, जो वास्तव में विवाहित हैं, एक दूसरे से, जब वे ब्रह्माकुमारीज बने।

□

5

मॉरिन और डेविड गुडमैन

ये पश्चिम के पहले विवाहित जोड़े थे, जिन्होंने संगठन को ज्वाइन किया। इन दोनों ने ही सन् 1976 से स्वयं को ब्रह्माकुमारीज के लिए समर्पित कर दिया है।

मॉरिन और डेविड युवा विवाहित जोड़े हैं। जब ये ब्रह्माकुमारीज के संपर्क में आए तो उस समय इनकी नई-नई ही शादी हुई थी। वे शीघ्र ही आकर्षित हो गए, लेकिन उन्हें इस बात की थोड़ी भी समझ नहीं थी कि इस संपर्क के परिणामस्वरूप इनका जीवन नाटकीय रूप से कितना बदल जाएगा। इस समय वे दोनों ही 20 के आरंभिक अवस्था में थे। डेविड ने हाल ही में दंत चिकित्सक की परीक्षा पास की थी और मॉरिन वाक् चिकित्सक थीं।

वे दोनों एक साथ ही ब्रह्माकुमारीज बने। 40 वर्षों बाद भी वे पश्चिम के कुछ एक जोड़ों में हैं, जिन्होंने इस शिक्षा को और इस जीवन को भी सहृदयता के साथ अपनाया तथा वे एक-दूसरे के साथ विवाहित भी रहे।

एक बार जब वे दादी जानकी के संपर्क में आए तो साधारण लेकिन आरामदायक जिंदगी, जिसकी उन्होंने कल्पना की, सर के बल नष्ट हो गया। आज डेविड लिड्स में एक प्रसार केंद्र चलाते हैं और मॉरिन लंदन में ब्रह्माकुमारीज की प्रोग्राम निदेशक हैं। इन दोनों ने पूरे विश्व का भ्रमण किया है और बहुत सारी जगहों पर बड़े-बड़े सम्मेलन तथा आयोजन किए और अनेक सार्वजनिक वार्त्तालाप दिए।

कभी मॉरिन इतनी लजालू थीं कि वे पाँच लोगों की भीड़ को संबोधित करने का नहीं सोच सकती थीं, पाँच हजार की तो कल्पना भी नहीं कर सकती थीं। आज

वे पश्चिम में ब्रह्माकुमारी समुदाय की स्तंभ हैं, पूरी तरह संकल्पित और समर्पित, डेविड भी वैसे ही हैं।

और वे कहते हैं कि इसका श्रेय दादी जानकी को जाता है, जो इस क्षमता को देखती हैं, उस समय न तो उन्होंने और न ही किसी अन्य ने यह देखा।

सन् 2015 में मॉरिन और डेविड ने अपने विवाह की चालीसवीं वर्षगाँठ मनाई, यद्यपि अपनी शादी के अधिकांश समय वे कभी भी साथ-साथ नहीं रहे हैं। वे ब्रह्मचर्य रहे हैं और उनके कोई बच्चे भी नहीं हैं, लेकिन वे मानते हैं कि अधिकांश लोगों की तुलना में उनका यह असामान्य मेल सुखद रहा है और निश्चित रूप से दीर्घजीवी भी रहा है।

मॉरिन दुबले-पतले शरीर की छोटी महिला, जिनके बाल काले हैं, को देखकर भारतीय होने का भ्रम होता है। कहती हैं—

> मैं वह सही तिथि और समय बता सकती हूँ, जब मैं और डेविड पहली बार ब्रह्माकुमारीज के संपर्क में आए। यह 23 अगस्त, 1976 का सात बजे शाम का समय था। मेरी और डेविड की शादी के अठारह महीने ही हुए थे और हम चिंतन करते हुए तथा किसी चीज की तलाश में अपना बहुत सारा समय बिता चुके थे। छुट्टियों में हम एडिनबर्ग गए हुए थे और ऊपर फिनहार्न जाने का इरादा कर ही रहे थे, फोर्स, स्काटलैंड में वैकल्पिक समुदाय। मैं कहती हूँ कि इस युवा आयु में भी उस समय मेरी उम्र 21 वर्ष थी। हम दोनों को ही किसी चीज की तलाश थी तथा हम कुछ और की तलाश में थे। ऐसा नहीं था कि हम नाखुश थे, लेकिन हमें लगता था कि अब तक जीवन में हमें जिस चीज का अनुभव हुआ है, उससे कुछ ज्यादा ही होना चाहिए।
>
> हमारी शादी जब हुई थी, उस समय मेरी उम्र 19 वर्ष और डेविड की उम्र 22 वर्ष थी। आज तो ये अविश्वसनीय रूप से युवा माने जाते हैं, लेकिन हममें प्यार है, हम पहले ही कई वर्षों से एक-दूसरे को जानते हैं और हमें लगता था कि हम दोनों ही अपनी जीवन की यात्रा साथ करना चाहते थे।
>
> उस समय ब्रह्माकुमारीज की कुछ वर्षों तक पश्चिम में उपस्थिति मात्र थी और स्कॉटलैंड में कोई केंद्र नहीं था तथा पूर्व के ब्रह्माकुमारीज, जो कि स्कॉटलैंड के थे, ने एक प्रदर्शन आयोजित किया था और एक दल लंदन से आया था। प्रदर्शन में विचित्र चित्रों की भरमार थी, जिसमें आरेख के माध्यम से राजयोग शिक्षा के विभिन्न पक्षों को दरशाया गया था। वे एक तरह से

भड़कीले भारतीय चित्र थे, जो आज आपको देखने के लिए कभी नहीं मिलेंगे और हमें नहीं मालूम कि इसका क्या करें। इस समय तक ब्रह्माकुमारीज यू.के. में स्वयं को स्थापित नहीं कर पाए थे, वहाँ इसके माननेवाले मात्र कुछ भारतीय ही थे, जिनके पास इस आंदोलन के लिए कोई भवन नहीं था और न ही उन्हें इस बात की वास्तविक समझ थी कि वे किस प्रकार इस संगठन को वहाँ स्थापित करेंगे।

हम प्रदर्शन में आए क्योंकि सड़क पर एक भारतीय महिला ने हमें विज्ञापन-पत्र सौंपा था। ''ठीक है'', मॉरिन ने कहा, ''उस विज्ञापन पत्र ने हमारा जीवन ही बदल दिया। हमने सिस्टर सुदेश का अभिभाषण सुना और बाद में उनसे मिलने चले आए।''

''इस वार्त्ता में भीड़ नहीं थी और मात्र दस से पंद्रह लोग वहाँ मौजूद थे। मैं और डेविड दोनों ने उसी क्षण उस समूह के प्रति तीव्र आकर्षण महसूस किया'', मॉरिन बताती हैं, ''और हम और अधिक जानना चाहते थे। इसलिए फिनडहार्न जाने की बजाय हम एडिनबर्ग में ही रुक गए और ब्रह्माकुमारी का पाठ्यक्रम किया। यह सन् 1976 के ग्रीष्म का लंबा गरम दिन था और हम हर दिन चिंतन करने तथा कक्षा को सुनने जाते थे। हम दोनों के लिए ही कुछ सही हुआ। मेरे लिए तो ऐसा था मानो मैं हमेशा ही इस शिक्षा को सुनती रही थी और वे मुझे बिल्कुल भी अजनबी नहीं लगे।

'फिर सुदेश ने हमें किसी के घर पर दोपहर के भोजन के लिए आमंत्रित किया। हम पहले ही शाकाहारी थे, इसलिए भोजन हमें विचित्र नहीं लगा। यह आम हिंदुस्तानी भोजन था, यद्यपि हर चीज बहुत ही साधारण थी, मुझे फिर भी लगा कि मैं स्वर्ग में आ गया हूँ। यह सब कुछ इतना अद्‌भुत लगा कि फिर सुदेश ने कहा, 'एक सप्ताह के लिए लंदन आ जाइए।'

मुझे पहले ही लग रहा था कि यह मुझे अपनी ओर खींच लेनेवाला है। डेविड को ब्रेडफोर्ड में दंत चिकित्सक की नौकरी मिल गई और मैंने तो बस वाक् थेरेपिस्ट की परीक्षा पास ही की थी। हमने लंदन जाने और वहाँ ब्रह्माकुमारीज से उचित रूप से मिलने का निर्णय किया। हम दोनों को यह लगा कि यह हमारा भाग्य है और हमारे पास वास्तव में कोई विकल्प नहीं है। हम दोनों ही ब्रह्माकुमारीज की शिक्षा के प्रति समान रूप से उत्सुक थे और हम एक फ्लैट में रुके, जो ब्रह्माकुमारीज का था। हर दिन सुबह में हम

चिंतन करते और पूरी तरह से डूब चुके थे। सप्ताहांत तक इसका कुछ अर्थ लगने लगा। फिर हम दादी जानकी से मिले। यही था, वास्तव में।'

लेकिन सुलझाने के लिए बहुत कुछ था। डेविड ने अब लीड्स में दंत चिकित्सक के रूप में काम करना शुरू कर दिया था और मॉरिन ने वाक् थेरेपिस्ट के रूप में। हम ब्रह्माकुमारीज के प्रति इतने उल्लासित थे कि हम अति उत्साहित हो गए और इससे काफी कुछ प्राप्त नहीं कर सके। लगभग तुरंत ही हमने अपने आप ही अपने फ्लैट में ही पाठ्यक्रमों को सीखना शुरू कर दिया और हमने दादी जानकी तथा जयंती के लिए लीड्स में पहला कार्यक्रम आयोजित किया।

चीजें तेजी से आगे बढ़ने लगीं। उसी वर्ष दिसंबर तक मॉरिन और डेविड भारत की यात्रा पर आए जहाँ उन्हें दादी जानकी को सही तरह जानने का समय मिला। 'उनका व्यक्तित्व विलक्षण था', मॉरिन कहती हैं कि मैं पूरी तरह से उनके रौब में थी। वे मजबूत और बुद्धिमान लगती थीं, फिर भी मैं निश्चित नहीं थी कि उन्हें क्या समझूँ। यह मत भूलिए कि मेरी उम्र तो फिर भी 21 वर्ष ही थी। दादी की तुलना में जयंती और सुदेश तक पहुँचना सहज था, जो पूरी तरह से दूसरे ही दरजे पर थीं। मुझे लग रहा था कि मैं किसी महान् व्यक्तित्व के सामने हूँ और वे फिर भी बहुत आम थीं। उन्हें कोई दिखावा नहीं था। ऐसा लगता था कि वे सीधे आपसे जुड़ रही हैं।

> भारत में, माउंट आबू में मुझे लगा कि यह पूरी तरह से सच है। पूर्ण ज्ञान था। हम बाबा से मिले, जिन्हें ब्रह्माकुमारीज ब्रह्म बाबा और सर्वोच्च सत्ता के सम्मिलित रूप में देखते हैं, दादी गुलजार के माध्यम से ही प्रसार हुआ। उन्होंने हमें कहा कि हम पूरे विश्व के लिए उदाहरण बनेंगे। मैंने उसी क्षण यह महसूस किया कि जीवन को ऐसा तो हम चाहते भी थे।
>
> भारत से वापस आने के बाद हम हर सप्ताहांत लंदन जाते, जहाँ हम टेनिसन रोड में जमीन पर प्लास्टिक की छोटी सी चटाई पर बैठते थे। उन दिनों दादी जानकी खाना बनाती थीं और वे उस समय अद्भुत होने के साथ-ही-साथ माँ के रूप का एक मिश्रित रूप लगती थीं। उनके जैसे किसी व्यक्ति से मैं जीवन में पहले कभी नहीं मिली थी और फिर जब मैंने उन्हें जाना तो मुझे लगा कि हमारा एक-दूसरे के साथ अच्छा तालमेल बैठ गया। मैं न सिर्फ उनके प्रति बहुत ज्यादा आकर्षित थी, मैं निश्चित रूप से यह महसूस करती थी कि मैं सच सुन रही थी। यह आई.टी. था तथा मुझे लगा

कि अब मुझे और खोजने की कोई जरूरत नहीं है।

मॉरिन और डेविड दोनों ही दूसरी भीड़ में गए तथा यद्यपि उन्होंने जो कुछ सुना, उसमें उनकी रुचि थी—कबाला, चिंतन के दूसरे तरीके, उसमें ऐसा कुछ भी नहीं था जो उन्हें लगता कि वे अपने जीवन को देना चाहते हैं। 'लेकिन यह उचित और सुरक्षित लगा। हमें और आगे नहीं देखना पड़ा। निस्संदेह दादी जानकी को इसके लिए बहुत कुछ करना था, लेकिन मुझमें इन सत्य तरंगों को मरना भी था, उन्हें मेरे भीतर कुछ ऐसी चीज दिखाई पड़ी, जो मैंने खुद अपने भीतर नहीं देखी।

'मेरे लिए तो दादी जानकी इस बात का सही उदाहरण थीं कि आध्यात्मिकता क्या थी।'

फिर भी उन लोगों ने शीघ्र ही एक प्रमुख समस्या पर प्रहार किया। जल्द ही जयंती ने उन्हें यह असहज सत्य बताया कि यदि वे समर्पित ब्रह्माकुमारीज बनना चाहते हैं तो इन्हें ब्रह्मचर्य का पालन करना होगा। अब यह एक ऐसे जोड़े के लिए बड़ी बात नहीं होगी जो 30 वर्षों से विवाहित थे और उनका परिवार भी था, लेकिन मॉरिन और डेविड, जिनकी आयु क्रमशः 21 तथा 24 वर्ष थी और जो बहुत दिनों से विवाहित नहीं थे एवं अभी तक उनके कोई बच्चे भी नहीं थे, यह एक आघातपूर्ण झटका था।

'मैं बहुत रोई, क्योंकि मुझे बच्चे चाहिए थे,' मॉरिन याद करती हैं, ''डेविड ब्रह्मचर्य की बात पर उसी क्षण खुश हो गए और हम इस बात पर सहमत हो गए कि दो माह की परीक्षण अवधि में हम इसकी कोशिश करेंगे। एक जोड़े के लिए, जिसने कि अभी-अभी अपना विवाहित जीवन शुरू किया है, पूछने के लिए बहुत कुछ था और मुझे युवा अवस्था में यह स्वीकार करना पड़ा कि यदि मैं ब्रह्माकुमारी बनना चाहती हूँ तो अब मैं कभी भी यौन संबंध स्थापित नहीं कर पाऊँगी तथा अब कभी भी मेरे बच्चे नहीं होंगे। बदले में मैं अपने आपको ब्रह्माकुमारीज की सेवा का जीवन देनेवाली थी।''

लेकिन अब इस जीवन को समर्पित कर देना ज्यादा महत्त्वपूर्ण हो गया। इसलिए आरंभिक आघात के बाद मैंने यह महसूस किया कि मैं इससे लड़ नहीं सकती थी और सीधे शब्दों में कोई विकल्प नहीं था। मैं और डेविड सौभाग्यशाली थे, क्योंकि हम दोनों ही समान रूप से संकल्पित थे तथा अधिकांश जोड़ों के साथ ऐसा नहीं था। एक तो संकल्पित होगा और दूसरा नहीं, और जब ऐसा होता है तो गंभीर समस्या उत्पन्न होती है।

सन् 1978 तक मॉरिन और डेविड लीड्स में एक स्थायी केंद्र स्थापित करने की दिशा में काम कर रहे थे। डेविड अभी भी पूरे समय की नौकरी कर रहे थे लेकिन मॉरिन थोड़े समय की नौकरी करती थीं, क्योंकि उन्होंने पूरे समय ब्रह्माकुमारी बनने का फैसला कर लिया था। लीड्स के प्रायोजित केंद्र को काम शुरू करने में कुछ समय लग गया, लेकिन अब तक एडिनबर्ग में एक केंद्र स्थापित हो चुका था। इसे सिस्टर सुदेश चला रही थीं और मॉरिन वहाँ उन्हें मदद करने गईं। 'वहाँ मैं 18 माह तक रुकी, लीड्स से एडिनबर्ग आना-जाना करती रही। फिर जनवरी 1982 में दादी जानकी ने ऑफिस की देखभाल करने के लिए छह सप्ताह के लिए लंदन बुला लिया, जबकि एक अन्य अंग्रेज ब्रह्माकुमारी वैडी (जैसा कि येरोनिका हरा जानी जाती की और जिनकी कहानी पृष्ठ संख्या ऊपर बताई गई) कहीं गई हुई थीं। वे अभी भी टेनिसन रोड पर थीं, यद्यपि अब उन्होंने बगल में ही घर खरीद लिया था।

> जब मुझे छह सप्ताह से भी ज्यादा हो गया तो मैं लीड्स वापस चली गई और अक्तूबर माह में वैडी को तमपा, फ्लोडा जाने का आमंत्रण मिला। एक बार फिर मुझे छह सप्ताह के लिए सहायता के लिए लंदन जाने का आमंत्रण मिला।

'वे छह सप्ताह', हास्यास्पद तरीके से मॉरिन ने कहा कि अब 33 वर्ष हो गए। अपने उस निर्णय को प्रतिबिंबित करते हुए, वे कहते हैं, उसी क्षण से जब वे लंदन आईं, दादी जानकी प्रमुख माध्यम बनाने के लिए सही व्यक्तियों का चुनाव करने का उपहार हैं। निस्संदेह आरंभिक दिनों में उन्हें उन लोगों पर निर्भर रहना पड़ता था जो आते थे और जिन्हें चिंतन तथा उनकी शिक्षा में रुचि होती थी और हो सकता है कि उपयोगी माध्यम बिल्कुल भी न हो। लेकिन हममें से अनेक लोग, जिन्होंने लंदन में पाठ्यक्रम किया वे आरंभिक प्रमुख बने।

> 'दादी लोगों को ऑस्ट्रेलिया, अमरीका और ऐसी जगहों में भेजने के लिए तथा पश्चिम जगत् के हर हिस्से में ब्रह्माकुमारी की जड़ें गाड़ने में बहुत तत्पर थीं। चार्ली हॉग ऑस्ट्रेलिया, वैडी फ्लोरिडा, डेनिसे लॉरेन्स सैन फ्रांसिस्को और केन ओ'डोनेले, ब्राजील चले गए। इस बीच मॉरिन लंदन में ही केंद्रित रहीं।
>
> 'शुरू से ही दादी को मालूम होता है कि कौन सही लोग हैं। उनमें प्रमुख लोगों को चुनने और यह देखने का कि वे किस तरह से श्रेष्ठ रूप से

संगठन के लिए काम करेंगे का नेतृत्वपूर्ण उपहार था।'

मॉरिन कहती हैं कि यह 'मत भूलिए कि मेरी उम्र बीस के दशक के आरंभिक वर्षों में थी और मैं शायद कहीं गई थी तथा कुछ किया था। लेकिन शीघ्र ही वे ब्रह्माकुमारी की व्यस्त जीवनशैली में ढल गईं, जो वे अब तक पालन कर रही थीं। मैंने कभी भी सम्मेलन आयोजित करते, सार्वजनिक रूप से बोलते या प्रमुख लोगों को संबोधित करते हुए नहीं देखा था। मैं कहीं ज्यादा लजालू और घबरा जानेवाली थी। लेकिन सन् 1985 में मैं लार्ड एनल्स से मिलने एक शांति सम्मेलन में गई। एनल्स एक कैबिनेट मंत्री थे। मुझे साहस जुटाकर जाना और उनसे बात करना था। मुझे चिंता थी कि मैं एक भी शब्द नहीं बोल पाऊँगी, लेकिन मेरे अंदर आत्मविश्वास आ गया और मैंने उनसे बात की। ऐसा लगता था कि बाबा वहाँ मुझे प्रेरित कर रहे थे और मुझे इन चुनौतियों का सामना करते रहना था।'

मॉरिन का लालन-पालन एक धार्मिक, लेकिन पूर्णतः अकट्टरवादी यहूदी परिवार में हुआ था, इसलिए उन्हें यहूदीवाद और ब्रह्माकुमारीज में सहज रूप से काफी समानता लगती थी। यहूदी परिवार तक पहुँचने में उनकी भूमिका महत्त्वपूर्ण रूप से उपयोगी थी और यह भी एक अन्य शक्ति थी, जिसे दादी जानकी ने पहले ही देख लिया। और जल्द ही मॉरिन अपनी पश्चिमी पोशाक को छोड़कर हर समय सफेद साड़ी ही पहनने लगी।

वे बताती हैं कि साड़ी उन्हें बिल्कुल अजीब पोशाक नहीं लगी, क्योंकि उनके माता-पिता की शादी कलकत्ता में हुई थी और उसका लालन-पालन (बर्मा) रंगून में हुआ था। इसलिए मेरे लिए तो पूर्व का प्रभाव पहले से ही मौजूद था, यद्यपि डेविड की तरह ही मेरा पालन-पोषण लिवरपुल में हुआ था। ब्रह्माकुमारीज में यह परंपरा है कि सफेद साड़ी पूरे समय काम करने वाली ब्रह्माकुमारीज की पोशाक है और मुझे यह पहनना पसंद था, क्योंकि ब्रह्माकुमारी होने की मेरी यह पहचान थी।

क्या उन्हें इस बात का कोई पश्चात्ताप है कि इतनी युवा उम्र में ही उन्होंने परिवार की सभी आशाएँ छोड़ दीं और जो कि अन्य लोग एक पूरी तरह से समर्पित ब्रह्माकुमारी की बजाय सामान्य विवाहित जीवन अपनाने पर विचार करेंगे?

वे बिल्कुल स्पष्ट रूप से कहती हैं कि बिल्कुल भी नहीं। एक बार जब मैं ब्रह्माकुमारीज से मिली तो किसी अन्य जीवन का विचार उसी क्षण धूमिल हो गया। किसी भी स्तर पर जितना कुछ भी मैंने किया है ब्रह्माकुमारीज के बिना

उसका आधा भी नहीं कर पाती। मैंने पूरी दुनिया का भ्रमण किया है, अनेक दिलचस्प लोगों से मिली हूँ, जिनमें विश्व नेता भी शामिल हैं, अनेक सम्मेलनों का आयोजन किया है और उनमें अपने विचार व्यक्त किए हैं, कार्यक्रम बनाए हैं और संगठन के विस्तार में केंद्रीय भूमिका निभाई है। आज मुझे यह भी याद नहीं है कि मैंने कितनी बार भारत की यात्रा की है।

'पीछे मुड़कर देखने पर मुझे लगता है कि मैं अद्भुत भाग्य की प्राप्तकर्ता हूँ। सबसे बड़ा उपहार जो दादी जानकी ने मुझे दिया, मॉरिन कहती हैं कि उन्होंने मुझ पर भरोसा किया।

'वे मुझ पर भरोसा करती रही हैं और मेरा ध्यान भी रखती हैं। उन्हें हमेशा यह मालूम होता है कि वे मुझे कितना दूर तक प्रेरित कर सकती हैं और बिल्कुल ईमानदारी से मैं उन आधी चीजों को भी कभी कल्पना नहीं कर सकती, जिसके लिए उन्होंने मुझे प्रेरित किया है।'

अब डेविड की बारी है कि वे अपनी कहानी बताएँ।

'मॉरिन और मैं कई बार फिनडहार्न गए थे, बल्कि हमने अपना हनीमून भी वहीं मनाया था, इसलिए हम धीरे-धीरे अध्यात्मिकता में डूबते जा रहे थे और चीजों को अलग तरह से देखने लगे थे। जैसा कि मॉरिन ने बताया है कि युवा अवस्था से ही हमें अध्यात्म की तलाश थी और खेल-तमाशे की बजाय इस रास्ते को चुना, जो उन दिनों हमारी उम्र के युवाओं की पसंद हुआ करती थी।'

हो सकता है यहाँ फिनडहार्न के बारे में कुछ शब्द बताना सही है। कभी स्कॉटलैंड के तट पर स्थित एक निर्जन कारवाँ पार्क, जो अब विश्व का एक बड़ा वैकल्पिक समुदाय बन गया है। यहाँ जीवन की शुरुआत सन् 1962 में हुई जब पीटर और एलीन कैडी तथा उनके मित्र ड्रोथी मैकलिअन फिंडहार्न के निकट स्थित क्लूनी होटल में उनकी नौकरी से निकाल दिया गया। उनके पास कुछ भी पैसे नहीं थे और रहने के लिए कोई जगह नहीं थी तथा वे फिनडहार्न गाँव में कारवाँ के तौर पर रहने लगे।

इन तीनों ने लंबे समय तक आध्यात्मिक मामलों में रुचि की और कारवाँ पार्क में चीजें हमेशा के लिए उनके लिए बदल गईं। एलेन कैडी ने एक सार्वजनिक शौचालय में चिंतन करना शुरू कर दिया, क्योंकि उनके लिए कहीं जाने के लिए कुछ नहीं था और वहाँ उन्हें एक आवाज आई, जो यह कह रही थी कि स्थिर

रहिए और जानिए कि मैं ही ईश्वर हूँ। एलेन सुनने लगे और उस आवाज ने उन्हें सब्जी का एक अद्‌भुत बगीचा लगाने को कहा। अब फिनडहार्न इस बात के लिए प्रसिद्ध है कि वहाँ कुछ भी नहीं उगेगा, लेकिन ऐलन ने उस आवाज को सुना और मिले हुए पैसों से कुछ बीज लाए तथा उन्हें बो दिया।'

जल्द ही वहाँ एक अद्‌भुत बगीचा बन गया, जहाँ की सब्जियाँ अपने सामान्य आकार से दुगुनी होती हैं या कम-से-कम हमें उनकी बातों पर विश्वास करना पड़ा, क्योंकि कोई चित्र मौजूद नहीं था। यह बात तेजी से फैल गई और लोग प्रकृति के इस चमत्कार को देखने आने लगे। इस बीच ड्रोथी मैकलिअन का संपर्क सब्जीवाली उन परियों या 'देवास' के साथ बना जैसा कि वे उन्हीं नामों से जाने जाते हैं।

सन् 1972 तक वहाँ एक समुदाय बन गया था और पीटर तथा ऐलन ने उस होटल को खरीद लिया, जहाँ से वे लज्जाजनक रूप से निकाल दिए गए थे। जब मॉरिन और डेविड ने सन् 1970 के दशक के मध्य में फिनडहार्न की यात्रा की, यह एक सुस्थापित आवासीय केंद्र बन गया था और जो चिंतन, अभिभाषण तथा आध्यात्मिक अनुभव के लिए पूरे विश्व में प्रसिद्ध था।

यद्यपि फिनडहार्न के प्रति गुडमैनस आकर्षित थे, लेकिन कुछ नए अनुभव, जो यह केंद्र लोगों को दे रहा था, उन्हें यह नहीं लग रहा था कि यह उनका अंतिम आध्यात्मिक आवास था।

> 'युवावस्था से ही मॉरिन और मेरी की यह इच्छा थी कि आध्यात्मिकता की खोज करें, फिर भी मैं यह नहीं कह सकता कि मैं बिल्कुल भी धार्मिक था', डेविड कहते हैं। 'मेरी अपनी यहूदी पृष्ठभूमि मॉरिन की तुलना में कम धार्मिक थी और यद्यपि मैंने अपना वार मित्‌जवा भी कर रखा था तथा एक युवा में तौर पर नियमित रूप से मंदिर जाता था। बीस के दशक के आरंभ तक मैं आध्यात्मिक हो गया था। अब मैं रबी की ईश्वर के बारे में उन बातों को और नहीं सुन सकता था कि ईश्वर ईर्ष्यालु है या ईश्वर बदला लेनेवाला है।
>
> 'जो मैं जानता था वह यह था कि मुझे दयालुता, ईमानदारी और सच्चाई पसंद करता था तथा यह भी जानता कि ये अब आध्यात्मिक गुण थे, लेकिन ऐसा लगता था कि किसी स्थापित धर्म में मुझे ये नहीं मिल रहे थे।
>
> 'मैं एक उन्मादी खिलाड़ी था जो खेलता और खेल देखता भी था तथा

इस दृष्टिकोण से अपनी योग्यता में मुझे पूरा विश्वास था। मैं काफी होशियार भी था और दंत स्कूल में अपने सत्र का सबसे युवा व्यक्ति भी था, लेकिन लोगों के साथ मुझे निपटने की आदत नहीं थी और दंत स्कूल में हमें सिर्फ तकनीक कौशल सिखाया जाता था। ऐसी कोई कक्षा या पाठ्यक्रम नहीं, जहाँ रोगियों के साथ व्यवहार करना सिखाया जाता था या ऐसे लोगों के साथ कैसे निपटा जाए जिन्हें डेंटल कोफोबिया है, जो कि बच्चों और बड़ों दोनों में वास्तव में बहुत सामान्य है।

'इस तरह आरंभ में तो मैं तनाव से निपटने के स्वयं के तनाव को और अपने रोगियों के तनाव को भी कम करें, के आध्यात्मिक तरीकों की तलाश में था। जब मैंने दंत चिकित्सा की परीक्षा पास कर ली तो मैंने युवा बच्चों, विशेषकर ऐसे बच्चों के साथ काम करना शुरू किया जिन बच्चों की अन्य चिकित्सक इलाज नहीं कर पाते थे क्योंकि वे बच्चे बहुत घबराते थे। मेरे युवा रोगी प्रमुख रूप से असभ्य कामकाजी वर्ग और बिखरे परिवारों के होते थे। उनमें से अनेक तो मूल रूप से भारत के गाँवों के थे। प्रायः वे सीधे अपने गाँव से ब्रेडफोर्ड के स्वागत केंद्र में आए थे। जहाँ तब मैं काम कर रहा था और निस्संदेह उनके पिता–माता कोई अंग्रेजी नहीं बोल सकते थे।

'22 वर्ष के दंत चिकित्सक के तौर पर मुझसे यह अपेक्षा की जाती थी कि मुझे इन लोगों से निपटने में सक्षम होना चाहिए। मैं एक दिन में 25 से 30 भयभीत बच्चों को देखता था।'

जब डेविड उन ब्रह्माकुमारीज से मिले, जो उनके पास थे, वे कहते हैं, 'आध्यात्मिक पुस्तकों से भरा हुआ गैरेज, और उन्हें मालूम था कि उन्हें काम करते हुए शांत और संयमित होना चाहिए। जो आध्यात्मिक पुस्तकें उन्होंने पढ़ीं, उनसे वास्तव में उन्हें कोई मदद नहीं मिली और जल्द ही उन्हें यह एहसास हो गया कि उन्हें पुस्तकों के सिवाय कुछ और चाहिए, आध्यात्मिक विषय पर कुछ सही परिचय।'

ब्रह्माकुमारीज के प्रति उनका आरंभिक आकर्षण इस कारण था कि उनके व्यावहारिकता के साथ गहरी आध्यात्मिकता थी। 'अन्य आंदोलनों में मैंने यह चीज नहीं देखी थी।' वे बताते हैं, उन दिनों दादी जानकी खाना बनाती थीं और वे भोजन में ऐसी स्पंदन मिला देती थीं कि उसको खाने से मस्तिष्क शीत हो जाता था। उस समय विचित्र विचार लगता था कि भोजन में भी स्पंदन हो सकते हैं। लेकिन आज

निस्संदेह इसका वैज्ञानिक प्रमाण है कि जिस मनोभाव के साथ भोजन पकाया जाता है, उससे फर्क तो पड़ता ही है।

> लेकिन निस्संदेह दादी सिर्फ खाना ही नहीं पकातीं। वे कक्षाएँ भी लेतीं और आध्यात्मिकता के बारे में बातें भी करतीं। वे गहरी आध्यात्मिक बातों के बारे में बात करने में समर्थ थीं और ऐसी बातें सभी को सुलभ थीं। 'यह मत भूलिए', डेविड कहते हैं, कि यहाँ आनेवाले पश्चिमी जगत् के ज्यादातर लोग बुद्धिमान और शिक्षित थे, जो ऐसी चीजें सहन नहीं करते, जिनका कोई अर्थ नहीं हो।'
>
> 'इसके साथ ही उनकी स्पंदित ऊर्जा थी। जो समझदारीपूर्ण और स्पष्ट थी, साथ ही वे जीवन भी जीती थीं, जिसका वे अनुशंसा करती थीं। वह निस्संदेह, जैसा कि हम आज कहते हैं, अपनी कथनों के अनुसार चलती थीं।'

अपनी पूर्व की खोजों में डेविड ने आध्यात्मिकता के बारे में और विशेष भारतीय आध्यात्मिकता में वार्त्तालाप ढूँढ़ा था, जो अस्पष्ट तथा अरुचिकर था। मुझे नहीं मालूम कि आध्यात्मिकता को क्यों नहीं स्पष्ट किया जा सका था, लेकिन यहाँ इस बात की स्पष्ट व्याख्या थी कि मैं कौन हूँ। मैंने पहले कभी भी किसी व्यक्ति को यह कहते नहीं सुना था कि मैं आत्मा हूँ। शुरू से सब कुछ स्पष्ट था और मेरे लिए यही सबसे बड़ा आकर्षण था। इसके अलावा दादी से आनेवाले स्पंदन की अनदेखी करना आसान नहीं था। नहीं, यह दुबारा से कहने दीजिए, उनकी अनदेखी करना असंभव था और यही वजह थी कि मैं तथा मॉरिन और अधिक जानने के लिए वहाँ आते रहे।

> 'जिस तरह से दादी ईश्वर के बारे में बातें करती हैं, मानो वह उनके निकट का साथी हो। वह भी मुझे अच्छा लगा। उन्होंने मुझे स्पष्ट किया कि ईश्वर क्या है। इसमें कुछ भी रहस्य नहीं था।'
>
> एक बार दादी किसी फ्रांसीसी संन्यासी के साथ ईश्वर के बारे में बातें कर रही थीं। वह कह रहा था कि ईश्वर एक रहस्य है और दादी ने कहा कि मेरे लिए तो वह रहस्य नहीं है। उन्होंने आगे यह भी बताया कि उनकी ईश्वर से प्रतिदिन बात होती है और वे दोनों एक–दूसरे को अच्छी तरह समझते हैं। यही तो मैं सुनना चाहता था। ईश्वर के प्रतिशोधी और ईर्ष्यालु होने की यहूदी धारणा का कोई अर्थ नहीं है और अब मैं यह सुन रहा था कि हर अच्छे गुणों

का स्रोत ईश्वर ही है तथा लगातार जुड़ाव के माध्यम से हम भी उन गुणों को प्राप्त कर सकते हैं।

'मैंने पाया कि दादी जानकी आध्यात्मिकता के उच्च स्तर पर होने के बावजूद भी विनम्र थीं और शीघ्र ही मुझे यह एहसास हुआ कि यही मेरा रास्ता है। उदाहरण के लिए जब मैं टेनिसन रोड स्थित छोटे केंद्र पर जाता तो दादी कहतीं, डेविड के लिए कुछ बनाओ। वे कभी भी स्वयं को उच्चतर नहीं समझती थीं, लेकिन वे मेरी शारीरिक जरूरतों की देखभाल करने के साथ-ही-साथ आध्यात्मिकता के श्रेष्ठतम स्तर का ज्ञान भी देती थीं, जो मैंने पहले कभी नहीं सुना था।'

जल्द ही डेविड और मॉरिन को यह एहसास हो गया कि वे गंभीरता से ब्रह्माकुमारीज की ओर आकर्षित हो रहे हैं और कुछ सांस्कृतिक रीतियों को उन लोगों ने विचित्र पाया। उदाहरण के लिए खाना खाते समय स्त्री और पुरुष कमरे के भिन्न किनारों पर बैठते तथा वे साथ भी नहीं बैठते। मुझे लगा कि यह शायद आध्यात्मिक से ज्यादा सांस्कृतिक है, लेकिन मैंने उसका पालन किया।

दूसरी बाधा है ब्रह्मचर्य पर जोर। बहुत ही युवा नवविवाहित जोड़े के रूप में डेविड और मॉरिन ब्रह्मचर्य विवाह की अपेक्षा नहीं कर सकते थे। लेकिन जब इसका उल्लेख किया गया तो डेविड को उसी क्षण इसके महत्त्व का पता चल गया। दादी ने काफी पहले ही उस बारे में कहा था कि यदि लोग आध्यात्मिकता से अधिकतम लाभ लेना चाहते हैं तो उन्हें ब्रह्मचर्य का पालन करना पड़ता है। यह अपने आप मेरे मन में नहीं आता, लेकिन एक बार जब इसका उल्लेख किया गया तो मेरी आत्मा को शीघ्र ही यह समझ आ गया कि ऐसा ही होना है।

मॉरिन इतनी परेशान हो गई, क्योंकि वह बच्चे चाहती थी, लेकिन वह इस बात के लिए सहमत हो गई कि हम ब्रह्मचर्य की दिक्षा में कोशिश कर सकते हैं और निस्संदेह इसने हमारी प्रगति की अवस्था को तीव्र कर दिया। शीघ्र ही हमने ब्रह्मचर्य विवाह को अपना लिया, जिसमें बच्चों के लिए कोई जगह नहीं थी, लेकिन मैंने कभी भी इस ओर ध्यान नहीं दिया। स्पंदन और दिया जानेवाला ज्ञान का भंडार इतना तीव्र था कि अधिकांश लोगों द्वारा सामान्य विवाहित जीवन समझे जानेवाले सभी विचार को धूमिल कर दिया।

'लेकिन फिर आप एक सामान्य पारिवारिक जीवन को क्या कहेंगे? ऐसी अनेक शादियाँ हैं, जिनमें साथी एक-दूसरे की अधिकांश चीजें नहीं देखते हैं। हाँ,

हमारा विवाह भिन्न है, लेकिन हमारे लिए यह ठीक है। यह किसी योजनानुसार नहीं हुआ, बल्कि उत्पन्न हो गया। हमें अपने संबंधों में कुछ घाटा नहीं दिखाई देता है। चीजें जिस तरह से हुईं निस्संदेह उसके बारे में हमें कोई पश्चात्ताप नहीं है।'

डेविड इस बात का उल्लेख करने के लिए उत्सुक थे कि उन्हें बच्चों से बहुत प्यार है, और यह तथ्य कि उन्हें कभी भी अपना बच्चा नहीं होगा, का यह अर्थ नहीं है कि वे बच्चों का विरोधी हैं। मैंने हमेशा ही बच्चों के साथ काम किया है और मुझे उनके साथ करके मजा आया है। ऐसा नहीं हुआ कि हमारा कोई अपना बच्चा था, लेकिन हमारे लिए इससे फर्क नहीं पड़ता।

'ब्रह्मचर्य मुझे सामान्य लगा और एक बार मॉरिन भी बच्चों की आकांक्षा से ऊबर गई तो वह भी इससे खुश थी। 40 वर्षों के बाद भी हम आज विवाहित हैं और यदि हममें किसी एक के लिए भी यह एक कठिन संघर्ष था तो हम अलग हो जाते और दूसरा जीवनसाथी तलाश लेते। चीजें जैसी भी हैं हम उनसे खुश हैं और मैं कहना चाहूँगा कि हम गहराई से समान रूप से आध्यात्मिक हैं। बहुत लोग कहते हैं कि उन्होंने कभी भी ऐसा विवाह नहीं देखा है, लेकिन मेरे पास फिर भी पत्नी है, हम अभी भी अच्छे मित्र हैं और मॉरिन को मैं अपने लाइन मैनेजर के रूप में देखता हूँ।'

वे उत्साहित और विशेष व्यक्ति हैं तथा बड़े दयालू भी, लेकिन उससे भी ज्यादा मैंने उन्हें कैसे एक व्यक्ति के रूप में विकसित होते देखा है। दादी जानकी ने उसी क्षण पाया कि मॉरिन में अपार संभावना है और वह इसे पूरा करने में समर्थ रही है। निस्संदेह, मैं उसकी राह में आनेवाला नहीं था। यहूदी होने के कारण मॉरिन में हास्य की भावना है और वह चुटकुले सुनाने में माहिर है। इससे भी उसे ब्रह्माकुमारीज के साथ काम करने में मदद मिली है, जिनमें स्वयं भी तीव्र हास्य भावना होती है। जब एक बार मैंने दादी जानकी से यह पूछा कि क्या देवदूतों में भी हास्य की भावना होती है तो उन्होंने कहा, 'आप बाजी लगाते हैं।'

कुछ वर्ष पहले यह पाया गया कि डेविड को कैंसर हो गया है और इस कारण उन्होंने अपनी नौकरी से समय से पहले ही अवकाश से लिया तथा ब्रह्माकुमारी केंद्र के पूर्णकालिक संचालन पर अपना ध्यान केंद्रित किया। यदि आध्यात्मिक अभ्यास में मेरी इतनी आस्था नहीं होती तो इससे चीजें बदतर हो जातीं, वे कहते हैं। डेविड

की कैंसर से मुक्ति में ईश्वर ने भूमिका निभाई है, यह कभी भी ज्ञात नहीं हो सकता है, लेकिन व्यापक उपचार के बाद वे रोग मुक्त हो गए।

सन् 1976 में वेरोनिका मैक्हग भी ब्रह्माकुमारी बन गईं।

हमेशा वैडी के नाम से जानी जानेवाली वेरोनिका का संबंध एक बड़े पारंपरिक आइरिश कैथोलिक परिवार से था। उसी वर्ष अक्तूबर माह में लंदन डेरी में नागरिक अधिकार के प्रदर्शन के कारण सन् 1968 में उन्होंने आयरलैंड छोड़ दिया, क्योंकि उन्हें लगा कि यह उनके लिए अब सही जगह नहीं थी।

शांतिपूर्ण प्रदर्शन, जो इतिहास में जाना जाता है, वह पुलिस द्वारा पानी का गोला और लाठी के प्रयोग के कारण बुरी तरह से बिखर गया तथा कई लोग, जिनमें सांसद गेरार्ड फिर भी शामिल हैं, घायल हो गए। रॉयल अल्सटर कांस्टेबलरी द्वारा पीटे जाने के कारण फिट के सिर पर गहरी चोट आई और उन्हें अस्पताल में अनेक टाँके लगाने पड़े। झगड़े की शुरुआत समझा जानेवाला यह प्रदर्शन इस विरोध में किया गया, जिसे बहुत लोग अल्पसंख्यक प्रोटेस्टेंट स्थानीय प्राधिकार द्वारा प्रमुख रूप से कैथोलिक जनसंख्या के विरुद्ध भेदभाव के रूप में देखते हैं।

> 'मुझे लगा कि अब मैं आयरलैंड में नहीं रह सकती', उन्होंने, कहा 'और वे इंग्लैंड चली गईं जहाँ उस समय उनके मन में भारतीय आध्यात्मिक आंदोलन से जुड़ने का कोई विचार नहीं था। इसका कारण यह था कि वे कट्टर कैथोलिक थीं। जब मैं 15 वर्ष की थी और अवकाश पर थी, तो मैं जीवन में पहली बार धार्मिक प्रार्थना सभा ये गई और यह विचार मन में आया कि आकाश गिर जाएगा। मैं पोर-पोर कैथोलिक थी, जिसमें यह मान्यता है कि ईश्वर और ईसा एक ही हैं तथा पवित्र आत्मा के साथ ये एक में तीन हैं। फिर भी मेरे मन में अपने रहस्यवादी अनुभव के लिए उत्सुकता थी। एक बार जब मैंने आयरलैंड छोड़ दिया तो अनुभवों की तलाश में विश्व भ्रमण करना शुरू कर दिया, यद्यपि उस समय सही से यह भी मालूम नहीं था कि वह क्या है।

'नौकरशाह के रूप में अपनी नौकरी से मैंने पर्याप्त पैसे बचाए थे, उसी से मैं यात्रा करूँगी। मेरे मन में हमेशा से ही यात्रा करने की गहरी इच्छा रही है और अब मैं हर मौके पर अपनी इस इच्छा को पूरी कर रही थी। 26 वर्ष की आयु में, काफी हद तक चार्ली और केन की तरह पीठ पर थैला लटकाकर साहसिक काम की खोज में निकल पड़ी। मैं अपनी यात्रा के दौरान उत्तर आयरलैंड और वहाँ की

भयानक राजनीतिक स्थिति की तुलना में व्यापक संसार के संपर्क में आई तथा मुझे लगा कि मैं कैथोलिकवाद, धार्मिक अनुष्ठान तथा प्रार्थना से परे किसी और चीज की तलाश थी।

'पीछे सन् 1976 में लंदन में मैंने चिंतन पाठ्यक्रम की तलाश करनी शुरू की और मेरे एक भाई ने गार्डियन अखबार से एक लेख भेजा, जो हथ योग के बारे में था, जो उस समय एक नया विषय था। उन दिनों बहुत कम लोगों ने हथ योग के बारे में सुना था और इस लेख को पढ़कर मेरी रुचि बहुत बढ़ गई। मैं एक भारतीय शिक्षक के साथ भरती हो गया, लेकिन मैं वास्तव में चिंतन सीखना चाहता था। दुरुह चिंतन अभी-अभी ही लंदन में प्रगति करना शुरू किया था, तब मैंने इसके बारे में पता लगाया, लेकिन इसके लिए जो शुल्क लिया जा रहा था वह देखकर मैं परेशान हो गया। मुझे तीव्रता से यह लगा कि वे कुछ ऐसी चीज के लिए शुल्क ले रहे थे जो कि निःशुल्क उपलब्ध होना चाहिए।

'तभी मैंने जयंती की रेडियो पर वार्त्ता सुनी। यह सन् 1976 लंबी ग्रीष्म ऋतु थी और मैं उस आवाज को सुनकर मोहित हो गई। वे केनसिंगटन टाऊन हॉल में आयोजित एक प्रदर्शनी का प्रचार कर रही थीं और चिंतन का भी उल्लेख किया, मैं उनकी स्पष्ट अंग्रेजी उच्चारण को सुनकर मुग्ध थी और उनके साथ ही चलने का निश्चय किया।'

'यह अनूठा ब्रह्माकुमारी था या हमें कहना चाहिए कि अनूठे रूप में भारतीय ज्ञान के भड़कीले चित्रों और भारतीय धर्म के देवी तथा देवताओं के चित्रोंवाली प्रदर्शनी। वैडी अब कहती हैं कि उन्हें प्रदर्शनी के बारे में ज्यादा कुछ याद नहीं है, लेकिन कुछ चीजों को उन्हें सात दिन के पाठ्यक्रम के लिए करवाया, जो टेनिसन रोड स्थित छोटे से फ्लैट में चलाया जा रहा था।

'उस समय मुझे किसी समूह से जुड़ने का रुझान नहीं था और जब मैंने उस पाठ्यक्रम के लिए फॉर्म भरा तो मैंने अपना नाम वैडी लिखा, न कि वेरोनिका और अपना फोन नंबर देने से मना कर दिया, क्योंकि मैं नहीं चाहती थी कि वे मुझे कॉल करें।

'मैं केंद्र पर गई, लेकिन बहुत प्रभावित नहीं हुई। फ्लैट एक चाल था और पूरे फ्लैट में भड़कीली भारतीय सजावट थी। यह बहुत ही खराब था और यह एक समय में था जब अनेक भारतीय आध्यात्मिक शिक्षक महँगे फ्लैट या कोठियों में रह रहे थे।'

लेकिन पहले ही सत्र में मेरी भेंट दादी जानकी से हुई और एक अद्‌भुत अनुभव था। वे एक बड़े सफेद टूल पर बैठी हुई थीं, जो गद्‌दी के नाम से जाना जाता था और उनके बाल खुले हुए थे, न कि चोटियों में गूँथे। उस छोटे से कमरे में 10 से 15 अंग्रेजों का समूह था और वे सभी बैज लगवाने के लिए दादी के पास जा रहे थे। मैं बैठी सोच रही थी कि वे निश्चित रूप से मुझे भी बैज लगाएँगी।

'सिस्टर सुदेश मुझे ऊपर जाने का इशारा करती रहीं, यह सोचकर कि मैं झिझक रही हूँ, क्योंकि मैं शर्मीली हूँ और मैं अपना सिर हिलाती रही। तब दादी ने स्पंदन महसूस कर लिया, मेरी ओर देखा और कहा, आपको ऐसा कुछ नहीं करना है जो आप करना नहीं चाहती हैं।

उसी पल मुझे लगा कि दादी जानकी मुझे समझ गईं और मुझे पकड़ लिया। शीघ्र ही मुझे यह लगा कि वे मुझे जानती हैं और समझ गईं कि मैं इस छोटे से समारोह में जाने के लिए अनिच्छुक थी। मैं तत्क्षण ब्रह्माकुमारीज से भावविभोर नहीं हो गई और फिर भी कुछ चीज लगातार मुझे पीछे खींच रही थी। मुझे कक्षा अच्छी लगी, यद्यपि कथित रूप से सीधे ईश्वर से आनेवाला संदेश, मुरली, भी मुझे ज्यादा समझ में नहीं आया।

अंततः वैडी ने यह महसूस किया कि उन्हें संगठन को उसके स्रोत पर जाँच करना पड़ा और उसी वर्ष बाद में वे माउंट आबू, गई जहाँ वे कई महीनों तक रुकीं। मैं भारत में साड़ी पहन रही थी और जब वापस जाने का समय आया तो मैंने पाया कि अब मैं अपनी जींस नहीं पहन पा रही थी। इसलिए साड़ी में ही मैं इंग्लैंड चली गई और टेनिसन रोड स्थित अपने केंद्र के लिए ढेर सारी टोली (मिठाइयाँ) भी ले गई।

जब मैं वापस गई और दादी को भी टोली दी। उन्होंने मुझसे पूछा कि मैं कहाँ रुक रही थी। मैं नॉर्थ-वेस्ट लंदन स्थित ब्रेंट के लंदन बौरो में हार्लेसडन में अपने एक भाई के साथ ठहरी थी, जो उस समय का काफी वंचित क्षेत्र था। प्रतिदिन टेनिसन रोड जाने के बस की यात्रा करना एक बड़ी समस्या थी, विशेषकर रविवार के दिन, जबकि समय सारणी भिन्न होता था और साप्ताहिक दिनों की तुलना में कक्षाएँ लंबी होती थीं।

इसलिए दादी ने कहा, "आप कुछ दिन यहाँ क्यों नहीं रुक जातीं।" उस समय केंद्र में तेरह सिस्टर रह रही थीं—दादी, सुदेश और जयंती तथा

> अन्य। अब मेरे पैसे भी खत्म हो गए थे और मैं काम पर जाने लगी। मुझे खैरात पर जीने का विचार पसंद नहीं था और मैं स्वयं का फ्लैट खरीदना चाहती थी। जो भी हो, मैंने जल्द ही यह फैसला कर लिया कि मैं ब्रह्माकुमारीज से जुड़ जाऊँगी और फिर मैंने काम नहीं किया।

जल्द ही वैडी एक समर्पित ब्रह्माकुमारी बन गईं, चालीस वर्षों बाद भी वे उतनी ही शांत हैं, जितनी हमेशा थीं कि यह संगठन सच बोल रहा था। आज म्यामी में केंद्र चलानेवाली वैडी का यह विश्वास है कि यह सब दादी जानकी का जादू था।

> 'हर किसी को याद है जब वे पहली बार दादी से मिले थे।' वे बताती हैं, 'जब मैं केंद्र आई तो वहाँ मुझे कुछ भी बताने के लिए कोई नहीं था। यह संगठन यू.के. में इतना नया था कि उसने अभी मुश्किल से काम करना ही शुरू किया था। लेकिन शुरू से ही मुझे यह लगा कि मैं वास्तव में इस महिला को पसंद करती हूँ।' ऐसा लगता था कि उनके भीतर आपके दिल को झाँकने की क्षमता थी। उस समय के एक अन्य ब्रह्माकुमारी ने मुझे बताया कि दादी जानकी हैं, लेकिन उन्हें मालूम कि वे जानती हैं। यह सब कुछ अंतर्ज्ञान के माध्यम से होता है। यह जो भी हो, उन्होंने मुझे ऐसा कुछ दिया, जिसने मेरे चारों ओर की दुनिया ही बदल दी। मैं अपने मन में यह सोचती रहती, 'मेरे मन में उनके लिए इतना प्यार क्यों है?
>
> 'ऐसा लगता था कि मैं जो कुछ भी जीवन में चाहती थी वे उन सबका मूर्त रूप थीं। मैं अपनी युवावस्था से ही जानती थी कि मेरे जीवन में विवाह और बच्चे का कोई स्थान नहीं है, यद्यपि मेरे मन में कैथोलिक साध्वी बनने की इच्छा भी कभी नहीं थी। मैं अपने आपको एक विचित्र बूढ़ी महिला के रूप में देखती हूँ, एक प्रकार की उदार चाची लेकिन माँ और पत्नी नहीं। चूँकि मैं चालीस वर्षों से ब्रह्माकुमारीज के साथ जुड़ी हुई हूँ, मुझे नहीं लगता कि मैंने एक भी चीज खोई है। 'मैं कोई और जीवन भी नहीं चाहती।'

वैडी कहती हैं कि जल्द ही उन्हें यह एहसास हो गया कि ब्रह्माकुमारीज द्वारा तय किया गया यह मार्ग उच्चतम है, जो उन्होंने आज तक देखा है, कैथोलिकवाद से भी ऊँचा और जैसा कि सभी कैथोलिक उस बात से सहमत होंगे कि उनकी जड़ें काफी गहरी हैं, जिन्हें खोदना बहुत ही मुश्किल है। लेकिन एक दूसरा पक्ष भी था जो वैडी को बहुत आकर्षित करता था और वह यह था कि महिलाएँ प्रमुख होती

थीं तथा वे ही सब कुछ सँभाल रही थीं; यह बात नए या पुराने सभी धर्म या आध्यात्मिक आंदोलन से भिन्न थी। मैंने इससे पहले कभी भी ऐसी चीजें नहीं देखीं और मेरे लिए यह बहुत बड़ा आकर्षण था।

वैडी सन् 1982 से अमरीका में रह रही हैं, पहले टम्पा, फ्लोरिडा में और फिर म्यामी में, जहाँ वे सन् 1985 से समर्पित ब्रह्माकुमारीज रहने के बाद भी उन्हें अभी भी लगता है कि वे सूक्ष्म रूप से दादी से प्रभावित हैं। ऐसा लगता है कि उनके साथ एक विशेष प्रकार का संबंध है और हम दोनों के बीच एक समानता की भावना का एहसास होता है तथा हमेशा से ही रहा है। दादी कभी भी अपने और आपके बीच कोई दूसरा नहीं देखती हैं तथा मुझे उन्हें हँसाना अच्छा लगता है। अपने अन्य सभी विशेष गुणों के अलावा उनमें हास्य की जबरदस्त भावना है।

'एक बार मैंने उनसे पूछा कि क्या वे अभी भी मुझसे प्यार करती हैं तो उन्होंने पूछा कि यदि मैं नहीं करती तो क्या आप कर पातीं। मेरे लिए तो ब्रह्माकुमारीज जो कुछ भी है, वे उसका अवतार हैं।

यद्यपि दादी जानकी अपने जीवन में कई गंभीर बीमारियों से पीड़ित रही हैं, लेकिन फिर भी वे सक्रिय रहीं, क्योंकि उन्हें हमेशा से यह लगता है कि उनके पास देने के लिए बहुत कुछ है, वैडी मानती हैं, जैसे ही उनमें थोड़ी भी ऊर्जा आती है वे सक्रिय हो जाती हैं। मैंने कई अन्य वरिष्ठ सिस्टरों को स्थायी रूप से निष्क्रिय होते हुए देखा है, लेकिन दादी जानकी को नहीं।

दादी जानकी को वे जैसा मानती हैं, उसका सार देते हुए वैडी कहती हैं, आपने उन्हें कभी भी कोई भी चीज खुद से लेते हुए नहीं देखा, वे कोई चीज रखती भी नहीं हैं और ज्योंही कुछ पैसा या संसाधन संगठन के पास आता है, तो वे सोचने लगती हैं कि तुरंत ही उसका क्या करें। शक्तिशाली उद्योगपतियों की तरह दादी भी हमेशा बड़ा सोचती हैं। जब वे दो कमरे के छोटे से फ्लैट में रह रही थीं तब भी वे उससे बहुत आगे सोचती थीं, सोचती थीं कि बड़े केंद्रों का संचालन किस तरह करें, बड़े-बड़े कार्यक्रम कैसे करें और अंग्रेजों को इस आंदोलन की ओर कैसे आकर्षित करें, जो कि, मुझे कहना पड़ेगा कि अपने आरंभिक दिनों में पूरी तरह से भारतीय था। लेकिन इसके बावजूद भी कि दादी जानकी की अंतर्दृष्टि हमेशा बड़ी होती है, वे उसे करने के तरीके भी ढूँढ़ती हैं। ये कभी भी आकाश की चिड़िया नहीं रहीं, बल्कि हमेशा व्यावहारिक एवं अनौपचारिक एवं सहज रही हैं।

वैडी कहती हैं, ''लोगों के साथ भी ऐसा ही है। वे हमेशा उससे आगे की

ओर देखती हैं, जो उस क्षण आप कर रहे हैं और आपको भी उससे परे ले जाती हैं जिसे आप अपनी अंतिम क्षमता समझते हैं। मैंने आरंभ में कभी भी खुद को म्यामी या सभी जगहों पर केंद्र चलाते नहीं देखा, लेकिन दादी ने मेरे लिए यही देखा। वैडी की एक प्रमुख उपलब्धि बी.जी. रोबिन गिब और उनकी पत्नी को (उनका संबंध भी आयरलैंड के उसी हिस्से से था जहाँ से वैडी का) आंदोलन के करीब लाना और एक समय तो सभी कार्यक्रम तथा आयोजन म्यामी बीच पर स्थित उनके आलीशान घर में होने लगे।''

यू.के. में भी उवीना और रोबिन ने ऑक्सफोर्ड शाया स्थित थामे अपने घर में कार्यक्रम आयोजित किए, जो तेरहवीं सदी का एक महामठ था।

सन् 2006 में रोबिन गिब ने विशेषकर दादी जानकी के लिए एक गीत की रचना की, जिसका नाम उन्होंने 'मदर ऑफ लव' दिया और जब सन् 2012 में रोबिन की मृत्यु हुई तो उनकी अंतिम यात्रा में कई ब्रह्माकुमारीज थे।

यदि आप एक महिला हैं और आपने एक समर्पित ब्रह्माकुमारी बनने का निर्णय लिया है तो इसका अर्थ यह है कि आपको अपने व्यक्तिगत अहंकार के सभी पक्षों का त्याग करना पड़ेगा और एक विचित्र पोशाक पहननी पड़ेगी, कम-से-कम अंग्रेजों के लिए तो यह बिल्कुल ही विचित्र है। वैडी के लिए कभी भी यह समस्या नहीं थी। वे सन् 1976 से साड़ी पहन रही हैं और कभी-कभी कुरता-पायजामा तथा इन पोशाकों को वे अपना 'हेयर-शर्ट' मानती हैं। मैं सन् 1976 में जब भारत में थी तो मैंने अपने विचार विस्तृत कर लिये, इसलिए मैंने एक साड़ी पहनी और तब से ही मैं यह पहन रही हूँ। मुझे क्या करना है यह उसी का एक हिस्सा है, यदि मैं इस आंदोलन को समर्पित करना चाहती हूँ और प्राय: लोग कहते हैं कि मैं एक दूत की तरह लगती हूँ। एक साध्वी बनने की तरह ही यह समर्पण का मूल पक्ष है।

□

6

ब्रह्मचर्य का महत्त्व

अब जबकि हम पहले विवाहित जोड़े (अंग्रेज) को ब्रह्माकुमारी संगठन को अपना जीवन सम्मिलित रूप से और अलग-अलग भी समर्पित करते देखा है, यह उचित लगता है कि इस शिक्षा के शायद सबसे विवादास्पद पक्ष पर चर्चा किया जाए, जहाँ न सिर्फ केंद्रों और आश्रम में रहनेवाले लोगों के लिए ब्रह्मचर्य के पालन पर जोर दिया जाता है, बल्कि हर उस व्यक्ति के लिए, जो ब्रह्माकुमारी की जीवनशैली और उनकी शिक्षा का अनुसरण करना चाहते हैं।

यह विशेष रूप से पाठ्यक्रम के आंतरिक पक्ष पर लागू होता है, लेकिन अनौपचारिक, सामयिक सदस्यों को भी ब्रह्मचर्य और अविवाह के विचार से एक लक्ष्य के रूप में परिचित कराया जाता है। अविवाह घनिष्ठ रूप से सात्त्विकता, सफाई और स्वयं को नकारनेवाले नियमों से जुड़ा हुआ है, ये सभी अभ्यास धार्मिक विश्वास से जुड़े हुए हैं। यह दादी जानकी का एक गहरा विश्वास है कि जो कोई भी ईश्वर के निकट आना चाहता है और लगातार ईश्वर से जुड़ा रहना चाहता है, अन्य मानव के साथ यौन संबंध नहीं रख सकता है।

अनेक धर्मों और आस्थाओं के लोग ब्रह्मचर्य को अपनाते हैं तथा उन सबमें कुछ-न-कुछ बाध्यताएँ और नियम हैं कि यौन आचरण को किस तरह रखना चाहिए या व्यवस्थित करना चाहिए। कैथोलिक साधु, साध्वी, बौद्ध साधु और साध्वियों से भी यह अपेक्षा की जाती है कि वे ब्रह्मचर्य का पालन करें तथा वास्तव में जब वे मठ में प्रवेश करते हैं तो ब्रह्मचर्य के पालन की प्रतिज्ञा करना अनिवार्य होता है। जैसा कि हम जानते हैं कि सभी प्रतिज्ञा के पालन में समर्थ या इच्छुक नहीं

होते हैं, लेकिन यह श्रेष्ठता का उपदेश है कि वे स्त्री और पुरुष, जिन्होंने ईश्वर को अपना जीवन समर्पित कर दिया उन्हें सभी घनिष्ठ मानवीय संबंधों का परित्याग करना चाहिए।

जहाँ ब्रह्माकुमारीज में मतभेद है यह है कि वे कहते हैं कि हर कोई ईश्वर को गहराई से और निकटता से जानना चाहता है, उसे ब्रह्मचर्य का पालन करना चाहिए। इसमें विवाहित दंपत्ति और वे जिनमें निकट का संबंध है, वे सदस्य भी शामिल हैं। यह कैथोलिक चर्च से प्रत्यक्ष विपरीत है जो विवाहित सदस्यों को प्रोत्साहित करते हैं, संख्याएँ बढ़ाने और वृद्धि करने के लिए। उन्हें यह कहना पड़ेगा कि उनमें से कई लोगों ने पूरे उत्साह से किया है। एक ब्रह्माकुमारी, जिसका संबंध स्विट्जरलैंड के कैथोलिक परिवार से था, के 13 भाई-बहन हैं। चौदह बच्चे! वह स्वयं दृढ रूप से ब्रह्मचारी है।

सभी के ब्रह्मचर्य पर जोर देने वाली बात को समझने के लिए हमें ब्रह्माकुमारीज की उत्पत्ति के बारे में जानना पड़ेगा, जो तब ओम मंडली के नाम से जाना जाता था। जब डैड लेखराज, जो बाद में ब्रह्म बाबा के नाम से जाने गए, को अंतर्ज्ञान आने लगा तो युवा महिलाएँ जिनमें विवाहित और अविवाहित दोनों शामिल हैं, नवीन संगठन से जुड़ने लगे। ऐसा करने के लिए वे न केवल विद्रोह कर रही हैं, बल्कि अपने निर्धारित भाग्य के साथ भी खिलवाड़ कर रही थीं, जो कि युवावस्था में विवाह करना और जितना ज्यादा संभव हो, बच्चे पैदा करना, प्राथमिकता के साथ लड़का पैदा करना, वह भी कथित रूप से गलत-लिंग, गर्भपात के समय के पहले, जिसकी गारंटी भी नहीं दी जा सकती थी। आज भी यह कहा जाता है कि यद्यपि अनेक भारतीय गाँवों में स्वच्छ पानी उपलब्ध नहीं है, लेकिन वहाँ जन्मपूर्व लिंग जाँच की सुविधा उपलब्ध है, जिसके द्वारा अजन्मे बच्चे के लिंग का निर्धारण किया जा सकता है।

दादी जानकी के समय में इस बात की कोई संभावना नहीं थी कि कोई भी महिला जबरन विवाह और जबरन यौन संबंधों के अपने निर्धारित भाग्य से बच पाएगी। उस समय के भारत में कोई भी महिला अपने पति को छोड़ने का साहस नहीं कर पाती थी, क्योंकि उसके शरीर और आत्मा पर पति का अधिकार होता था।

विवाहित महिलाओं द्वारा अपने पतियों के घर वापस जाने से मना करने के कारण एक महत्त्वपूर्ण अदालती मुकदमा हुआ, जिसमें उस समय के अंग्रेज जजों ने यह फैसला सुनाया कि अठारह वर्ष से ऊपर की आयु की कोई भी महिला स्वयं

यह फैसला करेगी कि उसे या तो शादी करनी है या यौन संबंध बनाना है। यह एक उग्र सुधारवादी फैसला था, जिसने ब्रह्माकुमारी को महिलाओं के नेतृत्व में फलने-फूलने और प्रसारित होने में मदद की।

इससे पहले भारत में ऐसी चीजें कभी नहीं सुनी गईं और इससे महिलाओं को नई तथा अभूतपूर्व स्वतंत्रता मिली। यदि उन्हें अपने घरों में ही सीमित करके या विवाह करने के लिए विवश किया गया होता तो इस तरह का प्रचार-प्रसार कभी भी नहीं हुआ होता और ब्रह्माकुमारीज का सहज ही नाम व निशान मिट गया होता।

दादी जानकी के लिए अन्य युवा महिलाओं की तुलना में, जिन्होंने ओम मंडली बनाया, ब्रह्मचर्य पर जोर का कहीं अधिक अर्थ है। यद्यपि वे हमेशा से ही यह चाहती थीं कि अपना जीवन ईश्वर को समर्पित कर दें, लेकिन जब तक ओम मंडली अस्तित्व में नहीं आई, उन्हें ऐसा करने का कोई रास्ता नहीं दिखाई पड़ा—उन्हें जबरन अपनी इच्छा के विरुद्ध एक ऐसे युवक से शादी करनी पड़ी, जिसे वे बिल्कुल भी नहीं जानती थीं।

यद्यपि उस समय के भारत में यह आम रिवाज था और कई मामलों में आज भी है। दादी जानकी अपने लिए यह नहीं चाहती थीं। चीजें उनके लिए और भी तीव्र तब हो गईं, जब वे गर्भवती हो गईं और उनका एक बच्चा हो गया। ऐसा लगता था कि अपना जीवन ईश्वर को समर्पित करने का उनका सपना मानो खत्म हो गया हो और यह कि उन्हें एक अनिच्छुक माँ और पत्नी के रूप में एक नाखुश जीवन जीना पड़ेगा, बिना सत्ता और आजादी के।

जैसा कि लेखक की पुस्तक 'पिस एंड प्यूरिटी' में बताया गया है, दादी जानकी ने अपने निकल भागने की योजना बनाई, जिसमें महत्त्वपूर्ण कठिनाइयाँ भी थीं और अपना लक्ष्य प्राप्त किया। संभवत: अपनी इच्छा और आवश्यकता के विरुद्ध विवाह, यौन संबंध और बच्चे के उनके अपने अनुभव ने उन्हें विशेष रूप से इस बात के लिए दृढ कर दिया है कि सभी ब्रह्माकुमारीज को ब्रह्मचारी होना है, चाहे वे भारतीय हों या अंग्रेज।

दादी को इस बात का पूरा विश्वास था कि ब्रह्मचर्य पर जोर के कारण उनका संदेश पूरे विश्व में सुना जाएगा। इसका अर्थ यह होगा कि इसका लाभ सभी संस्कृतियों और प्रजातियों को मिलेगा, क्योंकि इसके सदस्य और अनुयायियों को पति या पत्नी और बच्चों के सीमित लगाव की पीड़ा से परे पूरे विश्व का भ्रमण करने, ईश्वर को अपना जीवन समर्पित करने की पूरी आजादी होगी।

इस मामले में तो वे सही साबित हुई हैं। पहले जिन अंग्रेजों ने इस संदेश को

सुना और समझा वे तो ब्रह्मचारी हो ही गए। यहाँ तक कि मॉरिन और डेविड गुडमैन की विवाहित जोड़ी भी, उन्होंने विश्व का भ्रमण किया और हर जगह केंद्र भी स्थापित किए। इस दृढता के बिना इनमें से कुछ भी नहीं हुआ होता।

यद्यपि दादी जानकी पश्चिम जाने की ओर आध्यात्मिक जीवन की एक आवश्यकता के रूप में ब्रह्मचर्य के पालन का संदेश देनेवाली पहली भारतीय महिला थीं, पूर्ण ब्रह्मचर्य पर आधारित किसी प्रभावशाली आंदोलन की नींव डालनेवाली वे पहली महिला नहीं थीं।

आजकल अधिकांश लोगों ने शेकर्स के बारे में सुना है, यदि केवल फर्नीचर की साधारण साफ-सुथरी श्रृंखला के संदर्भ में। मौलिक रूप से शेकिंग क्वेकर्स के रूप में जानी जानेवाली शेकर्स अठारहवीं सदी में ब्रिटेन और अमरीका में फलने-फूलने वाले ईसाई धर्म की एक शाखा थी। सन् 1758 में अंतर्ज्ञान और ईश्वरोक्ति की एक श्रृंखला के बाद एन ली नामक महिला इस संगठन की प्रमुख बन गईं, जिसमें उन्हें इस संसार के अंत का पूर्वानुमान मिला और उन्होंने यह भविष्यवाणी की कि एक नई विश्व व्यवस्था शीघ्र ही आनेवाली है, जिसमें शेकर्स का बोलबाला होगा।

नई विश्व-व्यवस्था ब्रह्मचर्य, शांतिवाद और स्त्री तथा पुरुष के बीच पूर्ण समानता पर आधारित थी। सदस्यों को सभी कामुक संतुष्टियों का परित्याग करना होता था। प्रभावशाली गर्भनिरोधों से पहले के समय में ऐसा कोई तरीका नहीं था कि विवाहित महिलाएँ हर वर्ष बच्चे पैदा करने से बच सकतीं तथा इसने उन्हें प्रभावी रूप से कोई और काम करने से रोका।

लेकिन शेकर महिलाएँ भिन्न थीं। सन् 1774 में एन ली और उनके अनुयायी इंग्लैंड छोड़कर अमरीका चले गए, जहाँ वे बहुत सफल रहे, विशेषकर अपनी वास्तुकला और फर्नीचर के लिए, दोनों ही व्यावहारिक और भव्यता पर आधारित थीं। अपने साधारण लेकिन टिकाऊ शैली के कारण अपनी सफलता के दिनों में उनके पास उत्पादक खेत व्यवस्थित समुदाय होता था और वे कठिन परिश्रम तथा श्रेष्ठता को समर्पित होते थे।

उस समय की अलंकृत शैलियों से भिन्न उनके साधारण वास्तुकला का अमरीकी भवनों पर दीर्घकालिक प्रभाव पड़ा। पूर्ण ब्रह्मचर्य पर जोर देने के कारण उनके सदस्यों की संख्या में स्वाभाविक रूप से कमी आती गई और आंदोलन समाप्त हो गया। लेकिन एक आश्चर्य है कि इसकी सफलता का कितना श्रेय ब्रह्मचर्य और फलस्वरूप आंदोलन में महिलाओं की समानता को जाता है।

कई धर्मों और आस्थाओं में ब्रह्मचर्य पर जोर का अभाव समाज में महिलाओं की निम्न स्थिति का एक कारण रहा है। हम सऊदी अरब जैसे देशों की महिलाओं के बारे में सोच सकते हैं, जहाँ पुरुषों की एक से अधिक पत्नियाँ हो सकती हैं, जहाँ महिलाओं को कोई शक्ति या प्रभाव नहीं होता है, और एकमात्र चीज जो वे कर सकती हैं, वह है दर्जनों बच्चे पैदा करना। फिलीस्तीन में एक महिला के आमतौर पर चौदह बच्चे होते हैं और आज की कट्टर यहूदियों में रजामंदी से शादी होती है, जहाँ महिलाओं से यह अपेक्षा की जाती है कि उनके जितने ज्यादा संभव हो उतने बच्चे हों। लंदन में लड़कियों के अति कट्टरपंथी स्कूल भी हैं। जहाँ उन्हें यह सिखाया जाता है कि उनका अपना कोई कॅरियर नहीं है स्वयं को पतियों के अधीन बनाने के सिवा। लंदन के अति कट्टरपंथी समुदाय में प्रति परिवार नौ बच्चों का होना कोई असामान्य बात नहीं है।

दादी जानकी का यह विश्वास है कि महिलाएँ जब तक ब्रह्मचारी नहीं होंगी उनके लिए समानता असंभव है। कई अन्य भारत-आधारित आंदोलन जैसे सिद्ध योग और शिवानंद योग भी ब्रह्मचर्य को बहुत महत्त्व देते हैं, जो हिंदी में ब्रह्मचारी कहलाते हैं, लेकिन इनमें से कोई भी ब्रह्माकुमारीज जितना सख्त नहीं है। एक बार फिर, शायद इसी उच्च लक्ष्य के कारण ब्रह्माकुमारीज को प्रमुख राजनीतिक और धार्मिक मंडलों में बहुत सम्मान मिला है।

न ही किसी अन्य आध्यात्मिक आंदोलनों में महिलाएँ ऐसी केंद्रीय भूमिकाएँ निभाती हैं, सिद्ध योग में महिला के नाम पर बस इसकी प्रमुख ही है जो गुरुभाई के नाम से जानी जाती हैं।

यह बात संदेह से पूर्णत: परे है कि ब्रह्मचर्य पर जोर दिए बिना ब्रह्माकुमारीज का इस तरह विस्तार नहीं हुआ होता, जैसे कि हुआ है। यही कारण है कि सेवाओं, कार्यक्रमों और आयोजनों के लिए कभी भी कोई शुल्क लिये बिना भी इनके केंद्र बढ़ते और विस्तृत हो रहे हैं। यदि सदस्यों के परिवार होते तो इस तरह के विस्तार की कल्पना भी नहीं की जा सकती थी।

बहुत हद तक इसी तरह, कैथोलिक साधू और साध्वी भी ब्रह्मचर्य की प्रतिज्ञा किए बिना अपनी स्वायत्तता तथा प्रभाव स्थापित करने में सफल हो पाते।

कुछ ब्रह्माकुमारीज का विचार है कि ब्रह्मचर्य इस संस्था की सबसे बड़ी ताकत और सबसे बड़ी कमजोरी है। क्योंकि किसी भी आंदोलन की जो किसी ऐसी गतिविधि की अनुमति नहीं देता है, जो बहुत लोगों के अनुसार मनुष्य के लिए खाने-पीने की तरह जरूरी है, उपहास उड़ाना और निंदा करना आसान है। सन् 1986 में प्रकाशित

लेखक की पुस्तक 'सेक्स इज नॉट कम्पलसरी' में ब्रह्मचर्य जीवनशैली के पक्ष में अनेक तर्कों को रेखांकित किया गया है और यह कहा जा सकता है कि हाल के वर्षों में बेलगाम यौन संबंध का परिणाम देखना सहज है।

आपके मन में जिमी सैविल, रॉल्फ हैरिस, बिल कोसवी और गैरी गिलीटर जैसे कुछ प्रसिद्ध व्यक्तियों के विरुद्ध हाल ही में हुई घटनाओं के बारे में खयाल आता है। इन सभी पर बच्चों के साथ यौन गतिविधियों का आरोप लगा था और लोगों का भयभीत होना भी सही है। हाल के दिनों में ही स्कूल के शिक्षकों, बाल गृहों के प्रमुखों और प्रभावशाली पद पर स्थापित व्यक्तियों के विरुद्ध अल्पवयस्कों के साथ यौन गतिविधियों में लिप्त करने के मामले प्रकाश में आए हैं। इंटरनेट पर अश्लील चित्रों की भरमार है, जिसे कोई भी डाउनलोड कर सकता है। दैनिक समाचार-पत्रों में एक कोना मात्र ही ऐसे अश्लील चित्रों के लिए होता है, जहाँ बिकनी पहने महिलाओं को प्रतिदिन दिखाया जाता है।

हम पचास, साठ और सत्तर वर्ष की आयु के वृद्ध व्यक्तियों को पिता बनते देखते हैं। ऐसा लगता है यौन संबंधों की कोई आयु सीमा नहीं है। फिर भी भारत में जहाँ महिलाओं को जबरन विवाह करना पड़ता है, पुराने समय से ही यह मानदंड रहा है कि पुरुष अपने सामान्य जीवन का परित्याग कर संन्यासी, पवित्र पुरुष बन सकते हैं। जब उनकी उत्पादक आयु समाप्त हो जाती है।

यौनक्रांति के शिखर पर जहाँ महिलाएँ गर्भधारण के भय से मुक्त होकर अनेक साथियों के साथ यौन संबंध स्थापित करने की अपनी नई क्षमता के साथ स्वतंत्र हो रही हैं। दादी जानकी इन्हीं युवा महिलाओं को एक संक्षिप्त अवधि के लिए नहीं, बल्कि अपने पूरे जीवनकाल के लिए यौन संबंधों के बिना ही प्रेरित कर रही हैं।

आरंभ में कुछ अनुयायियों के लिए यह कठिन था। उन लोगों ने आंदोलन को छोड़ा, शादी किए, परिवार बनाए और फिर गायब हो गए, जिन्हें न कभी दुबारा देखा गया और न ही सुना गया। इसी बीच ब्रह्मचारी स्त्री और पुरुष दोनों ही ने विश्व के अनेक भागों में केंद्रों की स्थापना की तथा उसे मजबूत किया।

कुछ ब्रह्माकुमारीज ने इस बात को रेखांकित किया है कि जब उन्हें लगता है कि वे सीधे ईश्वर से जुड़ रहे हों तो ब्रह्मचर्य आसान होता है। लेकिन जब वह संपर्क खत्म हो जाता है और अपने पूरे जीवन काल इसे बनाए रखना हर किसी के साथ नहीं होता। सबसे पहली इच्छा यह होती है कि किसी मनुष्य के साथ अंतरंग स्थापित करना। ब्रह्माकुमारीज के साथ अपने लैब जुड़ाव के दौरान मैं भूतपूर्व

अनुयायियों से भी मिला हूँ, जिन्होंने गर्व के साथ मेरा परिचय अपनी महिला मित्र, पुरुष मित्र, जीवनसाथियों और बच्चों से कराया है।

कुछ अन्य लोग अकेलापन महसूस कर सकते हैं और उन्हें लगता है कि मनुष्य के साथ संबंध स्थापित न करके उन्होंने जीवन में कुछ खो दिया है और ये लोग वे प्राय: संगठन छोड़ देते हैं। दादी जानकी के लिए, वह मजबूत जुड़ाव जो उन्हें ईश्वर से है वह आज तक खत्म नहीं हुआ है और कुछ आलोचकों को यह लगता है कि वे ब्रह्मचर्य के पालन पर जोर देकर वे उनके साथ कठोरता बरतती हैं, जिससे विवाह नष्ट हो जाता है।

दादी के लिए कभी कोई भी समझौता संभव नहीं रहा, इसके लिए संदेश बहुत महत्त्वपूर्ण है। कुछ लोगों ने, जो दादी के कठोर प्रतिबंधों से परेशान हो गए, यह भी रेखांकित किया है कि कई अन्य दादियाँ, जो भारत में रहती हैं, वे कभी भी दादी जानकी की तरह सख्त नहीं हैं। नहीं, कोई भी कह सकता है, बल्कि दूसरी ओर कि अपने देश से बाहर एक वैश्विक साम्राज्य स्थापित करने के लिए प्रेरित करने और प्रसार करने के लिए वे उत्तरदायी नहीं रहे हैं।

ये ब्रह्मचारी लोग थे, जो विश्व के विभिन्न भागों में गए और भारत के बाहर लगभग हर देश में केंद्र स्थापित किए। मॉरिन गुडमैन कहती हैं कि अब तो वे गिन भी नहीं सकती हैं कि वे कितनी बार भारत गई हैं। क्या वे या सेवा के अनगिनत रूप, जिनमें मॉरिन संलिप्त रही हैं, यदि वे चार बच्चों का लालन-पालन कर रही होतीं, जैसा कि मूल रूप से वे चाहती थीं, संभव हो पाता? ब्रह्माकुमारीज के लिए, बच्चों को जन्म देने की बजाय आप स्वयं को जन्म देने में समर्थ हो जाते हैं।

□

ब्रह्माकुमारी संस्थान की पूर्व अध्यक्षा दादी प्रकाशमणीजी के साथ दादी जानकी।

7

स्त्रीत्ववाद

ब्रह्मचर्य के साथ ही दादी का स्त्रीत्ववाद पर भी जोर होता है। बिल्कुल खामोशी के बिना किसी शोर, स्पष्ट शोर-शराबे, तीक्ष्णता या चीख-पुकार के बल्कि पूरे विश्वास के साथ दादी जानकी अपने पूरे जीवन उग्र स्त्रीत्ववादी हैं और रही हैं।

इसका प्रमुख कारण यह है कि वे मानती हैं कि ईश्वर सबसे पहले एक माँ हैं, न कि पिता और इसी कारण अपने पूरे जीवन माताओं को प्रथम स्थान दिया है। माता से आवश्यक रूप से उनका अभिप्राय वह नहीं, जिसने कि बच्चे को जन्म दिया है, बल्कि वह जो देखभाल करती है, पालती है और जो इस बात का उदाहरण प्रस्तुत करती है कि किस प्रकार आचरण करें।

इसमें कैथोलिक मान्यता के साथ समानता है, जहाँ साध्वियों को प्राय: 'मदर' या 'मदर सुपीरियर' कहा जाता है, जबकि वे कभी भी वास्तविक माँ नहीं होती हैं।

और अधिक सांसारिक स्तर पर, दादी के स्त्रीत्ववाद का मूल भारत में उनके प्रतिबंधात्मक बचपन के प्रति विद्रोह है, जहाँ महिलाओं का बिल्कुल भी कोई दरजा तो नहीं होता, उन्हें धार्मिक नेता बनने के योग्य भी नहीं समझा जाता है।

यद्यपि दादी को अपनी युवावस्था से ईश्वर के प्रति गहरा जुड़ाव महसूस होता था और वे ईश्वर की सेवा करना चाहती थीं। सन् 1930 के दशक में ब्रह्माकुमारी की स्थापना के बिना और कोई रास्ता नहीं था, जिस पर चलकर वे अपने लक्ष्य को प्राप्त कर पातीं। जिसने भारत के इतिहास में पहली बार महिलाओं को अग्रणी स्थान दिया।

इस आंदोलन ने न केवल दादी को, बल्कि उन सभी युवा महिलाओं के, जो

संगठन से जुड़ीं, उन्हें शक्ति, विश्वास और आत्म-परिपूर्णता दी जो आज तक भारत की महिलाओं को पहले कभी नहीं मिला था। अब वे अपने विश्वास की वास्तविक ताकत के बल पर पहले भारत में और फिर बाकी विश्व में जाने का साहस करने, केंद्र स्थापित करने तथा पूरी तरह से एक नए प्रकार के आध्यात्मिक ज्ञान और बुद्धि का संचालन करने में समर्थ थीं।

आंतरिक रूप से दादी को कभी भी यह महसूस नहीं हुआ कि पूर्व और पश्चिम दोनों में महिलाएँ आगे नहीं बढ़ सकीं, इसका क्या कारण था। एक ऐसे समाज में, जहाँ महिलाओं का दरजा हमेशा उनके जीवन में आनेवाले पुरुषों से मिलता था। वह क्या था जो कवि मिलटन ने 'पैराडाइज लॉस्ट' में कहा, 'He सिर्फ ईश्वर के लिए; She उनके भीतर के ईश्वर के लिए'। यह विचार कि महिलाएँ एक कमजोर पात्र हैं, और कई मामलों में एक बहुत ही कमजोर पात्र, यह एक सर्वव्यापी धारणा जो केवल भारत तक ही सीमित नहीं है।

समाज, रीति-रिवाज और आमतौर महिलाओं का स्वयं के प्रति निम्न विचार के मद्देनजर दादी जानती थीं कि उनके लिए या तो भारत में या पश्चिम में यह दिखाना कि महिलाएँ आध्यात्मिक रूप से पुरुषों के समान हैं, यदि श्रेष्ठ नहीं भी हैं तो आसान काम नहीं था। हो सकता है कि उन्हें लगा होगा कि पश्चिम में महिलाओं को ज्यादा आजादी होगी और वहाँ वास्तव में उन्हें है भी। लेकिन सन् 1970 में जब वे पहुँचीं तो उन्होंने पाया कि महिलाओं ने धार्मिक क्षेत्र में अग्रणी भूमिका निभाना भी शुरू नहीं किया था।

कानूनी रूप से उनके चर्च ऑफ इंग्लैंड में मोहल्ले का पादरी या पुजारी बनने पर रोक थी और कैथोलिक धर्म में निश्चित रूप से कोई भी महिला पुजारी नहीं थी। सन् 1975 तक कोई भी महिला यहूदी धर्मगुरु नहीं थी, यद्यपि महिलाओं को गैर-अनुसारक चर्चों में मंत्री बनने की अनुमति थी। उनके प्रति-पक्षपात इतना ज्यादा था कि महिलाओं की संख्या नगण्य ही रही।

पश्चिम में अपने प्रयास के दौरान दादी ने चीजों को नाटकीय रूप से बदलते देखा है, क्योंकि धीरे-धीरे चारदीवारी टूट गई और महिलाएँ धार्मिक नेताएँ बनने लगीं, पहले तो एक बूँद के रूप में और फिर बाढ़ की तरह। पूरी तरह चीजों को बदलने में वर्षों लगे और वह महिलाओं के विशाल और अथक आंदोलन का परिणाम था और यह कहना चाहिए कि उन्हें आमतौर पर पुरुष धार्मिक नेताओं से शायद ही कोई सहायता या समर्थन मिला हो।

सन् 1975 तक चर्च ऑफ इंग्लैंड की शासकीय निकाय जेनरल सिनोड़ ने

एक प्रस्ताव पारित किया, जिसमें यह कहा गया कि महिलाओं के विधिवत् पादरी बनाए जाने पर कोई 'मौलिक आपत्ति' नहीं है। फिर भी वर्षों तक ऐसा नहीं हुआ। सन् 1981 में महिलाओं को छोटा पादरी बनने की अनुमति मिली, वास्तविक विधिवत पादरी से एक दरजा नीचे। सन् 1984 में सिनड में एक ऐसा कानून बनाने के मत लिये गए, जिससे महिलाओं को पादरी बनाने के लिए विधिवत् अनुमति मिले। सन् 1988 में ड्राफ्ट कानून को स्वीकृति मिल गई और सन् 1993 में इस कानून को अंतिम रूप से राजशाही की स्वीकृति मिल गई तथा कानून बन गया। प्रथम 32 पुजारियों को विधिवत् रूप से 12 मार्च, 1994 को ब्रिस्टल के कैथेडरल में पादरी बनाया गया, जो एक ऐतिहासिक दिन था। प्रथम महिला धर्माध्यक्ष बनने में और 20 वर्ष लग गए, जब देव लिब्बी लेन की नियुक्ति अधिकांश पुरुषों और कुछ महिलाओं के विरोध के बाद हुई।

यहूदी धर्म में, सन् 1987 में रिफार्म्ड सिनेगोज में महिलाओं को मोहल्ले में पादरी बनने की अधिकारिक रूप से अनुमति दी गई और सन् 2014 में रैचल कोल फाइनगोल्ड 33, को यदि मोहल्ले के चर्च का वास्तविक पादरी नहीं तो, अमरीका में कट्टर यहूदी धर्म में एक दरजा नीचे की अनुमति मिल गई।

आजकल, कम-से-कम निम्न स्तर पर ही शायद अभ्यास करनेवाली महिला पुजारियों और मोहल्ले के चर्च में महिला पादरी पुरुषों की तुलना में ज्यादा है और लोगों को आश्चर्य होता है कि लंबी अवधि से चला आ रहा शोर-शराबा किसलिए था। यहाँ तक कि अत्यंत पारंपरिक चर्च और सिनेगोज जानेवालों ने भी यह स्वीकार कर लिया है कि कोई भी महिला प्रार्थना करवा सकती है तथा सबसे बढ़कर यह अब पूर्णत: सामान्य लगता है कि किसी भी प्रार्थना स्थल की प्रधान महिला हैं।

लेकिन एक बात याद रखनी चाहिए कि वहाँ दादी जानकी प्रथम थीं जो अपने आस-पास दरबार लगातीं और समूह बनातीं जब यह महिलाओं को लगता था कि उन्हें पूर्ण पादरी, पुजारी या चर्च प्रमुख होने की अनुमति कभी नहीं मिलेगी। इस तरह आप कह सकते हैं कि उन्होंने महिलाओं के लिए आध्यात्मिक नेता बनने का मार्ग प्रशस्त किया, न कि पुरुषों की प्रधानता के अधीन रहने का। पश्चिम पहुँचनेवाली वे भारत की प्रथम आध्यात्मिक महिला थीं और यदि पुरुष गुरुओं की तुलना में यह कम हाव-भाववाला और परिस्थिति प्रेरित था तो कम-से-कम वे वहाँ टिकीं और बीते समय के साथ शक्ति प्राप्त की।

चूँकि उनका यह दृढ विश्वास था कि पुरुषों की तुलना में स्वाभाविक रूप से आध्यात्मिक होने के लिए महिलाएँ उपयुक्त हैं, वे शुरू से ही पूर्ण विश्वास के

साथ आगे बढ़ने में समर्थ थीं।

अन्य तरीके भी थे, जिनमें दादी जानकी एक विचित्र भूमि पर अग्रणी बनीं। ऐसा कोई भी सलाह कभी भी नहीं थी कि नवजात ब्रह्माकुमारी को वित्तीय रूप से किसी पुरुष के प्रति आभारी होना पड़ेगा। बल्कि वे स्वयं ही पैसे जुटाएँगे और अपने ही पैसों को सँभालेंगे। जब वे सन् 1974 में लंदन आईं तो पश्चिम की महिलाओं से व्यापक रूप से यह अपेक्षा की जाती थी कि उनकी देखभाल पुरुष करें, विवाहोपरांत वे उनके ही नाम का प्रयोग करें और उधर ही जाएँ, जहाँ वे ले जाएँ। निस्संदेह भारत में भी यही रिवाज था, लेकिन दादी को पश्चिम में इस रिवाज के इतना व्यापक प्रसार पर आश्चर्य था, जहाँ की महिलाओं ने अपने लिए अनेक ऐसी स्वतंत्रताएँ प्राप्त कर ली थीं जो अभी भी भारत में महिलाओं को प्राप्त नहीं थी।

उदाहरण के लिए सन् 1970 के दशक में भी भारत में महिलाओं के लिए शिक्षा प्राप्त करना या कोई व्यवसाय करना मुश्किल था, यहाँ तक कि बहुत ही अप्रिय पति से भी इसकी अपेक्षा एक अपमान समझा जाता था और महिलाओं के साथ बहुत बुरा व्यवहार किया जाता था, चाहे परिस्थितियाँ कैसी भी क्यों न हों। महिलाओं को अभी भी बहुत ही आश्रित रहना पड़ता था और उनसे अपेक्षा की जाती थी कि युवा अवस्था में ही वे व्यवस्थित विवाह में बँध जाएँ। भारत में तब ऐसी ही स्थिति थी, जहाँ लड़के के जन्म को उल्लास मनाने के एक अवसर के रूप में देखा जाता था और लड़की के जन्म को दु:ख तथा तत्त्व के अवसर के रूप में। अगली बार के लिए भाग्य अच्छा हो।

चीजें पश्चिम में भी बिल्कुल भिन्न नहीं थीं, यद्यपि बदलाव का प्रचार चल पड़ा था। हालाँकि वे भारतीय थीं और उनका संबंध एक पारंपरिक परिवार से था। दादी जानकी ने पश्चिम की महिलाओं के सशक्तीकरण में अपनी भूमिका निभाई कि उनका अपने जीवन पर अधिकार हो, वे पारंपरिक विवाह को और पुरुषों द्वारा रखे जाने को अस्वीकार कर सकें तथा एक इनसान के रूप में अपनी विरासत और अपनी तरह से स्वयं को आध्यात्मिक नेता के रूप में काम करने का दावा कर सकें।

शुरू से ही दादी जानकी ऐसी छोटी सलाह की अनुमति भी नहीं देतीं कि महिलाएँ पुरुषों की तुलना में निम्नतर हैं या उन्हें हर छोटे पक्ष के लिए भी उन्हें उनके सामने झुकना है। उन्हें मालूम था कि इसके लिए उन्हें कठिन संघर्ष करना है और इस तरह यह साबित भी कर दिया कि वे दो छोटे सीले कमरे, जिनमें कक्षाएँ

और चिंतन सत्र मूल रूप से आयोजित किए जाते थे, वे ऐसे नहीं थे कि समृद्ध और शक्तिशाली लोग उस ओर आकर्षित होंगे और उन सबके ऊपर दादी और उनकी दो वफादार सहायक सिस्टर जयंती और सिस्टर सुदेश को दुगुना, यदि चार गुना नहीं तो उनके विरुद्ध बाधा थी।

एक और चीज कि वे सभी भारतीय थीं और सन् 1970 में वहाँ अभी भी भारतीयों के प्रति जातीय पक्षपात था। आकर्षक व्यक्तिवाले पुरुष गुरुओं को विशेष छूट मिलती थी, क्योंकि वे विदेशी और रहस्यमय थे, लेकिन सफेद साड़ी पहने तीन छोटी महिलाएँ शायद ही उतने ही महत्त्व की पात्र हो सकती थीं। वे भारतीय थीं (बहुत ही भारतीय), वे महिलाएँ थीं, वे सभी आकार में बहुत ही छोटी थीं और चौथी बाधा यह थी कि उन लोगों ने यह प्रतिज्ञा की थी कि वे किसी भी आयोजन या घटना के लिए कोई शुल्क नहीं लेंगी।

उनके बीच ऐसी बहुत सारी चीजें थीं, जिन पर उन्हें विजय प्राप्त करनी था। इसके अलावा उन्हें कोई ताकत भी नहीं थी और न ही अंग्रेजों का कोई प्रभावशाली समर्थन। शुरू में उनकी ओर आकर्षित होनेवाले अंग्रेज केवल ऐसे युवा ही होते थे, जिनका स्वयं कोई प्रभाव नहीं होता था।

इसलिए शुरू में ब्रह्माकुमारीज को किस चीज से आगे बढ़ने में मदद मिली? कहना पड़ेगा कि यह स्पंदन ही था, जो दादी से निकलता था, सिर्फ इसलिए नहीं कि उनका ईश्वर से लगाव था, बल्कि इसलिए भी कि उन्हें पूर्ण विश्वास था कि वे स्वयं भी एक शक्तिशाली संदेश को फैलाने के लिए ईश्वर द्वारा भेजी गई हैं, एक ऐसा संदेश, जिसकी अनदेखी नहीं की जा सकती है।

जब सन् 1974 में दादी आईं, उन्हें सिर्फ भ्रमण के लिए वीसा दिया गया था। वे अपनी वीसा अवधि को बढ़वाती रहीं और सन् 1976 में स्थायी वीसा के लिए आवेदन किया तथा रहने के लिए उन्हें अनिश्चित तत्कालीन छुट्टियाँ मिल गईं। जैसा दादी उसे याद करती हैं, उन्होंने अधिकारियों को कहा कि मैं यहाँ पैसे कमाने के लिए नहीं आई हूँ, बल्कि सेवा के लिए आई हूँ। मैं एक माँ के रूप में आई हूँ। मैं चाहती हूँ कि ईश्वर की सभी संतानें खुश रहें। संभवत: अधिकारियों ने पहले कभी ऐसे तर्क नहीं सुने थे, उन्हें वीसा मिल गया।

उस समय तक ब्रह्माकुमारीज को यू.के. में परोपकारी संस्था का स्तर प्राप्त हो गया था।

उनका यह विचार कि लोगों का प्राय: यह मानना कि पैसे या पद के बिना वे कुछ नहीं कर सकते, लेकिन जब वे वहाँ पहुँचीं तो उनके पास इन दोनों में से कुछ

भी नहीं था, लेकिन फिर भी उन्होंने वहाँ स्वयं को स्थापित कर दिया।

शुरू से ही उनके पास महिलाओं के लिए एक सीधा संदेश था, जो समानता चाहती थीं, अपने उत्तराधिकार का दावा ईश्वर से करो, उसमें भरोसा रखो, उससे जुड़ो और फिर आपके पास साहस और वीरता होगी।

वे कहती हैं कि उनके पास एक शक्तिशाली साथी है—स्वयं ईश्वर—और उन्हें अपना साथी बनाकर वे ऐसी चीजें कर सकीं जो अन्यथा असंभव होती।

इनमें से एक था महिला स्वतंत्रता में अग्रणी होना, और महिलाओं की पुरुषों पर सदियों पुरानी निर्भरता से उन्हें मुक्त करना तथा उन्हें निम्नता एवं आत्म-विश्वास की भावना से मुक्त करने के लिए सशक्त बनाना।

वे कहती हैं कि महिलाओं ने प्रमुख रूप से अपना आत्म-सम्मान खो दिया है और ऐसा इसलिए हुआ है क्योंकि उन पर बाहरी विचार थोप दिए गए हैं और अब वे स्वयं उसी पर विश्वास करती हैं। पूर्व और पश्चिम दोनों में पारंपरिक विचार यह है कि महिलाओं में प्रबल बुद्धि नहीं होती है और वे दूसरे के विचारों से आसानी से प्रभावित हो जाती है तथा वे असहाय रूप से दूसरों पर निर्भर हो जाती हैं, विशेषकर पुरुषों पर। 'कमजोरी, तुम्हारा नाम ही महिला है' हम युगों से सुनते आ रहे हैं और बहुत लोग जिनमें महिलाएँ भी शामिल हैं, वे इन पर विश्वास करती हैं। उन्होंने बिना विरोध के अपनी कमजोरियों को स्वीकार कर लिया और इसे समावेश कर लिया।

शेक्सपियर की एक अन्य उक्ति, 'पुरुष सदा से ही धोखेबाज हैं' (मच एडो अ वाडर नथिंग से) की गूँज दादी में मिलती है, जो कहती हैं कि महिलाओं के साथ हर जगह पुरुषों द्वारा सदियों से धोखा किया जाता रहा है। पति, बच्चे, राजनेता, डॉक्टर, अधिवक्ता, शिक्षक, यहाँ तक कि धार्मिक नेता भी। इसी के परिणामस्वरूप उनका स्वयं पर से विश्वास खत्म हो गया है और यह विश्वास और शक्तिहीनता की भावना माँ से बेटी को सौंपे जाते रहे हैं। बल्कि माताएँ, शायद अवचेतन रूप से प्राय: अपनी बेटियों में शुरू से ही निम्नता की भावना भर देती हैं।

दादी एक अलग ही संदेश दे रही थीं। अपना भरोसा, धोखेबाज लोगों, जो हमेशा ही आपको नीचा करेंगे, में रखने की बजाय सीधे ईश्वर पर कीजिए, जहाँ आपको उन सभी प्रश्नों के उत्तर मिल जाएँगे, जिनकी आपको तलाश है।

एक बार महिलाएँ जब ईश्वर के प्रति प्रेम के लिए जागरूक हो जाती हैं, दादी कहती हैं, उनका उत्थान हो जाता है और वे सदियों पुरानी बेड़ियों को तोड़ने में समर्थ हो जाती हैं, जिसने उन्हें झुका रखा है। दादी वायदा करती हैं कि महिलाओं

की महानता के बारे में सिर्फ ईश्वर ही जानता है और एक बार यदि कोई महिला उसमें अपना भरोसा रखती है, तो वह न सिर्फ स्वयं का, बल्कि पूरे संसार का उत्थान कर सकती है। वह विश्वव्यापी माँ बन सकती है।

इसी कारण महिलाओं का रास्ता दिखाने के लिए किसी पुरुष गुरु, पादरी या पुजारी की जरूरत नहीं होती है। एक बार जब आप ईश्वर से जुड़ जाते हैं तो आपको वह सब कुछ मिल जाता है, जिसका ज्ञान प्राप्त करने के लिए जरूरत पड़ती है। पारंपरिक रूप से सभी समाज में महिलाएँ पुरुष पर निर्भर रही हैं। लेकिन मजबूत और स्वतंत्र रहने के लिए, जैसा कि दादी को लगता है, दैनिक चिंतन से महिलाओं को पुरुषों की तुलना में ज्यादा फायदा हो सकता है। इससे वे जुड़ाव करने और उसे बनाए रखने में समर्थ होती हैं और यह उन्हें एक कमजोर पात्र से मजबूत पात्र बनने में समर्थ करता है।

दादी का यह प्रबल विश्वास है कि आज के संसार में स्त्रीत्ववादी सिद्धांतों की, जो सिर्फ गुण ही हैं, हमेशा से ज्यादा आज जरूरत है। वे कहती हैं, 'मैंने कभी भी इस बात पर विश्वास नहीं किया है कि यह पुरुषों का संसार है और यह कि हम महिला होने के कारण सफल नहीं हो सकते। जो भी हो, इस दुष्ट संसार में सफलता प्राप्त करने के लिए साहस और ईमानदारी की जरूरत होती है।' वे कहती हैं, 'अपने आप पर विश्वास कीजिए। अपने भीतर देखिए, समझिए कि जीवन की सभी समस्याओं का समाधान आपके पास है और ईश्वर के साथ लगातार जुड़ाव से आपको पता चल जाएगा कि क्या करना है?'

> सबसे पहले आपको स्वयं को इस बात से प्रभावित होने से बचाना है कि दूसरे लोग क्या सोचते हैं, क्योंकि सारे ज्ञान आप अपने भीतर ही तलाश कर सकते हैं। वे कहती हैं कि ऐसा कभी नहीं होता है कि हमारे पास अपनी समस्याओं का समाधान नहीं होता है। बस ऐसा होता है कि हमें कभी-कभी इस समाधान के लिए इंतजार करना पड़ सकता है और उस प्रतीक्षा समय के दौरान शांत रहिए तथा धैर्य बनाए रखिए। फिर समाधान निश्चित रूप से मिलेगा।

चूँकि अधिकांश महिलाओं का उद्देश्य होता है—शादी करना, परिवार बनाना, घर बसाना और आजकल मोटी तनख्वाह वाला परिपूर्ण कॅरियर बनाना, दादी जानकी को इनमें से कुछ भी कभी आकर्षण नहीं लगा है।

वे कहती हैं, 'मैंने हमेशा यह सोचा था कि मेरा जीवन पूरे संसार के लिए

एक उदाहरण बनना चाहिए। कभी भी मेरा इरादा अपना समय सामान्य चीजों में व्यतीत करने का नहीं रहा है, बल्कि मैं एक ऐसा जीवन चाहती थी, जिसके अद्‌भुत उद्‌देश्य और अर्थ हों। मैं कभी भी नेता बनना नहीं चाहती थी, जो ढेर सारे दिखावे के माध्यम से नेतृत्व करता है, बल्कि एक सच्चा नेता जो सच्चाई, ईमानदारी और शुद्धता की अपनी शक्ति द्वारा नेतृत्व करता है।'

दादी यह भी कहती हैं कि 'अंधकार और दु:ख के इस समय में वास्तव में एक महिला की भूमिका बहुत ही महत्त्वपूर्ण हो जाती है। उनका विश्वास है कि तीन ऐसे गुण हैं, जो महिलाओं में सहज ही आ जाते हैं—सहनशीलता, दया और सच्चाई। ध्यान दीजिए, पुरुषों में भी ये गुण हो सकते हैं, लेकिन दादी का मानना है कि वे महिलाओं में अधिक स्वाभाविक रूप से आते हैं। पुरुष मानसिकता में अहं का अभिशाप दृढता से बैठा हुआ है और यह उनके आध्यात्मिक विकास को रोकता है। महिलाएँ भी अहं का दिखावा कर सकती हैं, लेकिन यह अवगुण पुरुष में कहीं ज्यादा प्रचलित है और इसे निकालना कहीं मुश्किल है, क्योंकि इसके स्वयं प्रकट होने के कई सूक्ष्म और अस्पष्ट तरीके हैं। पुरुष अपने रूप, न्यायसंगत शक्ति, कमाने की क्षमता, सुंदर महिला को आकर्षित करने की क्षमता, सुंदर गाड़ी चला सकने की क्षमता, अपनी बौद्धिक शैक्षिक उपलब्धियों पर गर्व कर सकते हैं और इस तरह उपन्यासकार टॉम वुल्फ के शब्दों में, इस संसार के स्वघोषित मालिक में अकड़ दिखा सकते हैं।'

महिलाओं में अपनी उपलब्धियों का दिखावा करने की प्रवृत्ति बहुत कम होती है, इसलिए एक बार जब उन्हें शक्ति के स्रोत स्वयं के भीतर और ईश्वर से परे का पता चल जाए तो वे तेजी से आगे बढ़ती हैं।

शादी के विषय पर दादी जानकी बहुत स्पष्ट हैं। वे कहती हैं कि आपको कभी भी किसी अन्य व्यक्ति के साथ लगाव नहीं होना चाहिए और विशेषकर आपको अँगूठी या तोहफा द्वारा किसी अन्य व्यक्ति को कभी भी नहीं अपनाना चाहिए। शायद यह दादी का सबसे उग्र विश्वास है जो सभी वर्गों द्वारा स्वीकारा नहीं जाता है, क्योंकि जहाँ आज भी विवाह को एक प्रकार की पूर्ण उपलब्धि के रूप में देखा जाता है। वास्तव में आज इसका विस्तार सम लैंगिक दंपत्तियों तक पहुँच गया है और उन्हें कानून का वरदान प्राप्त है। उदाहरण के लिए एलटन जॉन और डेविड फर्नीश के समलैंगिक जोड़े ने एक-दूसरे के साथ अपने विवाह का बहुत बड़ा दिखावा किया। उसी तरह स्टीफन फ्राई और इलियट स्पेंसर जैसी समलैंगिक महिलाएँ नागरिक साझेदारी या विवाह करती हैं तो वे इस बारे में ज्यादा नृत्यगान कम ही करती हैं। एक बार फिर यह पुरुषों और महिलाओं के बीच प्रमुख

अंतर को दरशाता है।

लेकिन शादी या किसी भी प्रकार का स्थायी जोड़ा बनाना सहज ही एक ऐसा फंदा बन सकता है, जिसके द्वारा हम दूसरे व्यक्ति पर निर्भर बन जाते हैं और अपनी सफलता का सारा श्रेय उसे देते हैं या अपनी असफलता का दोष उस पर मढ़ते हैं। पतियों और पत्नियों ने अपने जीवन में चीजों के गलत हो जाने पर कितनी बार एक-दूसरे को दोष दिया है? कितनी बार विवाह उपरांत प्यार में यदि घृणा नहीं तो उदासीनता आ जाती है?

लोग प्रायः यह सोचते हैं कि शादी करने या किसी अन्य व्यक्ति के साथ जुड़ जाने पर उनके जीवन में खुशी आ जाएगी, लेकिन ऐसा वास्तव में कितनी बार होता है, दादी जानकी पूछती हैं। नहीं, अब हम सभी के लिए ऐसा समय आ गया है कि हम आत्मनिर्भर बनें, अपने साथी पुरुष और महिलाओं से प्यार करें। हाँ, लेकिन उनसे बाध्यकारी लगाव नहीं होना चाहिए। यदि हमारे पास ईश्वर हैं तो हमें अपने जीवन में किसी अंतरंग मानव की कोई आवश्यकता नहीं होती।

जब दादी जानकी पश्चिम आईं तो उस समय विवाह, धन और शान-शौकत के दिखावे का एक अवसर बन गया था, जिसमें आप इतिहास में किसी अन्य अवसर की तुलना में कितने ज्यादा पैसे खर्च कर सकते हैं। फिर भी इनमें से कई अन्य ऐसी शादियाँ पूर्ण दिखावा बन जाती हैं।

आजकल प्रायः कहा जाता है कि शादी जितनी महँगी और तड़क-भड़कवाली होगी, वास्तविक विवाह उतना ही छोटा होगा और दादी जानकी के लिए तो यह अप्रिय रूप से आत्मतुष्टि तथा धन का पूर्ण व्यय है। वास्तव में, वे शायद यह कहेंगी कि आजकल वास्तव में विवाह के भीतर या परे किसी अन्य व्यक्ति के साथ सुख पाना संभव नहीं है। समय के साथ यह संबंध लगभग हमेशा निर्भरता और लगाव का बन जाता है तथा किसी अन्य व्यक्ति पर इतने घनिष्ठ रूप से एकाग्र होने से ईश्वर के साथ आवश्यक जुड़ाव खत्म हो जाएगा।

दादी जानकी के लिए शादी की अँगूठी प्यार और निष्ठा का उतना संकेत नहीं है, जितना निर्भरता तथा स्वामित्व का। कई स्त्रीत्ववादियों ने इस बात को रेखांकित किया है कि ऐतिहासिक रूप से विवाह कभी भी स्त्रियों और पुरुषों के बीच समान समझौता नहीं रहा है। आजकल कहीं ज्यादा समानता है, लेकिन किसी से विवाह करके आप अभी भी ऐसी संस्था के साथ साझेदारी करते हैं, जिसकी जड़ें सदियों से महिलाओं की अधीनता में रही हैं।

यदि आप ईश्वर की महिला बनना चाहती हैं तो शादी से बचिए और निश्चित

रूप से बच्चों से बचिए।

कई बार दादी जानकी पर मेरे अपने विवाह को तोड़ने के आरोप लगे हैं और न जाने कितनी बार और कितनी जोर से मैं यह कहती हूँ कि हर हाल में इसे टूटना ही था और ब्रह्माकुमारी की शिक्षा ने हमें एक मित्र के रूप में एक-दूसरे से अलग होने में समर्थ किया, न कि शत्रु के रूप में, कोई भी यह सुनना नहीं चाहता है। अनेक मंडलियों में प्रचलित विचार यह है कि ब्रह्माकुमारीज का मुख्य उद्देश्य विवाह तोड़ना है और दादी तथा अन्य ब्रह्माकुमारी को इसी के साथ जीना पड़ा। यह शायद पाँचवीं बाधा है जिससे दादी को वर्षों जूझना पड़ा, लेकिन वे इस बात पर दृढ रही हैं कि ईश्वर को समर्पित जीवन के साथ पारिवारिक जीवन और बच्चे अनुकूल नहीं हैं।

निंदा करनेवालों के पास उनके पक्ष में कुछ तर्क हैं और विवाह तथा अंतरंगता, संबंधों की अंतर्निर्भरता पर दादी के दृष्टिकोण ने उनके प्रति तीव्र आलोचनाओं को प्रेरित किया है। उदाहरण के लिए उन्होंने दंपत्तियों को देश या विश्व के विभिन्न भागों में भेजकर अलग कर दिया और जब ऐसा होता है तो शायद ही विवाह बच सकता है। ऐसे लोगों के लिए जो ऐसी समस्याओं से त्रस्त हैं, कुछ तो खोना है, या तो पति या पत्नी या ब्रह्माकुमारी जीवनशैली।

दादी ने निश्चित रूप से हमेशा ही बच्चे पैदा करने को हतोत्साहित किया है, क्योंकि वे ईश्वर से जुड़ाव में एक बाधा होते हैं, जिन्हें इतिहास में शीर्ष वरीयता देती हैं। परिवार में उनकी रुचि का अभाव संपूर्ण है और वह हर किसी को व्यक्तिगत रहने और अपनी राह पर चलने, न कि दूसरों द्वारा घसीटे जाने, जैसा कि वे देखती हैं, को वरीयता देती हैं।

मॉरिन और डेविड गूडमैन ने भी, जिन्होंने अपने विवाह की 40वीं वर्षगाँठ जनवरी 2015 में मनाई, वे भी कई वर्षों से साथ नहीं रहे थे और न ही उनके बच्चे हैं। सही में, वे परिव्यक्त या विरक्त नहीं हैं, लेकिन वे शायद ही सामान्य विवाहित दंपत्ति की तरह हैं।

विवाह, परिवार और यौन संबंधों पर दादी को इस विद्रोही दृष्टिकोण ने उन्हें तीव्र आलोचना का पात्र बना दिया है और कुछ लोग ब्रह्माकुमारी विरोधी वेबसाइटों पर बहुत ही चिढ़कर लिखते हैं। ब्रह्माकुमारी विरोधी वेबसाइटों ने इस आंदोलन को बड़ा आघात लगाया है, लेकिन फिर भी दादी अपने दृष्टिकोण पर अडिग हैं।

कुछ लोगों का यह भी तर्क है कि विवाह और मातृत्व के संबंधों में दादी के अपने कड़वे अनुभव हैं, दोनों ही उनकी इच्छा के विरुद्ध हुआ, जिसने उन्हें पारिवारिक

जीवन का प्रबल विरोधी बना दिया, उनके लिए भी, जो ईश्वर से जुड़ना चाहते हैं और हो सकता है कि उसमें कुछ सच्चाई भी हो—कौन जानता है? लेकिन इसके विरुद्ध यह कहा जाता है कि बौद्ध धर्म और कैथोलिक में संन्यासियों तथा साध्वियों के लिए ऐसा ही दृष्टिकोण होता है। हजारों वर्षों से उन लोगों ने ईश्वर के साथ अपना पूर्ण दैनिक जुड़ाव बनाए रखा है, जिसमें आवश्यक रूप से उस परिवार से विलगाव सम्मिलित है, जहाँ उनका जन्म हुआ था।

मेरी स्कूल की एक घनिष्ठ मित्र रोमन कैथोलिक तपस्वी बन गई, जो महिलाओं के लिए संभवत: सबसे कठोर पृथक व्यवस्था थी। ऐसा हुआ कि उसे अपने पिता के अंतिम संस्कार में सम्मिलित होने के लिए महिला मठ से निकलने की अनुमति नहीं दी गई और उसने अपना जीवन ईश्वर को समर्पित करने के मूल्य के रूप में इसे स्वीकार किया।

ईसा मसीह ने भी काफी हद तक ऐसी ही बातें अपने अनुयायियों से कही हैं। अपना परिवार छोड़ दो, मेरा पालन करो। जो कुछ पहले हो चुका है, उससे खुद को अलग करो।

दादी का मानना है कि इस निश्चित समय पर सभी आत्माओं का अपने मूल स्वभाव के साथ ईश्वर से पुन: मिलना चाहिए और यह कि इसे व्यक्तिगत, न कि सम्मिलित खोज होनी चाहिए। आप किसी अन्य व्यक्ति के साथ जुड़ाव के साथ ही ईश्वर से नहीं जुड़ सकते हैं। हमारी सभी यात्राएँ व्यक्तिगत रूप से की जानी चाहिए। वे कहती हैं कि ईश्वर के साथ संवाद कीजिए, न कि किसी दोषयुक्त मानव के साथ।

दादी का स्त्रीत्ववादी (कुछ लोग कह सकते हैं पुरुष विरोधी) दृष्टिकोण के और भी आयाम हैं। महिला सशक्तीकरण के एक प्रमुख पहलू में उनका विश्वास यह भी है कि सस्ती बिक्री के रूप में मिल रहे बहुत सारे उन उत्पादों से फुसलना नहीं है, जो महिलाओं को सुंदर बनाने, यौवन को लंबे समय तक बनाए रखने या उन्हें कौशलवाली बनाने में समर्थ करने का दावा करते हैं। दादी का अपना अपरिवर्तनशील पोशाक हमेशा साड़ी ही रहा है और यही वे सभी समर्पित बहनों को पहनने के लिए समझाती हैं। कोई दिखावा नहीं, कोई इत्र नहीं, कोई साज-शृंगार नहीं, किसी केश सज्जाकार के पास जाना नहीं। जब ईश्वर से जुड़ते हैं तो ये सारी चीजें गैर-जरूरी हो जाती हैं, क्योंकि अब आपको दूसरों को प्रभावित करने या दिखाने की चिंता नहीं रहती है। ठीक है, केवल वास्तविक अच्छाई, गुण और शुद्धता का प्रभाव, वे कहती हैं।

अधिकांश ब्रह्माकुमारी बहनें साध्वियों की तरह लगती हैं, साधारण सफेद पोशाक पहने, बिना किसी आभूषण या अँगूठी के सिवाय एक छल्ला या बैज, जिस पर ब्रह्माकुमारी का संकेत अंकित होता है और उनके बाल पीछे की ओर बँधे होते हैं। दादी का मानना है कि आज की महिलाएँ आभूषणों और कीमती पोशाकों पर खर्च करती हैं, जिन्हें वहन करने के लिए काफी अर्जन क्षमता की जरूरत होती है।

यदि आप सच्चे स्त्रीत्ववादी बनना चाहते हैं तो आप इससे ज्यादा साधारण जीवन जी सकते हैं। बहुत सारी महिलाओं के अहंकार के हर पक्षों का त्याग करना कठिन होता है, लेकिन यह कहा जाता है कि आम तौर पर ब्रह्माकुमारी बहनें बिना किसी सौंदर्य प्रसाधन के प्रयोग की मदद के अपनी आयु से काफी छोटी लगती हैं। यदि उन्होंने चीर यौवन के रहस्य को प्राप्त कर लिया है जो चिंतन में निहित है, न कि त्वचा की देखभाल करनेवाले नवीनतम उत्पाद में, यह विश्वास कि आप एक आत्म-निर्भर संचालक हैं और ईश्वर के साथ निरंतर जुड़ाव है।

भारत में प्रसाधन उद्योग बहुत बड़ा है और दादी पश्चिम में अपने प्रयास के पूरे समय अपने दृष्टिकोण और मनोभाव से पूरी तरह भारतीय रहीं। सौंदर्य प्रसाधनों के प्रयोग के विरुद्ध धार्मिक व्यक्तियों का आदेश निस्संदेह नया नहीं है और आदिकाल से ही प्रत्येक धार्मिक आंदोलन का एक पक्ष रहा है।

ऐसा कभी भी नहीं होनेवाला है कि प्रत्येक महिला दादी के आदेशों का शब्दशः पालन करे या समर्पित सिस्टर बन जाए। वे श्रेष्ठता की शिक्षा देती हैं और अभ्यास भी करती हैं, जो कि अपनी प्रकृति के कारण कुछ एक महिलाएँ ही पूरी तरह से अनुसरण करेंगी। लेकिन एक गरीब बूढ़ी महिला का दुनिया के समृद्धतम और कठिनतम देशों में से एक लंदन आना और कई शहरों में अनेक आवासीय रिट्रीट तथा भव्य केंद्रों की स्थापना के साथ ही विश्वव्यापी आंदोलन चलाए जाने के उदाहरण को सहज ही नकारा नहीं जा सकता है।

दादी यह कहती थीं, यदि अपने हाथ में बिना किसी कार्ड के मैं यह कर सकती हूँ, तो आप भी कर सकते हैं। हो सकता है कि यह पूरी तरह से सच न हो, लेकिन इसमें सच्चाई है। यह स्त्रीत्ववाद का एक प्रबल रूप है कि अधिकांश महिलाओं को इसमें जुड़ना चाहिए।

एक व्यक्तिगत बात सन् 1980 के दशक में जब मैं और मेरे पति एक-दूसरे से अलग हुए, मैं पहले कभी भी अकेले नहीं रही थी और यद्यपि पत्राचार में मेरी अच्छी तनख्वाह वाली नौकरी थी, मेरे पास जीने के कोई विशेष व्यक्तिगत कौशल नहीं थे। तीस साल के बाद भी मैं अकेले ही रह रही हूँ, मेरा सुंदर घर है, बैंक में

पर्याप्त पैसे हैं और मैं अभी भी काम कर रही हूँ। मैं कभी भी किसी पुरुष पर निर्भर नहीं रही हूँ और वास्तव में किसी अन्य व्यक्ति पर भी तथा आज जब मैं पीछे मुड़कर देखती हूँ तो मुझे आश्चर्य होता है कि क्या दादी के सहयोग के बिना मैं यह कर पाती, मेरे अंदर उतना विकास करने की शक्ति होती, अकेले ही मैं घर, गाड़ियाँ खरीद पाती और अपना वित्त प्रबंधन कर पाती।

जो भी हो, मुझे संदेह है दादी जानकी ने मुझे बताया कि यह हो सकता है और जब मुझे सफेद साड़ी पहनने तथा अपने जीवन से सभी अहंकार निकालने की इच्छा नहीं थी, कमजोर, डरपोक और निर्भर होने की बजाय दृढ तथा आत्मनिर्भर होने की भावना का बहुत श्रेय उनके उदाहरण को जाता है।

संदेह और दुःख समय-समय पर आते रहते हैं। 30 वर्षों तक अकेले ही जिंदा रहने की क्षमता ने मेरे भीतर बहुत आत्मविश्वास भर दिया है।

इन सब का एक दूसरा पहलू भी है और उनमें से एक-दूसरे अन्य से कहीं ज्यादा दादी जानकी की नेतृत्व शक्ति को स्पष्ट करता है। नेतृत्व मंडली में बड़े या डिस्ट्रैक्शन (भटकाव) के नाम से जानी जानेवाली एक धारणा है। इसका अर्थ यह है कि यदि आप सचमुच में एक महान् नेता बनना चाहते हैं तो आपको अपने मार्ग में कभी भी भटकाव या ध्यान में कमजोरी नहीं आने देनी चाहिए। जब कभी भी आप अपने जीवन में भटकाव को स्वीकार कर लेते हैं तो आपका ध्यान अपने लक्ष्य से भटक जाता है और इसका अभिप्राय है कि आपकी नेतृत्व शक्ति में गिरावट आ जाती है।

दादी के लिए यौन संबंध, बच्चे, जीवनसाथी, परिवार सभी बड़े भटकाव हैं। यद्यपि उनके निषेध कइयों को कठोर लग सकते हैं, उनके विचार में इस धरती पर ईश्वर का साम्राज्य स्थापित करने के लिए ये पूर्ण रूप से आवश्यक हैं और उदाहरण द्वारा यह दिखाते हैं कि बिना साज-सामान के भी कोई व्यक्ति संतोषप्रद जीवन जी सकता है, जो कुछ लोगों को हो सकता है कि आवश्यक लगे।

□

वर्ष 1996 में नैरोबी में आयोजित नारी शक्ति सम्मेलन में मदर टेरेसा के साथ दादी जानकी।

8

दो हिंदू महिलाएँ, जो सन् 1978 में ब्रह्माकुमारीज बनीं जयमिनी पटेल और गायत्री नारायण

जयमिनी और गायत्री दोनों ही भारतीय मूल की हैं। लेकिन उनका जन्म और लालन-पालन भारत से बाहर हुआ।

ब्रह्माकुमारी लंदन मुख्यालय, ग्लोबल कॉरपोरेशन हाउस में जयमिनी अभी साहित्य और प्रकाशन विभाग में प्रमुख हैं।

(बलवंत पटेल से उनका कोई संबंध नहीं है। 'पटेल स्मिथ से भी बदतर' एक सबसे ज्यादा साधारण भारतीय उपनाम है, जिनके नाम में यह लगा है वे बताते हैं।)

यद्यपि जयमिनी का जन्म एक हिंदू परिवार में हुआ था, लेकिन वे बीके के संपर्क में तब आईं जब वे अपनी सात साल की छोटी बहन को लंदन स्कूल के बाद नृत्य सिखानेवाले एक क्लब से लेने गईं और तभी उन्हें पता चला कि उस क्लब को चलानेवाली महिला स्वयं एक ब्रह्माकुमारी है।

जयमिनी का जन्म तनजानिया में हुआ था और उसी तरह उनके पिता का भी तथा उन्होंने दस वर्ष की आयु से अपने संबंधियों के साथ भारत में रहते हुए पाँच वर्ष यहाँ बिताए, लेकिन यहाँ रहते हुए उन्होंने कभी ब्रह्माकुमारीज के बारे में नहीं सुना।

वे कहती हैं कि उन्हें हमेशा से ही किसी चीज की तलाश थी और युवावस्था

से ही वे अध्यात्म की ओर आकर्षित थीं। वे कहती हैं कि 'संसार में उन्हें कुछ भी आकर्षित नहीं किया।' 'जब मैं लंदन आई तो मैंने 'ओ' लेवल और 'ए' लेवल की परीक्षा पास की और बैंक में नौकरी करने लगी। मेरे पिता का विचार यह था कि मैं बैंक की नौकरी करते हुए महत्त्वपूर्ण पद पर पहुँच जाऊँगी और कॅरियर के प्रति सजग एक आधुनिक लड़की बन जाऊँगी, लेकिन इसी बीच मैं ब्रह्माकुमारीज के संपर्क में आई, जिन्होंने मुझे एक अलग ही जीवन की राह दिखाई।

एक तरह से ब्रह्माकुमारीज से उनका संपर्क संयोगवश ही हुआ। मैं इस क्लब से अपनी बहन को लेने आती थी और शनिवार को उन्हें नृत्य करते हुए देखने के लिए घर जाती थी। वह भारतीय महिला, जो उस क्लब को चलाती थी वह भारतीय थी और उसमें कुछ ऐसी चीज थी, जिसने मुझे उसकी ओर आकर्षित किया, यद्यपि मुझे नहीं मालूम वह क्या था। उस महिला के घर का वातावरण बहुत व्यवस्थित था और यही मुझे खींच रहा था। लेकिन उस समय यह सब कुछ बड़ा ही अस्पष्ट था।

फिर उस महिला ने मुझे और मेरी बहन को ट्रफल स्क्वेयर में नृत्य आयोजन में बुलाया। दादी जानकी भी वहाँ थीं और सुदेश तथा जयंती भी। वहाँ एक शांति मार्च निकाला गया, जिसमें मैं भी शामिल हो गई और फिर मैंने स्वयं ही चिंतन के बारे में सोचा।

नृत्य-क्लब चलानेवाली महिला अपने घर पर सुबह-सवेरे का चिंतन सत्र भी चलाया करती थी और मैं भी वहाँ जाना चाहती थी। मैंने अपने पिता से वहाँ जाने की अनुमति माँगी और उन्होंने कहा, "यदि तुम सुबह-सेवेरे उठ सकती हो तो जाओ।" मालूम था कि मैं स्वाभाविक रूप से सुबह-सवेरे उठनेवाली नहीं थी और मुझे सुबह उठने में हमेशा ही परेशानी होती थी। लेकिन इन चिंतन सत्रों में जाने के लिए मैं तीन बजे सुबह उठ गई और मुझे पूरी तरह से वह बहुत पसंद आए।

इस महिला ने मुरली पढ़ना शुरू किया और उसी क्षण कुछ हुआ। मैंने अपने शरीर से पूरी तरह से अलगाव महसूस किया और उस विश्वास तथा ज्ञान की ओर इतनी आकर्षित हो गई, जो प्रकट हो रहे थे। यह एक अद्‌भुत अनुभव था, लेकिन जल्द ही मुझे यह लगा कि मुझे और चाहिए। इसलिए एक दिन इस महिला ने कहा, आपको मुख्य केंद्र जाना चाहिए। यह टेनिसन रोड पर था, जहाँ दादी जानकी अभी भी रह रही थीं। एक दिन सुबह में मैं

वहाँ गई और कक्षा पूरी तरह से भरी हुई थी, जो एक छोटा सा घर था। मैं सीढ़ियों पर बैठ गई और सच में उसने मेरे दिल को छू लिया। मैं दादी और उस जान की ओर, जो मुरली से आ रही थी, बहुत आकर्षित हो गई। मेरा परिवार धार्मिक हिंदुओं का परिवार था और वे कई आध्यात्मिक कार्य भी करते थे, लेकिन वे ब्रह्माकुमारीज नहीं थे तथा जो कुछ भी मैंने पहले सुना यह उससे काफी भिन्न था।

उस समय मैं टेनिसन रोड पर किसी को नहीं जानती थी, लेकिन मैं उसी क्षण ईश्वर के ज्ञान की ओर आकर्षित हो गई, जैसा उस समय लग रहा था। मुझे लग रहा था कि मैं सच सुन रही थी और मैं इसका बहुत कुछ नहीं समझ पाई। जिस चीज ने मुझे और आगे खींचा वह था दादी जानकी से इस ज्ञान का व्यावहारिक संबंध। वे हमेशा न सिर्फ एक छोटे से समूह, बल्कि पूरी मानवता और पूरे संसार से प्रेम करने की बात करती थीं। शुरू से ही मेरा केंद्र हमेशा दादी ही रहीं।

ब्रह्माकुमारी और कई अन्य दूसरे आध्यात्मिक तथा धर्मनिरपेक्ष आंदोलनों में भी कई लोग आमंत्रित किए जाते हैं, लेकिन सभी लंबे समय तक नहीं रहते हैं। शुरू के अनेक ब्रह्माकुमारीज ने छोड़ दिया, लेकिन जयमिनी को क्या चीजों ने उससे जुड़ा रखा। दादी जानकी में जो चीज मैंने देखी, वह थी उनके हृदय में ईश्वर के प्रति गहरा प्यार। दो वर्ष की उम्र से ही उन्हें ईश्वर की तलाश थी। मुझे भी ईश्वर की तलाश थी और जल्द ही मैंने यह महसूस किया कि मुझे वह ब्रह्माकुमारीज में मिल गया, जिसकी मुझे तलाश थी।

जयमिनी कहती हैं कि दादी का प्रमुख गुण और कई अन्य लोगों ने भी यह देखा है, उनको अपने सामने मौजूद व्यक्ति पर व्यक्तिगत रूप से ध्यान केंद्रित करने की क्षमता है। 'उन्हें हम सभी में एक ऐसा गुण दिखाई पड़ा, जो किसी और को दिखाई नहीं पड़ा। वे हर उस व्यक्ति, जिससे वे मिलती थीं, उसमें अद्भुत गुण ढूँढ़ती थीं और उसे उस दिशा में निर्देशित करती थीं और उस व्यक्ति को यह पता भी नहीं चलता था कि वह उस दिशा में जा रहा था।

'सबसे पहली चीज जो उन्होंने मुझसे कही, वह था कि तुम्हें बंधनों से मुक्त होना है और उसके लिए एक बार में एक कदम उठाओ।'

पारंपरिक हिंदू परिवार की एक लड़की के लिए यह कोई आसान काम नहीं था, जहाँ अपने माता-पिता के सम्मान करने के धार्मिक आदेश को ईसाई धर्म की

तुलना में शाब्दिक रूप से कहीं ज्यादा लिया जाता है। जब मैंने अपने परिवार को यह बताया कि मैं अपना जीवन एक ब्रह्माकुमारी बनने में समर्पित करना चाहती हूँ, मेरे पिता इसके बिल्कुल विरुद्ध थे। मेरे पिता क्रोधित हो गए। उन्होंने मुझे एक कॅरियर गर्ल के रूप में देखा था, लेकिन कहीं-न-कहीं वे यह चाहते थे कि मैं शादी करूँ और बच्चे पैदा करूँ।

उन्होंने मेरे लिए तेजी से वर की तलाश शुरू कर दी और युवाओं से मेरा परिचय करवाते रहे, जो हो सकता है कि मेरे लिए उपयुक्त वर साबित हो। यदि मेरी शादी होती तो वह व्यवस्थित शादी ही होती और उस समय तक मुझे पता चल गया था कि मैं अपने लिए ऐसा जीवन नहीं चाहती थी। तभी पिताजी ने कहा, "तुम्हारे पास उपाधियाँ हो सकती थीं, बैंक में प्रमुख पद मिल सकता था, लेकिन इस बूढ़ी महिला के लिए तुम सब कुछ बरबाद कर रही हो।"

जयमिनी कहती हैं कि फिर वे स्वयं दादी जानकी से मिलीं और सब कुछ बदल गया। इसके बाद वे मेरे प्रति खुश हो गए। उन्होंने मेरे लिए वर की तलाश छोड़ दी और यह कहना भी छोड़ दिया कि मेरा कॅरियर बहुत बड़ा होता। दादी द्वारा उनका हृदय पूरी तरह से पिघला दिया गया था।

दादी हर चीज में मेरा दिशा निर्देशन करती थीं। उन्होंने एक समय में एक कदम उठाने के लिए मुझे कहा और मैंने हर वह काम किया जो उन्होंने कहा। मैंने उन्हें बिल्कुल शब्दश: ईश्वर के निकट देखा और जयमिनी के लिए यह बात कि दादी एक महिला थीं, पूरी तरह महत्त्वपूर्ण था। वे किसी पुरुष गुरु से आध्यात्मिक दिशा निर्देशन लेना नहीं चाहतीं और अपने जीवन में पारंपरिक गुरु कभी भी नहीं चाहतीं।

दादी अग्रिम श्रेणी की तीव्र स्त्रीत्ववादी थीं और यह मेरे लिए एक नई चीज थी। हमारी संस्कृति में महिलाएँ हमेशा ही दूसरे दरजे की समझी जाती हैं और यह धार्मिक या आध्यात्मिक मामलों में नेतृत्व करने के लिए निश्चित रूप से समर्थ नहीं माना जाता है। एक और बात थी, जो दादी में अद्‌भुत थी और वही थी कि वे स्थिर और शांत थीं, लेकिन उनके कुछ विचार, विशेषकर महिलाओं से संबंधित, मुझे अचंभित कर देते थे।

'वे कहती थीं कि हमें किसी अन्य मानव से लगाव नहीं होना चाहिए और यह कि हमें सिर्फ ईश्वर से प्यार होना चाहिए, लेकिन सभी मानव के

प्रति एक यात्रा पर जानेवाली आत्माओं के रूप में प्यार होना चाहिए। विशेषकर उन दिनों अनेक भारतीय महिलाओं के लिए उनका पूरा जीवन पति तथा परिवार पर केंद्रित होता है और वे कहती थीं, नहीं, तुम्हारे लिए एक दूसरा जीवन है। मुझे ये सारे विचार अच्छे लगते थे और उन्होंने मुझे अपने परिवार की अवहेलना करने और एक ब्रह्माकुमारी बनने का साहस दिया।'

जल्द ही जयमिनी ने बैंक की नौकरी छोड़ दी और स्वयं को बढ़ते ब्रह्माकुमारी आंदोलन के लिए समर्पित कर दिया तथा सफेद साड़ी धारण कर ली, जो तब से वे निरंतर पहन रही हैं।

जयमिनी को विशेष रूप से इस बात में दिलचस्पी है कि किस प्रकार दादी हमेशा बीमारियों पर नियंत्रण करती लगती हैं। जब जयमिनी पहली बार उनसे मिली थी तो पहले ही उनकी उम्र 60 वर्ष से ज्यादा हो चुकी थी और 40 वर्ष पहले भी वे प्राय: वे गंभीर बीमारियों से पीड़ित रहती थीं। फिर भी वह हमेशा ठीक हो जाती थीं। 'दादी को मैं जब से जानती हूँ तब से हमेशा बीमार ही रही हैं।' जयमिनी कहती हैं। और फिर वे जाग जाती हैं मानो नींद से। बहुत बार तो उनका लगभग देहांत ही हो चुका है, लेकिन चूँकि उनका यह विश्वास है कि ईश्वर उन्हें एक माध्यम के रूप में प्रयोग कर रहा है और उनका काम अभी भी पूरा नहीं हुआ है, वे ठीक हो जाती हैं। चूँकि मैं दादी के साथ कई वर्षों से इतनी निकटता से रही हूँ, मैंने उन्हें कई बार मौत के दरवाजे से उठते देखा है।

'लोग उन्हें कहते हैं आप यह काम नहीं कर सकती हैं, आप इस देश की यात्रा नहीं कर सकती हैं, आप इन लोगों से मिल नहीं सकती हैं, आप बहुत बीमार हैं। लेकिन वे कभी भी इन बातों पर ध्यान नहीं देती हैं। कोई और होता तो वह कब का मर चुका होता। यह ऐसा ही है मानो ईश्वर चाहता है कि वे अभी और काम करें।'

दादी के गंभीर बीमारियों से भी ठीक हो जाने के संबंध में जयमिनी का एक सिद्धांत है। उनका मानना है कि कभी भी बीमारी के बारे में बात मत करो, अपने जीवन पर उसे हावी न होने दो या इसे जगह न दो। उनका मानना है कि जितनी ज्यादा आप बीमारी के बारे में बातें करते हैं और उसे हावी करते हैं, उतना ही ज्यादा यह आप पर हावी होता है। मैं समझती हूँ कि यह बहुत सही है और यह प्राचीन मान्यता है।

जब वे युवा थीं, दादी दूसरों की देखभाल करती थीं और कहती थीं कि इस

तरह से आप पीड़ा से मुक्त होते हैं, दूसरों पर ध्यान देकर, न कि अपने स्वास्थ्य की दशा पर ध्यान देकर। मुझे पूरा विश्वास है कि यही कारण है कि आज लगभग सौ वर्ष की आयु में भी वह जीवित हैं।

गायत्री नारायण

गायत्री शिव सहाय (स्टीव) और बेट्टी नारायण के छह बच्चों में से एक थीं। उनके पूर्वज मूल रूप से भारत के थे, जो सन् 1830 में गुयाना में बस गए, जब वहाँ का शासन था। नागरिक अभियंता के रूप में प्रशिक्षित स्टीव ने नीदरलैंड्स के डेल्फर विश्वविद्यालय और लंदन विश्वविद्यालय में शिक्षा प्राप्त की तथा बाद में गुयाना के उपराष्ट्रपति भी रहे। वे भारत, श्रीलंका और सन् 1983 में बंगलादेश के गुयाना के लिए उच्चायुक्त बने। वे सन् 1990 तक इस पद पर बने रहे और फिर अभियांत्रिकी के अपने क्षेत्र में वापस हो गए तथा एस.आर.के.एन. नामक कनसलटेंसी की अपने दो बेटों के साथ स्थापना की। वे और बेट्टी ने कनाडा में सेवा निवृत्ति ले ली, जहाँ 89 वर्ष की आयु में सन् 2013 में उनका देहांत हो गया।

अंकल स्टीव, जैसा कि वे जाने जाते थे, पहली बार सन् 1975 में ब्रह्माकुमारीज के संपर्क में तब आए जब जयंती ने उस देश का दौरा किया और उस दौरान एक माह तक नारायण के घर में रहीं। उसी दौरान अंकल राजयोग के विद्यार्थी बन गए। अपने परिवार के साथ मिलकर जार्ज टॉऊन में देश का ब्रह्माकुमारी का पहला केंद्र स्थापित करने में मदद की। उनका मानना है कि राजयोग के अभ्यास ने उन्हें बिना किसी चिंता के ओपेन हार्ट सर्जरी के लिए किए गए दो ऑपरेशनों को सहने में मदद मिली।

यद्यपि उनके सभी बच्चे समर्पित ब्रह्माकुमारीज नहीं बने, संदेश पूरे परिवार ने सुना और समझा तथा गायत्री ने सन् 1978 में पूरी तरह से समर्पित हो जाने का निर्णय लिया।

तब से वे संयुक्त राष्ट्र के लिए न्यूयॉर्क में ब्रह्माकुमारी का कार्यालय चला रही हैं और धर्मनिरपेक्ष संसार में आध्यात्मिक समझ के प्रसार के लिए कई यू.एन. प्रोग्राम के साथ निकटता से कई वर्षों तक काम किया है।

वे कहानी बताती हैं, ''यद्यपि हम हिंदू हैं, लेकिन जयंती के गुयाना आने से पहले तक मेरे माता-पिता ब्रह्माकुमारीज से परिचित नहीं थे और इनकी शिक्षा हमारे लिए बहुत नई थी। शुरू से ही मेरे माता-पिता का जयंती और जो शिक्षा वे दे

रही थीं, उन्हें उनसे बहुत प्यार था।

> "ईश्वर के सीधे जुड़ाव के कारण मैं योग से विचलित हो गई और जब मैं चिंतन करने बैठी तो निस्संदेह एक उपस्थिति महसूस हुई। मैंने कैथोलिक स्कूल में शिक्षा प्राप्त की है और आमतौर पर इस अर्थ में धर्म का मेरे लिए बिल्कुल भी कोई अर्थ नहीं है, इसका दैनिक जीवन में क्या निहितार्थ है।"

इस समय गायत्री दादी जानकी से नहीं मिली थी। लेकिन एक अन्य दादी गुलजार ने परिवार को माउंट आबू में आमंत्रित किया, जहाँ उनकी शिक्षा के बारे में उनका ज्ञान विकसित हुआ।

> हम लंदन होते हुए वापस आए और एक शाम जब हम थके हुए थे, हमें बताया गया कि बाहर कार में दादी जानकी हमसे मिलने आई हैं। वे ब्रह्माकुमारीज की सबसे वरिष्ठ सिस्टर थीं, इसलिए निश्चित रूप से हम उनसे मिलने के लिए उत्सुक थे। जब मैं बाहर गई तो एक छोटी सी बूढ़ी महिला कार में बैठी हुई थी और उस क्षण उनकी उपस्थिति की वजह से मुझे लगा कि वहाँ कोई महान् व्यक्ति आया है।
>
> दादी ने शीघ्र ही दूसरों को पहले रखा और ऐसा पहली बार हुआ था कि मुझे गहरे प्रेम का विनम्रता से अभिव्यक्ति का अनुभव हुआ था, जो दादी के महान् गुणों में से एक है।

क्या वे कभी यह सोचती हैं कि पश्चिम में दादी जानकी की उपस्थिति के बिना ब्रह्माकुमारीज का प्रसार हो पाता? वे कहती हैं, "हाँ, वे प्रचार-प्रसार में सफल होते, लेकिन दादी के बिना एकता और सौहार्द का समान स्तर नहीं होता। सबसे बढ़कर वे एकीकृत करनेवाली शक्ति हैं और पहली दृष्टि में ही यह बहुत स्पष्ट था। यह स्पष्ट था कि उनमें ईश्वर की शक्ति के सच्चे गुण थे।"

जब सन् 1978 में गायत्री न्यूयॉर्क गईं तो उस समय उनकी आयु 25 वर्ष थी और अमरीका में सबसे समर्पित ब्रह्माकुमारी बननेवालों में वे एक थीं। "दूसरों की सेवा करते हुए ही अपनी आध्यात्मिकता के विकास के विचार ने मुझे आकर्षित किया। उन्हीं दिनों से गायत्री ने अमरीका में न सिर्फ इसके पहुँच के विस्तार को देखा है, बल्कि संयुक्त राष्ट्र के साथ गहरे होते संबंधों को भी देखा है। ब्रह्माकुमारीज उन कुछ एक आध्यात्मिक आंदोलनों से एक है, जिन्हें विभिन्न काउंसिलों द्वारा स्वीकार किया गया है। इस तरह ब्रह्माकुमारीज संयुक्त राष्ट्र,बहुमुखी शीर्षवाली

संस्था की शाखाओं के साथ सम्मिलित शांति योजना पर काम करते हैं।

गायत्री ने वर्षों तक सिस्टर मोहिनी, भारत में जन्मी एक ब्रह्माकुमारी, जिन्हें वहाँ भेजा गया था या स्वयं गईं, के साथ मिलकर काम किया, ताकि ब्रह्माकुमारीज के लिए क्षेत्रीय संयोजन के पद पर कार्यरत होने के कारण, सिस्टर मोहिनी को दादी जानकी के निकट परामर्श में काम करना होता था, साथ ही उन्होंने एटलांटिक के दूसरी ओर भी सही तरह काम करने के मित्र ढूँढ़े।

जब 99 वर्ष की आयु में दादी लंदन से अमरीका की हवाई यात्रा पर सन् 2015 में गईं तो उनके आगमन को अथाह प्रेम और परस्पर सम्मान के वातावरण के रूप में देखा गया, जो इन दोनों महिलाओं के बीच लंबे सफल 'विशेष संबंध' का साक्षी था।

गायत्री कहती हैं कि अपने बीच आध्यात्मिक सक्रियता पर्यवेक्षण करने में, उन्होंने कुछ निश्चित स्त्रीत्ववादी सिद्धांतों की पहचान की, जिन्हें वे मूल्यवान मानती हैं। इनमें शामिल हैं, दोनों मैं ही बहुकार्य की अद्‌भुत क्षमता और प्रतिदिन के कार्यों को अनंत के प्रति निरंतर जागरूकता के साथ पंक्तिबद्ध करने की असामान्य क्षमता है। इसका अर्थ यह है कि इन दोनों से कोई भी आध्यात्मिक दिशा और शक्ति को खोने की कीमत पर किसी भी समस्या या चुनौती का अल्पकालिक समाधान नहीं ढूँढ़ेगा।

किसी विशेष कार्य के केंद्र में सही आध्यात्मिक सिद्धांत है या नहीं इसे निरंतर जाँच-परख करके दादी जानकी और सिस्टर मोहनी दोनों ने एटलांटिक के दोनों ओर मिलकर सफलतापूर्वक काम किया है।

गायत्री के लिए इस संगठन में सबसे शक्तिशाली आकर्षण यह था कि यह महिलाओं द्वारा चलाया जा रहा था और महिलाएँ ही इसकी प्रमुख थीं। वे कहती हैं, ''यह मेरे लिए प्रमुख कारकों में से एक था। पहली बार ब्रह्माकुमारीज के संपर्क में सन् 1975 मे आई, जो संयुक्त राष्ट्र संघ द्वारा महिलाओं के लिए अंतरराष्ट्रीय वर्ष के रूप में घोषित किया गया था और मेरे लिए दोनों चीजें शुभ थीं। यह हमारा समय है, महिलाओं के लिए जिम्मेदारी लेने और पुराने विश्व में बदलाव करने का समय है।''

जहाँ तक दादी जानकी का सवाल है, वे स्तर को बनाए रखती हैं और पूरी तरह से निडर हैं। जो वे करना चाहती हैं उसे करने से उन्हें कोई चीज रोक नहीं सकती है और उन्होंने यह अपनी तरह से किया। उन्हें हमेशा ईश्वर से

प्रेरणा मिलती रही है और उन्होंने हम सब में साहस की क्षमता को जगाया है।

वे हमें हमारी सीमाओं से परे ले गईं और हम इतना आगे तक गए, जितना जाना चाहते थे। या तो उन्होंने हमारे भीतर क्षमता देखी या हमने उन्हें देखा और अपनी क्षमता को पहचाना। जैसे भी यह हुआ हो, दादी ने हमें विकसित होने में मदद की है।

आज 60 के दशक में गायत्री इतनी उत्साहित हैं जितना पहले कभी नहीं थीं और उन्हें एक मिनट के लिए भी कभी यह संदेह नहीं हुआ है कि जिस आध्यात्मिक राह का चुनाव उन्होंने किया है, वह सच बोलती है।

क्या वे मानती हैं कि दादी जानकी एक महान् नेता हैं? दादी ने एक बार कहा कि इस संसार को नेताओं की उतनी जरूरत नहीं है, जितनी माँओं की। ऐसा कहने का उनका अभिप्राय यह है कि विश्व को ऐसे नेताओं की जरूरत है, जिनमें माँओं जैसे गुण हों और महिलाओं में पुरुषों की तुलना में उन गुणों के ज्यादा होने की संभावना होती है। वे या तो वास्तविक माँ हैं या नहीं हैं तब भी। लेकिन इसके साथ ही मैं यह भी कहूँगी कि हाँ, वे एक महान् नेता हैं, शायद उससे भी परे।

□

9

चिंतन

हमने चिंतन के महत्त्व पर पहले ही बात की है, अब समय है यह सोचने का कि वास्तव में यह क्या है या कम-से-कम ब्रह्माकुमारीज चिंतन से क्या आशय है।

चिंतन का अभ्यास शायद उतना ही पुराना है जितनी मानवता, लेकिन पश्चिम में इसकी शुरुआत सन् 1960 और 1970 के दशक में आनेवाले अनेक भारतीय गुरुओं द्वारा एक नई धारणा के रूप में की गई, जिन्होंने हजारों लोगों को खामोशी से बैठकर अपने को अंदर की ओर मोड़ने और परिवर्तित जागरूकता की एक अवस्था का अनुभव करने के लिए समझाया।

दादी जानकी ने नियमित चिंतन को अपने जीवन का एक प्रमुख आधार बनाया है और जब लोग उनसे पूछते हैं कि एक दिन का कितना समय वे चिंतन करते हुए बिताती हैं तो उनका प्रिय जवाब है, ''मेरे से यह पूछना ज्यादा आसान होगा कि मैं कितना समय चिंतन न करते हुए बिताती हूँ?''

जब दादी यह कहती हैं कि वे दिन में कई घंटा चिंतन करते हुए बिताती हैं तो इसका अर्थ यह नहीं है कि वे सुखद सपनों में पूरे दिन या हर दिन बैठती हैं। उससे शायद ही कुछ होगा। उनके कहने का आशय यह है कि वे हमेशा ही चिंतन की अवस्था में होती हैं, यह कि वे हमेशा ही ईश्वर से जुड़ी रहती हैं और यह कि वे इस जुड़ाव को तोड़ने नहीं देती हैं।

साथ ही, यदि आप दादी के सामने आते हैं या उनसे कोई प्रश्न पूछते हैं या सलाह माँगते हैं तो आप पर सौ प्रतिशत ध्यान देंगी, इसलिए ऐसा नहीं है कि वे

किसी और संसार में या मायालोक में रहती हैं।

जिस प्रकार के चिंतन की शुरुआत उन्होंने पश्चिम में की, वह भारत से लाए गए अपने मस्तिष्क को स्थिर करने के तरीके से बिल्कुल भिन्न था। राजयोग के नाम से जाना जानेवाला ब्रह्माकुमारी का चिंतन बिना किसी लज्जा और समझौता के आपको ईश्वर से जुड़ने को कहता है। इसमें मंत्रोच्चार करने, विशेष अवस्था में बैठने, इधर-उधर मुड़ने, टिमटिमाती मोमबत्तियों पर टकटकी लगाकर देखने या अगरबत्ती जलाने की प्रथा नहीं है। न ही आपको किसी गुप्त मंत्र को दुहराना होता है।

इसके सामने तो राजयोग चिंतन बहुत ही आसान लगता है। आप अपना ध्यान अपने सामने मौजूद योगी पर टिकाते हैं और खुली आँखों से धीरे-धीरे अपना ध्यान अंदर की ओर केंद्रित कर लेते हैं, खामोशी की आवाज को सुनते हुए और बाहरी दुनिया के प्रभाव को बंद करते हुए।

लेकिन निस्संदेह जो प्रकट है उससे कहीं ज्यादा इसमें है, क्योंकि ईश्वर या सर्वोच्च सत्ता से जुड़ना इतना आसान नहीं है, जितना यह लगता है। इसके लिए ध्यान का केंद्रित करना, प्रयास और अभ्यास जरूरी है और कई लोगों के लिए तो यह बहुत ही कठिन है।

इसका इनाम यद्यपि सचमुच में बहुत बड़ा होता है, क्योंकि धीरे-धीरे नियमित चिंतन द्वारा आप एक अलग इनसान में बदल जाते हैं, एक ऐसा व्यक्ति जो अधिक निश्चिंत, शांत और अधिक प्यार करनेवाला बन जाता, जो वह पहले नहीं था। दादी जानकी कहती हैं कि नियमित चिंतन आपको वास्तविक व्यक्तित्व के संपर्क में आने में समर्थ करता है और उन अशुद्धताओं को दूर करता है जो वर्षों से आपके भीतर जमा हो गया है। जबकि बाहरी रूप-रेखा में ज्यादा कुछ परिवर्तन नहीं हो सकता है, भीतर बड़े बदलाव हो रहे होते हैं।

उदाहरण के लिए, इसके विपरीत गूढ़ चिंतन स्थिर बैठते हुए अपने भीतर की ओर उन्मुख होने का एक धर्मनिरपेक्ष साधारण रूप है और इस तरह यह प्रबुद्ध अंग्रेजों को अधिक आकर्षित करता है, जिन्हें यह लगता है कि एक ईश्वर में विश्वास के दौर से वे आगे निकल गए हैं, लेकिन अपने व्यस्त, तनाव भरे जीवन को व्यवस्थित करने के लिए शांति पहुँचानेवाले कुछ तरीकों की जरूरत होती है।

गूढ़ चिंतन और जागरूकता के नए तरीकों को तनाव कम करने और मन को शांत करनेवाले प्रभावशाली तरीकों के रूप में दिखाया गया है, लेकिन वे एक ईश्वर में विश्वास या काम करने के लिए श्रेष्ठ सत्ता से जुड़ाव पर निर्भर नहीं करते

हैं। आप यदि पसंद करते हैं तो आप ही अपनी उच्चतम शक्ति हैं।

टी.एम., जो पश्चिम में आधी शताब्दी से चल रहा है, आज भी लोकप्रिय है और इसका अभ्यास आज भी अनेक प्रसिद्ध व्यक्तियों द्वारा किया जाता है। जिसमें क्रांतिकारी और मुखर हास्यकार रसेल ब्रांड भी शामिल हैं। वर्षों से यह वैज्ञानिक और चिकित्सकीय शोध का विषय रहा है तथा यह साबित हो गया है इसमें तनाव से जुड़ी स्थितियों को उखाड़ फेंकने की शक्ति है। बिना किसी दवा के ही जागरूकता की परिवर्तित अवस्थाओं को प्रेरित करता है और यह एक सक्रिय प्रक्रिया है, जिसका अभ्यास जीवन भर करना चाहिए। जैसा कि इसका नियमित अभ्यास करनेवाले आपको बताएँगे, टी.एम. कठिन परिश्रम है और प्रभावपूर्ण तरीके से दिवास्वप्न या सपने में जाने जैसा नहीं है।

आपसे यह अपेक्षा की जाती है कि खामोशी से बैठ जाइए और 20 मिनट तक अपने मन को भीतर की ओर उन्मुख कर लीजिए, दिन में दो बार कीजिए तथा अपना व्यक्तिगत मंत्र दुहराते रहिए। मंत्र दुहराने का उद्देश्य यह है कि यह आपके मन से अन्य विचारों को दूर भगाता है या कम-से-कम इसके पीछे यही विचार है कि आपका अपना पूरा ध्यान अपने मन को स्थिर करने में और प्रवेश करनेवाले मानसिक बाधाओं को रोकने में समर्थ बनाता है, ऐसे कि या तो प्रक्रिया को बाधित करने से गैस को ही खुला छोड़ दें।

यद्यपि यह सुनने में साधारण लगता है, टी.एम. जितना है उससे ज्यादा जटिल लगता है और इसे करने का प्रयास करने वाले बहुत सारे लोग, जो सघन नीरसता महसूस करते हैं, इस कारण कुछ लोग ही इसे लंबे समय तक जारी रख पाते हैं। इसका विकास विशुद्ध रूप से चिंतन के व्यावहारिक रूप में हुआ, जिसमें रहस्यवाद की बहुत भरमार नहीं थी और एक अनुभवी चिंतक द्वारा इसे एक-एक को अलग-अलग सिखाया जाता था, और है भी।

चिंतन के अन्य रूप जो पश्चिम में लोकप्रिय हुए उनमें शामिल है मंत्रोच्चार, डग-डग और विशेष प्रकार का श्वसन (प्राणायाम), कभी-कभी इसमें आसन्न योग भी शामिल होता है। अधिकांश लोगों के लिए चिंतन के ये रूप जीवन के साथ संयुक्त योजक हैं, न कि अपने आप में जीवन को बदल देनेवाले। इसके पीछे विचार यह है कि ये आपको जीवन के तनावों का सामना करने में मदद करते हैं, लेकिन प्रभावशाली होने के लिए ये जीवनशैली में नाटकीय बदलाव की अपेक्षा नहीं करते हैं।

चूँकि टी.एम. एक-एक को अलग-अलग या समूह में सिखाया जाता है, तो

प्राय: इसके लिए शुल्क लिया जाता है। इसके पाठ्यक्रम महँगे होते हैं। कुछ मामलों में मूल्य घर की आय के अनुसार लिया जाता है, लेकिन सस्ते पाठ्यक्रम और सत्र की कीमत भी कई सौ पाउंड होती है।

जहाँ तक मेरी जानकारी है राजयोग चिंतन वीकेज द्वारा सिखाया जाता है और अद्भुत है, क्योंकि यह सभी के लिए नि:शुल्क है।

चिंतन में जैसा कि जिस सर्वोच्च सत्ता से आप जुड़ते हैं—कम-से-कम सैद्धांतिक रूप से ही, वह अपने आप में अनंत और सर्वसुलभ है, कोई भी कैसे कोई शुल्क ले सकता है? दादी जानकी कारण बताती हैं।

लेकिन राजयोग चिंतन के कुछ महत्त्वपूर्ण पहलू भी हैं। इसके सही तरह काम करने के लिए उनका समझना भी जरूरी है और इन सबके मूल में यह विश्वास भी है कि हृदय से हम शुद्ध, शांत आत्माएँ हैं और यह कि ईश्वर से जुड़कर हम इस शुद्धता और शांति को वापस पा सकते हैं।

दादी जानकी के अनुसार हर मनुष्य में मूल गुण के रूप से शांति, ज्ञान, आनंद और शुद्धता होती है तथा जब कोई व्यक्ति हर दिन की शुरुआत चिंतन से करता है तो सकारात्मक विचार एवं आचरण के रूप धीरे-धीरे सुदृढ हो जाते हैं और शक्ति ईश्वर से प्राप्त होती है।

यह शक्ति, जो अपेक्षाकृत किसी मजबूत बैटरी के डूबने के समान है, आध्यात्मिक परिवर्तन के समान है, क्योंकि यह शरीर से जागरूकता को निकालकर आत्मा के प्रति जागरूकता में बदलती है। अधिकांश लोगों के साथ यह शीघ्र नहीं होता है, यद्यपि बहुत सारे लोग, जो आरंभिक दिनों में ही राजयोग से जुड़ गए, विशेषकर जब वे दादी जानकी के सामने बैठते तो उन्हें गहरे आनंद, सुख और एक प्रकार की शांति तथा निश्चिंतता की सनसनी का एहसास जरूर हुआ।

लेकिन किसी भी बैटरीचालित उपकरण, हर दिन इसे भी चार्ज करने की जरूरत है और आपको कभी भी चिंतन के दैनिक अभ्यास को रोकने के लिए पर्याप्त शक्ति और शांति नहीं मिलेगी।

चिंतन मन के लिए है, लेकिन जिम जाना शरीर के लिए। जैसा कि जिम जानेवाला कोई भी उत्साही व्यक्ति जानता है, यदि आप कुछ सप्ताह तक जिम नहीं जाते हैं तो आपके स्वास्थ्य का स्तर गिरने लगता है। चिंतन के साथ भी बिल्कुल ऐसा ही है। इसे जाने दीजिए तो शक्ति और शांति भी चली जाएगी। किसी अन्य चीज की तरह ही, यह एक ऐसा मामला है कि इसका प्रयोग कीजिए या इसे खो दीजिए। इसे आपको अपने पूरे जीवनकाल तक बनाए रखना चाहिए।

लगभग 100 वर्ष की उम्र में और अपना पूरा जीवन चिंतन में बिताने के बाद भी दादी जानकी इस अनुशासन का पालन हर दिन करती हैं, विशेषकर सुबह-सवेरे। वे चाहे कितनी ही बीमार हों या उनकी दिनचर्या कितनी ही व्यस्त हो, वे फिर भी इसे करती हैं। चिंतन को उनके जीवन में हमेशा ही प्रथम स्थान प्राप्त है। सुबह-सवेरे का चिंतन अमृत बेला या अमृत का पूर्व समय के नाम से जाना जाता है। इसके लिए आधी रात को उठना और चार बजे सुबह के चिंतन के लिए तैयार होना है। यह एक कक्षा के रूप में किया जा सकता है। कम-से-कम उन लोगों के लिए, जो केंद्र में रहते हैं या घर पर भी।

स्पष्ट रूप से यदि आप केंद्र में रह रहे हैं, जहाँ कोई व्यवधान नहीं है तो आपके लिए सुबह-सवेरे चार बजे उठना आसान है, जहाँ पवित्र, शांत स्थान हर दिन बनाया जाता है। एक यह तथ्य भी है चिंतन, जिम में व्यायाम की कक्षा की तरह, यह तब अधिक प्रभावशाली और शक्तिशाली होता है, जब इसी तरह के लोगों के समूह के साथ किया जाता है।

यद्यपि बहुत सारे लोगों के लिए हर दिन सुबह-सवेरे चार बजे के चिंतन के लिए तैयार होना मुश्किल होता है, यद्यपि आप केंद्र में भी रहे हों और जहाँ वफादार लोगों को बुलाने के लिए घंटी भी बजती है। इसमें कोई संदेह नहीं कि इस समय कुछ विशेष होता है, जब सब कुछ शांत होता है और जग अभी जगा भी नहीं है। भरे हुए कमरे में चिंतन कर रहे लोगों की केंद्रित शक्ति निश्चित रूप से जागरूकता को बदलती है और वह भी अच्छे के लिए।

लेकिन ब्रह्माकुमारीज के लिए चिंतन थोड़े समय की क्रिया नहीं है, बल्कि एक पूरा दर्शन है और जिसके पीछे धर्मशास्त्र है। यह एक गहन अभ्यास है जो गहरा और स्थायी बदलाव लाता है, यदि एक बार आप यह समझ जाते हैं कि यह क्या है।

संयोगवश दादी जानकी को राजयोग का अर्थ पूरी तरह स्पष्ट है और वे इसे समझा सकती हैं। चिंतन करनेवाला इससे सही तरह से समझता या नहीं समझता है, यह एक दूसरी बात है।

दादी जानकी के अनुसार जब हम चिंतन कर रहे होते हैं तो हम ईश्वर के साथ विलीन नहीं होते हैं, बल्कि हमारी एक अलग पहचान होती है और धीरे-धीरे लंबे अभ्यास के बाद आध्यात्मिक आयाम हमारे जीवन में आ जाता है। 'जब हमारी नजर आध्यात्मिक आयाम से हट जाती है तो दिन-प्रतिदिन के कार्य बोझ बन जाते हैं और हम अपनी रचनात्मकता खो देते हैं,' जयंती अपनी पुस्तक 'गॉड्स

हिलिंग पावर' में कहती हैं।

राजयोग एक अनुशासन है, जो किसी भी व्यक्ति को सच्चाई पर टिका रहना सिखाता है। यह दिन-प्रतिदिन के कार्यों में स्पष्टता लाता है। यह हमें किसी भी व्यक्ति को सकारात्मक प्रकाश को देखने में समर्थ बनाता है, न कि अवगुणों के साथ जीने में और हमें नकारात्मकता से दूर रहने में भी मदद करता है। जितना ज्यादा हम चिंतन करते हैं, कम-से-कम उस सिद्धांत के अनुसार उतनी ही ज्यादा हमारे भीतर रचनात्मक ऊर्जा आती है, जो हमें सभी नकारात्मक और विनाशकारी आदतों से मुक्त करती है।

जब राजयोग ईश्वर से बातें करता है, तो यह समझ होती है कि ईश्वर माता और पिता दोनों ही हैं, माता पर ज्यादा जोर होता है। एक बार फिर जयंती के अनुसार, 'यह जैविक ढाँचे का पालन करता है, जिसमें बच्चा पहले माँ से जुड़ता है, पिता बाद में आता है।' यद्यपि अधिकांश धर्मों में ईश्वर को पिता के रूप में या कम-से-कम पुरुष लिंग बताया जाता है। राजयोग में यह समझ है कि ईश्वर पहले माँ है।

एक बार फिर यह अन्य प्रमुख धर्मों की समझ और भाषा से तीव्र विचलन है।

जब नए लोग दादी जानकी के पास आते हैं तो वे प्राय: उनसे पूछती हैं कि उन्हें ईश्वर में विश्वास है या नहीं और निस्संदेह प्राय: जवाब नहीं होता है। बहुत सारे लोग, जो ब्रह्माकुमारीज की ओर आकर्षित होते हैं, वे अधर्मी के रूप में आते हैं और यद्यपि दादी जानकी के स्पंदन का अनुभव कर सकते हैं, उनका अपना विश्वास या गैर-विश्वास बदलने का कोई इरादा नहीं होता है।

लेकिन कई मामलों में यदि वे दृढ रहते हैं तो वे अंतत: ईश्वर में विश्वास करने लगते हैं। मैंने बहुत सारे लोगों में ऐसा होते देखा है, जिनमें मेरे अपने पति भी शामिल हैं। जब वे पहली बार ब्रह्माकुमारी से मिले तो वे उत्साही अधर्मी थे। आज, तीन दशक के बाद वे भी उस अलौकिक ढाँचे में विश्वास करते हैं, जिस पर अंतत: ब्रह्माकुमारी का पूरा दर्शन निर्भर करता है।

उन्होंने वह अनुभव किया जो दादी ने वायदा किया कि गहन दैनिक चिंतन द्वारा लोगों को यह जुड़ाव का अनुभव होने लगेगा, जो दादी जानकी कहती हैं कि उन्होंने कभी नहीं खोया।

यदि वे कभी भी इस अनुभव को महसूस करना शुरू नहीं करते हैं तो संभवत: वे दूर हो जाएँगे और उन्हें एहसास होगा कि राजयोग चिंतन उनके लिए

नहीं है। यदि चिंतन के क्रम में कहीं पर भी यह जुड़ाव जब तक नहीं बनता है तो चिंतन ऊबाऊ बन जाता और यह समय की बरबादी होती है।

लेकिन इस पर दृढ रहने का महत्त्व है, ब्रह्माकुमारीज कहते हैं, क्योंकि चिंतन द्वारा सभी नकारात्मक गुणों को दूर करना, भविष्य में आगे बढ़ना संभव होता है। विशेषकर चिंतन के नियमित अभ्यास द्वारा लोग अपने आप पर चमत्कार करने में समर्थ हो जाते हैं और उनकी सीखने की क्षमता में सुधार होता है, चीजों का सामना करने की शक्ति बढ़ती है, सोचने और निर्णय करने की क्षमता में सुधार होता है तथा एक-दूसरे के साथ सहयोग करने की क्षमता बढ़ती है।

धीरे-धीरे दैनिक अभ्यास द्वारा हमें अहम् से मुक्ति, विगत में की गई गलतियों को महसूस करने और उन्हें न दुहराने की क्षमता तथा क्षमा करने की क्षमता प्राप्त होती है। ऐसा इसलिए होता है क्योंकि कुछ समय के बाद या संभवत: शीघ्र ही सर्वोच्च सत्ता के साथ जुड़ाव से शांति और तुष्टि की ऊर्जा के बहाव का अनुभव होने लगता है।

साथ ही तन्मयता और तनाव-मुक्ति में वृद्धि होती है तथा जो चीजें हमारे लिए महत्त्व रखती हैं, उन पर ध्यान केंद्रित करने की बेहतर क्षमता आती है।

आप यह सोच सकते हैं कि चिंतन के संदर्भ में बहुत सारी चीजों का दावा किया जा रहा है, लेकिन अपने पूरे जीवनकाल में चिंतन करनेवाली दादी जानकी स्वयं के लिए एक श्रेष्ठ उदाहरण हैं कि यह क्या हासिल कर सकता है?

जयंती कहती हैं, ''चिंतन ईश्वर से अपनी विरासत प्राप्त करने के लिए दरवाजा खोलता है। योग शक्ति वास्तव में ईश्वर की स्नेहमयी यादों से एकत्रित शुद्ध जागरूकता है।''

इसका क्या अर्थ है?

दादी जानकी के अनुसार नियमित दैनिक चिंतन ही ईश्वर का साथी बनने का एकमात्र तरीका है और एक आपका जुड़ाव हो जाता है तो चीजें अपने आप सही हो जाती हैं और आप सुख, आनंद, प्यार और शांति के निरंतर समुद्र में डूबे रहते हैं।

चिंतन का बहुत बड़ा व्यावहारिक मूल्य भी है, वह यह कि बड़ी योजना बनाने और भविष्य के प्रति प्रमुख अंतर्दृष्टि प्राप्त करने में आप समर्थ हो जाते हैं।

यद्यपि आप दादी जानकी से जब भी मिलते हैं, वे हमेशा ही मुसकराती हुई, शांत और सौम्य स्वभाव की प्रतीत होती हैं (जो कि वे हैं भी), इस शांति और निश्चिंतता के पीछे एक बहुत ही व्यस्त मस्तिष्क हमेशा काम करता रहता है। उनका विश्वास है कि ईश्वर के साथ उनका नियमित जुड़ाव ही है, जो उन्हें अपने

सामने आनेवाले लोगों की संभावना को देखने और कुछ मामलों में हो सकता है कि इस संभावना को देख पाना मुश्किल भी होता हो—और भविष्य के लिए विस्तारवादी योजनाओं की कल्पना करना और उन्हें करने में समर्थ बनाता है।

चूँकि दादी जानकी का ऐसा विश्वास है कि सच्चाई की कुंजी ब्रह्माकुमारीज के पास है, वे पूर्ण विश्वास के साथ भविष्य की योजनाओं पर काम कर सकती हैं और उनके मस्तिष्क में तनिक भी शंका नहीं होती है कि वे सही चीज कर रही हैं।

संभावनाएँ देखने की बात पर जो हो सकता है कि दूसरों की नजरों से छुपी हुई हों, एक भारतीय ब्रह्माकुमारी की कहानी है जो बहुत ही शर्मीली और संकोची थीं तथा उनमें व्यक्तित्व और जीवनशक्ति कम ही दिखाता था। वे किसी औषधालय में काम कर रही थीं और शायद वे अपने उस कॅरियर को जारी रखतीं। लेकिन दादी ने उनमें ईमानदारी के शानदार गुण को देखा। उसी के अनुसार दादी ने उन्हें ब्रह्माकुमारी के खाता को सँभालने के लिए राजी किया। परिणाम यह हुआ यही व्यक्ति आज ब्रह्माकुमारी संगठन के वित्तीय पक्ष का संचालन कर रहा है, जिनके पास कोई औपचारिक वित्तीय योग्यता या प्रशिक्षण नहीं है।

दूसरों में संभावनाओं को देखने की यह योग्यता, जो वे प्रायः अपने में स्वयं नहीं देखते हैं—ईश्वर के साथ नियमित, गहरे जुड़ाव से आती है, दादी कहती हैं। दैनिक चिंतन उन्हें नकारात्मक, शर्मीलापन, घबराहट और आत्म-विश्वास की कमी से परे आत्मा के अच्छे गुणों को देखने में समर्थ करता है। दादी का विश्वास है कि ये गुण पहले से मौजूद होते हैं, लेकिन उन्हें बाहर निकालने के लिए सहायता और प्रोत्साहन की जरूरत होती है। मॉरिन गुडमैन को इस बात का पूरा विश्वास था कि दादी ने शुरू से ही उनमें वे गुण देखे, जो उन्होंने स्वयं नहीं देखे और इस संभावना को ढूँढ़ निकालने की अंतर्दृष्टि ने मॉरिन को वे चीजें करने में सफल बनाया, जिसे वे कभी भी संभव नहीं समझतीं। कई वर्षों से मॉरिन लंदन में ब्रह्माकुमारी आंदोलन के संगठन को संचालन करनेवाली प्रमुख व्यक्ति रही हैं और वे श्रेष्ठतम मंडली में खुशी से घूमती हैं तथा प्रमुख राजनेताओं, शासनाध्यक्षों, शासन के सहयोगियों और राज्याधिकार प्राप्त व्यक्तियों से मिलती हैं।

यदि 21 वर्ष की आयु में आपने मॉरिन से यह पूछा होता कि क्या वे पूरे विश्व का भ्रमण करेंगी, प्रमुख व्यक्तियों से मिलेंगी, तो वे अविश्वास और घबराहट से काँपने लगतीं। उस भूमि पर उच्चतम व्यक्तियों से मिलने और उन्हें राजयोग से परिचित कराने के लिए मॉरिन स्वयं भी बहुत चिंतन करती हैं। दादी जानकी की

तरह वे भी कहती हैं कि मन को शांत और तनावमुक्त बनाए रखने में समर्थ करने के लिए यह जरूरी था।

दादी ने शुरू से ही दूसरे लोगों में दोषों को देखने से सहज ही मना कर दिया है और उनका तर्क है कि यदि आप उनके श्रेष्ठ गुणों पर ध्यान केंद्रित करते हैं तो आप उन्हें चमत्कार करने में समर्थ बनाते हैं। लोग दादी और ब्रह्माकुमारीज की आलोचना भी करते हैं तथा कुछ आलोचनाएँ वास्तव में हानिकारक एवं ईर्ष्यापूर्ण होती हैं। वे फिर भी मूलकर्ताओं को शुभकामना संदेश भेजने के लिए प्रयत्न करती हैं। उनका विचार है कि आप ऐसे लोग और उनकी नकारात्मकता से सीख सकते हैं।

और शायद उनकी बातों में दम है, आपको स्वयं को सुधारने में मदद करता है। वे कहती हैं कि चिंतन आपको हर व्यक्ति और हर स्थिति में अच्छा देखने में मदद करता है।

दादी जानकी के अनुसार चिंतन इस तरह काम करता है—

पहले कदम के रूप में, आपको यह कल्पना करना है कि अपने अस्तित्व को श्रेष्ठतम रूप में अनुभव करना कैसा होना चाहिए तथा अपनी आत्मा को इसकी मूल शुद्ध अवस्था में देखिए। ऐसे अनुभव उत्पन्न करना निस्संदेह संभव है और यही चिंतन है।

चिंतन में यह क्षमता है कि वह आपको एक चेतना से दूसरी चेतना में, सीमित सांसारिक चेतना से असीमित में स्थानांतरित कर सकता है, जिसे हम आत्मा की चेतना के रूप में जानते हैं।

जब आप आत्मा की चेतना का अनुभव करते हैं तो आत्मा को भिन्न अनुभव होता है और यह शरीर से अलग हो जाता है। आप दूसरे क्षेत्र में प्रवेश कर रहे होते हैं और आप प्रबुद्ध तथा स्वतंत्र महसूस करते हैं। इस अवस्था में आप शांति, प्यार, शक्ति और आनंद का अनुभव करने लगते हैं। इस अभ्यास को जारी रखिए और आप फिर कभी अपने आपसे युद्ध करते नहीं पाएँगे कि 'मैं परेशान हूँ, मैं गुस्से में हूँ, मैं नाखुश हूँ', ऐसा इसलिए होता है, क्योंकि आपका आंतरिक संसार पूरी तरह से बदल चुका है।

ऐलिजाबेथ युग के कवि सर फिलिप सिडनी के शब्दों में, चिंतन आपको समर्थ बनाता है 'उस चीज में समृद्ध बनने में, जिसमें कभी जंग नहीं लगता है।' ईश्वर के साथ जुड़ाव के निरंतर नवीकरण के कारण यह संभव होता है। अपनी बातों को समझाने के लिए दादी को बहुमूल्य धातुओं और पत्थरों का प्रयोग करना

पसंद है और वे कहती हैं कि समय के साथ ही चिंतन आपको बहुमुखी तथा निष्कलंक हीरे की तरह शुद्ध कर देता है। ब्रह्माकुमारी के लंदन मुख्यालय को डायमंड हाउस के रूप में नाम दिया, यह संयोग नहीं है।

दादी प्राय: नए भवनों और इमारतों का नाम चुनती हैं और वे हमेशा ही कुछ प्रेरक होते हैं, जैसे—लाइटहाउस, ग्लोबल कॉरपोरेशन, पीस विलेज, ग्लोबल हार्मोनी हाउस आदि। हर रिट्रीट केंद्र चिंतन का शक्तिगृह है और हर केंद्र पर सुबह-सवेरे चिंतन का वही तरीका होता है तथा फिर पूरे दिन छोटी अवधि के चिंतन होते हैं, जिन्हें ट्राफिक कंट्रोल कहा जाता है। प्राय: शाम में भी एक चिंतन सत्र होता है और निरंतर होनेवाला 'मट्टी' या घंटे भर चलनेवाला चिंतन सत्र रुटीन का हिस्सा होता है। सारा खाना चिंतन की भावना के साथ पकाया जाता है, ताकि अच्छे स्पंदन भोजन में भी जाएँ।

दादी जानकी इस बात पर जोर देती हैं कि चिंतन आपको संसार की चीजों को उसी रूप में देखने में समर्थ बनाता है जैसी वे वास्तव में हैं और आपको जागरूक बनाता है कि संपत्ति, प्रसिद्धि, प्रेम, स्वास्थ्य आदि आपसे ले लिये जाएँगे। लेकिन एक बार जब आप आत्मा के संसार में प्रवेश कर जाते हैं तो आपकी पहुँच उन गुणों तक हो जाती है, जो आपसे छीने नहीं जा सकते हैं। आपके पास भौतिक संपत्ति है, इसके प्रति जागरूक होने की बजाय आप अपने आपको एक ट्रस्टी के रूप में देखना सीख जाएँगे। अपने शरीर, अपने घर, अपने नौकर, अपने बच्चों का ट्रस्टी, क्योंकि अंतत: ये सभी चीजें अस्थायी हैं।

चिंतन संसार की वस्तुओं के प्रति जागरूकता को आत्मा की चीजों के प्रति बदल देता है।

एक बार जब हम इस अवस्था में पहुँच जाते हैं, तो दादी कहती हैं, आप अपनी समस्याओं को स्पष्ट रूप से देखने लगते हैं और उन पर विजय प्राप्त रखने में समर्थ हो जाते हैं (यह एक ऐसी चीज है, जिस पर दादी बार-बार वापस आती हैं, यह जानकर कि आज की दुनिया में लोग प्राय: अनावश्यक रूप से कितनी चिंता करते हैं।) और आप दूसरे लोगों के विरुद्ध आक्रोश या घृणा नहीं रखेंगे, क्योंकि हो सकता है कि इससे वे प्रभावित न हों, लेकिन इससे आप और आपके मन की शांति जरूर प्रभावित होती है।

लेकिन चिंतन के साथ ही दूसरे अनुशासन भी चलते हैं। अपनी उच्चतम अवस्था प्राप्त करने के लिए परम सादगी वाली अति आत्मसंयमी जीवनशैली की जरूरत होती है। दादी ने अपना अधिकांश जीवन ऐसे ही जिया है और यह कुछ

लोगों के लिए बहुत ज्यादा हो सकता है, चाहे हो सकता है कि ब्रह्माकुमारी के विचारों को कितने लोग पंसद ही न करें।

उदाहरण के लिए आपको ऐसा भोजन खाना है, जिसे भारतीय 'सात्त्विक' भोजन कहते हैं, इसका अर्थ है कि इसमें शुद्धतम सामग्री होनी चाहिए और यह घर का पका हुआ होना चाहिए। ब्रह्माकुमारीज बाहर रेस्तराँ में खाना नहीं खाते हैं और ब्रह्माकुमारीज तो वह खाना भी नहीं खाते हैं जो किसी गैर-ब्रह्माकुमारीज ने बनाया, क्योंकि उसमें नकारात्मक स्पंदन न चला गया हो। कुछ ब्रह्माकुमारीज तो जब अपने गैर-ब्रह्माकुमारीज संबंधी के घर जाते हैं तो अपना बरतन ले जाते हैं कि कहीं संबंधी का बरतन मांस या लहसुन और प्याज से दूषित न हो, जो प्रबल रूप से मना है। अपना मस्तिष्क स्थिर रखने के लिए आपसे यह अपेक्षा की जाती है कि आप उग्र फिल्में या टी.वी. प्रोग्राम न देखें और निस्संदेह शराब पूर्ण रूप से निषेध है, उसी तरह सिगरेट और आनंद देनेवाले पेय भी।

यह सब कुछ मनोरंजक बन जाता है या ब्रह्माकुमारी के लिए खान-पान कठिन काम बन जाता है और इस कारण वे प्राय: दूसरों के घर नहीं जाते हैं। सभी ब्रह्माकुमारी केंद्र भोजन और जलपान उपलब्ध कराते हैं तथा यद्यपि आगंतुओं के लिए वे खुशी-खुशी पकाते हैं, लेकिन किसी गैर-ब्रह्माकुमारीज द्वारा भोजन के लिए आमंत्रित किए जाने पर वे उसे शायद ही स्वीकार करते हैं।

कई अन्य धार्मिक समूह भी खान-पान में दिशा-निर्देश का पालन करते हैं, यद्यपि हाल के दिनों में उनके खान-पान के मामलों में सख्ती में थोड़ी कमी आई है। यहाँ तक दलाई लामा, जिनके शाकाहारी होने की अपेक्षा की जाती है, ने भी यह स्वीकार किया है कि वे भी कभी-कभी मांसाहार करते हैं। लेकिन ब्रह्माकुमारीज अति सख्त ही रहते हैं और इसका श्रेय दादी जानकी के उदाहरण और उनकी इच्छाशक्ति को जाता है। उनके लिए तो कभी भी कोई नरमी नहीं। यद्यपि दादी मुसकराती और सभी का अभिनंदन करती हैं, चाहे वे किसी भी विश्वास या मत के अनुयायी हों, वे इस बात पर जोर देती हैं कि वे लोग, जो स्वयं को ब्रह्माकुमारी मानते हैं, उन्हें उन मूल अभ्यासों से विचलित नहीं होना चाहिए जो उन्होंने पश्चिम में शुरू किए।

कुछ लोग यह टिप्पणी करते हैं कि आधुनिक समाज में ब्रह्माकुमारीज अब तक का कठोरतम भारतीय आधारित आंदोलन है, क्योंकि पश्चिम में आने के बाद उन्होंने शायद ही कभी समझौता किया है। सनकी अंग्रेजों को आकर्षित करने के लिए अपने संदेशों, अभ्यासों और अनुशासनों में नरमी करने की बजाय उन्होंने

अंग्रेजों को ही अपने अनुशासन को उनके अनुरूप करवाया।

जब बाहर से कोई पर्यवेक्षक सफेद पोशाक पहने, चिंतन की आनंदमयी मुद्रा में बैठे देखता है तो संभव है कि वह स्वयं को इस पवित्र समूह द्वारा स्वीकार न किया गया कोई बाहरी महसूस कर सकता है। बल्कि हर किसी का स्वागत है, लेकिन चिंतन अपने आप में कठिन परिश्रम है और आनंदमयी अवस्था क्षणिक होती है तथा यह सहज ही खत्म भी हो सकती है। कुछ ब्रह्माकुमारीज तो यह खोने भी लगते हैं और एक अप्राप्य श्रेष्ठता पर जोर देने के लिए वे दादी जानकी के प्रति क्रोधित भी होने लगते हैं।

जैसा कि एक ब्रह्माकुमारी ने कहा कि एक बार मैंने दादी से पूछा, ''क्या कभी आपके मन में यह बात आई कि लोगों को कुछ उच्चतम दिखाकर और उन्हें उसकी प्राप्ति की ओर प्रेरित करके हो सकता है कि आप उन्हें दु:ख दे रही हैं, यदि वे उसे प्राप्त करने में असफल हो जाते हैं?'' उन्होंने पलटकर कहा, ''आप क्या कह रही हैं कि मुझे प्रयास नहीं करना चाहिए?''

दादी के आदर्शों पर खरा उतरने में कई ब्रह्माकुमारीज को बहुत संघर्ष करना पड़ता है, लेकिन उनका मत है कि यदि वे उच्च स्तर को थोड़ा भी गिरने देती हैं तो ब्रह्माकुमारी संगठन की शक्ति खत्म हो जाएगी।

□

10

अव्यवस्था को खत्म करने का महत्त्व दादी ने शुरुआत की

जब आप ब्रह्माकुमारी के केंद्र में जाते हैं चाहे, यह दुनिया में कहीं भी हो, तो आप देखेंगे कि यह अद्‌भुत रूप से स्वच्छ, अव्यवस्था से मुक्त और पूरी तरह साफ-सुथरा है। वहाँ शांति और व्यवस्था का प्रबल वातावरण है तथा बहुत बड़े हिस्से में यह इस तथ्य से आता है कि गंदगी का कहीं नामोनिशान नहीं है या चीजें जगह पर हैं।

ऐसा ही हर जगह है चाहे केंद्र कितना ही बड़ा क्यों न हो, और एक बार फिर यह दादी का स्थायी सिद्धांत है। कोई अव्यवस्था नहीं या उनके और ईश्वर के साथ उनके जुड़ाव के बीच कोई बाहरी वस्तुएँ नहीं आनी चाहिए। वे कहती हैं कि गंदगी और अव्यस्था इस जुड़ाव में व्यवधान डालते हैं। इससे मन पर बोझ पड़ता है और यह एक अव्यवस्थित तथा गंदे मन का संकेत करता है। यह आलस्य का भी एक स्पष्ट उदाहरण है और दादी को किसी भी तरह के आलस्य से घृणा होती है।

यदि आप ब्रह्माकुमारी रिट्रीट केंद्र में ठहरते हैं या भोजन करने वहाँ जाते हैं तो आप देखेंगे कि प्रयोग के बाद हर चीज तुरंत ही साफ कर दी जाती है। गंदी थालियाँ, बचे-खुचे खाने के टुकड़े या गंदगी को जरूरत से ज्यादा समय तक वहाँ रहने नहीं दिया जाता है और किसी प्रकार की प्रचार सामग्री, परचियाँ, पुस्तकें आदि को साफ-सुथरे तरीके से एक जगह रखा जाता है।

कोई छोटी-से-छोटी चीजें भी दादी की नजरों से नहीं बच सकती हैं और वे इस बात पर जोर देती हैं कि सभी रसोईघर, खाने का कमरा, स्वागत कक्ष और शयनकक्ष हर समय साफ-सुथरा रहना चाहिए।

यदि वे साफ नहीं हैं तो वे उसे देखेंगी और तुरंत साफ करने का आदेश देंगी। इस मामले में दादी जानकी इस दिशा में हो रहे नवीनतम विचारों के अनुभव हैं कि यदि हम सौहार्द के साथ रहना चाहते हैं तो हमें इस बात को सुनिश्चित करना पड़ेगा कि हमारा बाह्य वातावरण इतना ही स्वच्छ और अस्त-व्यस्तता से मुक्त हो जितना हमारे मन तथा विचारों को होना चाहिए। पिछले 10 से 15 वर्षों में अपने घर, अपने कार्यालय और अपनी कार की अस्त-व्यस्तता को खत्म करने के ऊपर कितनी पुस्तकें लिखी जा चुकी हैं और कितने ही टेलीविजन कार्यक्रम किए जा चुके हैं तथा वास्तव में आप पैसे देकर किसी व्यावसायिक व्यक्ति को रखकर सफाई करवा सकते हैं या खुद ही कर सकते हैं।

लेकिन यहाँ भी दादी प्रथम थीं, कोई इससे पैसे कमाने के बारे में सोचता इससे पहले ही वे पूरी तीव्रता के साथ अस्त-व्यस्तता को दूर कर रही थीं।

चूँकि पश्चिम में रहने की वजह से दादी इस बात को जानती हैं कि लोगों के घरों में किस प्रकार चीजें धीरे-धीरे इकट्ठी हो जाती हैं और वे ध्यान देती हैं कि वे कितना ज्यादा लोगों के मन को अस्त-व्यस्त करती हैं और हमें स्पष्ट रूप से सोचने से रोकती हैं। एक नई पुस्तक 'स्टफोकेशन' के अनुसार, अस्त-व्यस्तता ने किस तरह लोगों के जीवन को प्रभावित किया है, पर किए गए सामाजिक सर्वे में यह पाया गया है कि एक औसत आदमी के पास आज उन्नीस जोड़ी जुराबे हैं और एक औसत महिला एक वर्ष में पहनने के अलग-अलग 58 वस्तुएँ खरीदती है।

एक समाज के रूप में हम आज चीजों की अव्यवस्था से इतना अस्त-व्यस्त हैं, जितना इतिहास में पहले कभी नहीं थे तथा ऐसा लगता है कि हम और अधिक की चाह भी करते रहते हैं। बच्चों के लिए एक लोकप्रिय सजा हुआ करती थी उन्हें उनके कमरे में भेज देना। आज इंटरनेट पर एक कार्टून सन् 1950 में और सन् 2015 में इस सजा के परिणाम को दिखाता है। सन् 1950 के कार्टून में बच्चा एक अँधेरे कोने में कमरे की नंगी जमीन पर तटस्थ भाव से बैठा दयनीय दिखाई पड़ता है। सन् 2015 में कार्टून में बच्चा अपने कमरे में कंप्यूटरों, प्लेस्टेशनों, मोबाइल फोन, आधुनिक उपकरणों से युक्त डेस्क, सैकड़ों पुस्तकों, सी.डी. और

डी.वी.डी. से घिरा हुआ है। दयनीय दिखने की बजाय उसके चेहरे पर मुसकराहट बिखरी हुई है। इसके कमरे में हर वह चीज है जो उसे चाहिए और उसे वहाँ भेजना कोई सजा ही नहीं रहा।

आपको दादी जानकी के व्यक्तिगत कमरे में इनमें से कोई भी चीज नहीं मिलेगी। वास्तव में वे एक रूमाल को भी वहाँ पड़ा रहने नहीं देंगी और हर चीज को निष्ठुरता से 'काट-छाँट' कर दिया जाता है, जैसा कि हम आज कह सकते हैं कि उनका कमरा नंगा और साधारण है। यहाँ तक कि पहनने की 58 चीजें भी नहीं हैं, छह कपड़े, वे कहती हैं, 'मात्र इतने हैं, जिनकी उन्हें जरूरत होती है और एक जोड़ी से ज्यादा स्लिपर क्यों चाहिए? क्या मैं उन्हें एक के ऊपर दूसरा पहनूँगी?' वे पूछती हैं।

दादी के लिए अस्त-व्यस्तता अव्यवस्थित मन का संकेत है और यदि आप बाह्य वातावरण को स्वच्छ तथा व्यवस्थित नहीं रख सकते हैं, तो आपका मस्तिष्क कैसा होगा? उनका कमरा हमेशा ऐसा होना चाहिए जैसे कि वह आगंतुक के स्वागत के लिए तैयार हो, चाहे वे राष्ट्रप्रमुख हों या उनका अभिवादन करने आनेवाले साधारण व्यक्ति। आप दादी को कभी भी यह कहते नहीं सुनेंगे, इस गंदगी को साफ करें, क्योंकि वहाँ कभी भी कोई गंदगी ही नहीं होती है। उन्हें गहरे रंग भी पसंद नहीं हैं। वे स्वयं हमेशा सफेद साड़ी पहनती हैं और ब्रह्माकुमारी के सभी केंद्र सफेद हैं या सफेद पर आधारित हैं।

यह भी समय के अनुरूप है। कितनी बार घर और आंतरिक साज-सज्जा पर निकलनेवाली पत्र-पत्रिकाओं के 'सफेद' अंक होते हैं। यू.के. में साल में कम-से-कम एक बार दि व्हाइट कंपनी की उच्च दुकानों में सफेद या प्रमुख रूप से सफेद चीजें मिलती हैं। सादा, साफ, सफेद, ये दादी के अपने रूप और अपने घर के लिए संकेत शब्द हैं।

भारतीय साज-सज्जा प्राय: अलंकृत और मोहक होती है, और इसमें महत्तम न कि न्यूनतम दिखावा होता है, यह प्रभावी रूप से दादी की शैली नहीं है। यहाँ भी दादी प्रथम हैं। सन् 1974 में जब वे लंदन आईं, उन्होंने इस बात पर जोर दिया कि उनके छोटे से फ्लैट के कमरे सफेद रंग से रंगा जाए। एक दिन सड़क के दूसरी ओर रहनेवाली एक पड़ोसी उनके नवनिर्मित केंद्र में आई और सफेद दीवारों को देखकर वह इतना प्रभावित हुई कि घर वापस जाकर उसने अपनी सारी दीवारों को सफेद रंग में रँग दिया। यह सत्तर के दशक के साज-सज्जा के समय

हुआ जब गहरे भूरा और नारंगी की प्रचुरता थी, जिसमें हर जगह ज्यामितीय आकृतियाँ बनी होती थीं, यही उस समय चलन में था।

सादगी और पूरी स्वच्छता तथा सफाई पर जोर न सिर्फ पहला अच्छा प्रभाव देता है, बल्कि सूक्ष्म अर्थ में इसका अर्थ यह था कि ब्रह्माकुमारी केंद्र के कमरे किसी के भी हैं। उनमें कोई भी व्यक्तिगत चीज जैसे पारिवारिक फोटो बिल्कुल भी नहीं होते थे और यह सोच-समझकर किया जाता था। इसका अर्थ यह नहीं है कि कोई भी समर्पित ब्रह्माकुमारी अपने लिए कभी भी घर नहीं बना सकती है। जिसमें कि आस-पास व्यक्तिगत चीजे हों, जैसा कि हम समझते हैं। लेकिन एक बार फिर यह स्वच्छता और सफाई युगों से चली आ रही मठ व्यवस्था के अनुरूप है। आज भी किसी साध्वी का कमरा खाली और साज-सज्जा से परे होता है, जैसा कि 500 वर्ष पहले होता था।

अंतर केवल इतना है कि दादी इसे न सिर्फ केंद्र या रिट्रीट में रहनेवालों बल्कि हर किसी की जीवनशैली बनाने पर जोर देती हैं या कम-से-कम इसकी अनुशंसा करती हैं।

व्यक्तिगतता की इस कमी से आगंतुकों को यह लगता है कि वहाँ उनका स्वागत होता है, दादी कहती हैं, ''यदि कोई कमरा कचरे, आभूषण या फोटो से भरा रहता है तो आगंतुकों को लगता है कि बाहर निकल जाएँ।''

जैसा कि गंदे घरों पर टेलीविजन प्रोग्राम दिखाया गया है कि आप किसी के घर जाते हैं और तुरंत ही आपको वहाँ बिखरे हुए कचरे तथा गंदगी से अजीब लगने लगता है।

'दि गार्डियन' में लेखक रेडमंड ओ' हैनलोन के अध्ययन की दशा का वृत्तांत पढ़कर दादी जानकी दु:खी हो गईं।

> 'ऑक्सफोर्ड शायर में ओ' हैनलोन का घर प्रख्यात रूप से गंदा और अस्त-व्यस्त था, जहाँ पुस्तकों तथा पत्रिकाओं के ढेर लगे होते थे। उनका उसे साफ करने का प्रयास घबराहट उत्पन्न कर देता था। जब वे उस घर में गए तो उन्हें यह जरूरी लगा कि यह घर भी उनके पहले वाले अध्ययन कक्ष की तरह ही दिखना चाहिए। अन्यथा वे असुरक्षित महसूस करते हैं। वे अपने चारों ओर उन चीजों की ढेर लगाना पसंद करते थे, जो कभी उनके लिए बहुमूल्य था, मानो उन्हें डर लगता था कि ये सब छीन जाएगा, मरे हुए जानवर खोपड़ियाँ, एक विशाल जल सिंह, ममी बना हुआ मेंढक,

पिग्मी के सैकड़ों फोटो, भैंस का एक जोड़ा, सींग और ढेरों पेटिकाएँ—कीड़ों, तितलियों, पक्षियों के अंडों और एक घबरा देनेवाली मकड़ी के लिए।

इस कारण और यह भी कि दादी चाहती थीं कि ब्रह्माकुमारी केंद्र आनेवाला हर व्यक्ति सहज अनुभव करे, वहाँ सिर्फ मरे हुए पशु या हिरन के सिर ही नहीं हैं बल्कि साज सज्जा और चित्र भी बिल्कुल कम-से-कम हैं। निस्संदेह वहाँ हमेशा ब्रह्म बाबा का एक विशाल चित्र होता है, जो अपने आप ही कुछ लोगों की रुचि को कम करता है—मेरे पुत्र विल की स्मृति 'दि हाउस इज फुल ऑफ योगी' में उसकी अरुचि का उल्लेख मिलता है। जब ऐसे भारतीय चित्र, जिन्हें कुछ लोग मूर्तिपूजक मानते हैं, हमारे घर में भी प्रवेश करना शुरू कर देते हैं लेकिन आजकल, चूँकि अंग्रेज कला की खराब कृतियों को प्राय: पसंद नहीं करते हैं, तो भी ऐसे चित्र भी बहुत ही कम लगाए जाते हैं।

किसी भी व्यक्ति के लिए जो अपने घर का सौदा करना चाहता है, वह यह है कि हमेशा अपने घर को व्यवस्थित रखिए, फोटो, साज-सज्जा का सामान या ऐसी कोई भी चीज जो बहुत ही व्यक्तिगत है, उसे हटा दीजिए, और जगह को इतना ही स्वच्छ और साफ-सुथरा बनाइए, जितना आप कर सकते हैं। ऐसे शोध हुए, जिनमें यह पाया गया है, ऐसे घर जो साफ-सुथरे होते हैं, गंदे और अव्यवस्थित घरों की तुलना में जल्दी बिक जाते हैं। शायद यह आश्चर्यजनक नहीं है, लेकिन दादी का हमेशा ही यह तर्क होता है कि आपको अपने घर में गंदगी इकट्ठा नहीं होने देना चाहिए, बल्कि इसे प्रतिदिन अपने आरंभिक अवस्था में लाना चाहिए। चिंतन की तरह ही आपको अपने कठिन कार्यों को दैवीय बनाना और प्रतिदिन अपने कमरों को साफ करना है। ब्रह्माकुमारीज के जीवन का यह आवश्यक पहलू है। जीवन के किसी भी क्षेत्र में कभी भी कोई ढीलापन नहीं आना चाहिए।

एक ब्रह्माकुमारी भाई ने मुझसे कहा, "मैं शाम में जब अपना काम खत्म करता हूँ तो इतना थक जाता हूँ कि साफ नहीं कर पाता हूँ और अगली सुबह मैं बहुत व्यस्त हो जाता हूँ। इसलिए गंदगी इकट्ठी हो जाती है।" जब दादी ने उनका कमरा देखा तो उन्होंने गंदगी साफ करने और कूड़ेदान को तुरंत साफ करने का आदेश दिया। वे गंदगी से लगभग मरणाहत्त रूप से परेशान हो जाती हैं, जबकि वह कचरा उनका न भी हो, तो भी।

हाँ, इस पर ध्यान भी देना पड़ता है और इसके लिए काम भी करना पड़ता

है। लेकिन दादी तो बस ऐसी हैं, वे कभी भी, तनिक भी किसी भी तरह ढीली नहीं होती हैं। खिड़की साफ करो। दरवाजे को पॉलिश करो। अखबार के उस ढेर को हटाओ।

कूड़ा-कचरा हटाने का एक आध्यात्मिक पक्ष भी है। इस विषय पर सबसे पहली पुस्तक 'क्रिएटिंग सैक्रेड स्पेस विद् फेंग सुई' थी। बहुत ज्यादा बिकनेवाली यह पुस्तक, जो पहली बार सन् 1995 में प्रकाशित हुई थी, में कूड़ा-कचरा की सफाई के महत्त्व पर तब बातें की थीं जब किसी ने इसके बारे में सुना भी नहीं था। इस पुस्तक में लेखक करेन किंग्सटन ने यह बताया है कि किस प्रकार घर में आती ऊर्जा का बहाव रुक जाता है और किस प्रकार कचरा अवरुद्ध ऊर्जा पैदा करता है तथा इसका अर्थ यह है कि आप अपने ही घर में आगे बढ़ने में असमर्थ होते हैं।

फेंग शुई, जैसा कि अधिकांश लोग अब जानते हैं, चीजों को व्यवस्थित करने और कमरे को सही तरह से रखने की चीनी कला है, ताकि कमरे में ऊर्जा का बहाव बना रहे और वह 'विषैला तीर' प्रवेश कर आपके स्वास्थ्य, संपत्ति और खुशी को लेकर न जा सके। निस्संदेह अधिकांश लोगों ने इसे बकवास कहकर इसका मजाक उड़ाया है, लेकिन कोई भी व्यक्ति, जो कभी फेंग शुई वाले घर में प्रवेश करता है, उसे शीघ्र ही उन्हें शांत, सौहार्दपूर्ण वातावरण का एहसास होता है, लगभग शीघ्र ही महसूस किए जानेवाले शांति के स्पंदन का तो कहना ही क्या।

मुझे मालूम है कि मुझे स्वच्छ, साफ-सुथरा, जिसमें फेंग शुई का स्पर्श है, वह लटकते तारोंवाली साज-सज्जा, अखबारों के ढेर से भरे कमरे से कहीं ज्यादा अच्छा अनुभव होगा।

दादी का चीजों को इकट्ठा करने, ढेर लगाने या अपनाने के बारे में कहना है कि लोगों को पुरानी चीजें इकट्ठा करने की आदत होती है। हो सकता है कि वे बहुत सारी नई चीजें खरीद लें, लेकिन वे पुरानी चीजों को भी लेकर बैठे रहते हैं। वे उन पुरानी चीजों को कभी छोड़ना नहीं चाहते हैं। कभी-कभी तो वे किसी काम की भी नहीं होती हैं, हो सकता है कि वे टूटी हुई हों या काम करना भी बंद कर दिया हो। लेकिन फिर भी वे उसे फेंकेंगे या किसी को दान में नहीं देंगे। दादी पूछती हैं, 'इस संसार में, हम ऐसी पुरानी चीजों को लेकर क्यों बैठे रहते हैं जो हमारे लिए किसी काम की नहीं हैं?''

वे आगे कहती हैं कि मन के कचरे को साफ करने का तरीका चिंतन है।

इस कचरे को हम स्वयं ही अपने भीतर जमा कर लेते हैं। जैसे बाहर होता है, उसी तरह भीतर होता है। यदि हम भौतिक वस्तुओं को इकट्ठा करके न रखें, वे तर्क देती हैं, तो बहुत संभव है कि हम बुरी आदतें भी नहीं डालेंगे। हर तरह से, अंदर और बाहर दोनों तरह से, हमें सजग रूप से अपने जीवन को हर ऐसी चीज से मुक्त रखना चाहिए जिसे हम पकड़कर बैठे हुए हैं और जो हमारे लिए किसी फायदे या उपयोग की नहीं है। इसी से ईश्वर से जुड़ना आसान होता है।

दादी ने कभी भी कोई व्यक्तिगत चीजें इकट्ठी नहीं कीं। उनके पास कभी की आधे दर्जन से अधिक साड़ियाँ नहीं होतीं। वे कहती हैं कि इससे ज्यादा कचरा होता है, उनके पास कभी भी अपनी व्यक्तिगत कार नहीं रही और न ही वे कभी भी सिर्फ-और-सिर्फ अपने प्रयोग के लिए कार रखती हैं। जब कभी भी वे कहीं भी कार से जाती हैं, वे हमेशा अपने दूसरे लोगों को भी ले जाती हैं। ऐसा इसलिए नहीं है कि वे सोचती हैं कि किसी भी यात्रा में सचमुच की आवश्यकता से ज्यादा कार का प्रयोग व्यय है, बल्कि इसलिए भी कि उन्हें दूसरे लोगों से बात करने का मौका मिलता है, इसलिए उनका मिनट भी बरबाद नहीं होता है। कार में यात्रा के दौरान दादी भविष्य की योजनाओं पर चर्चा करती हैं। भविष्य की योजनाएँ बनाती हैं और लोगों को जान पाती हैं।

एक कारण यह भी है कि दादी ने कभी व्यक्तिगत संपत्ति इकट्ठा नहीं की है कि एक अर्थ में उनके पास कभी घर ही नहीं रहा है। वे हमेशा घूमंतु रही हैं, अनेक देशों की यात्रा करती रही हैं और भारत तथा लंदन के बीच अपने समय को बाँटती रही हैं। उनके पास अपने लिए हमेशा केवल एक कमरा होता है, कभी भी पूरा घर या अपनी रसोई भी नहीं है।

वे कहती हैं, ''कम सामान के साथ सफर करने से आप किसी भी क्षण कहीं भी जाने में समर्थ होते हैं और कभी भी स्वामित्व के कारण आपमें सुस्ती नहीं आती है।''

कुछ मसखरे यह रेखांकित करते हैं कि हमारे पास 'ग्रीन वि मीन टाईम' है, दादी 'भारतीय उदार समय' के अनुसार आगे बढ़ती हैं। इसका अर्थ यह भी हो सकता है कि वे इतना ज्यादा घड़ी का सख्ती से अनुसरण न भी करती हों, शायद जब उन्हें यह लगता हो कि दूसरी महत्त्वपूर्ण चीजें भी हैं, जिन पर ध्यान दिया जाना जरूरी है। एक बार फिर भारतीय हैं न कि पश्चिमी और उन अंग्रेजों के लिए यह कठिन हो सकता है कि अपने आस-पास की खबर रखें, जिन्हें समय

की पूर्ण पाबंदी की आदत होती है।

ठीक उसी तरह दादी के पास कोई व्यक्तिगत संपत्ति नहीं है। उनके पास अपना पैसा भी नहीं है। उन्हें यह कहना पसंद है, "आपको मेरे बटुए में एक रुपया भी नहीं मिलेगा।" यह शब्दश: सच न भी हो, लेकिन उनके कहने का जो अभिप्राय है वह यह है कि उनके बटुए में पैसा रुकता नहीं है। प्रभावशाली रूप से जमाखोरी तो नहीं ही है, वे यह सुनिश्चित करती हैं कि संगठन में जब भी पैसा आए उसका सीधा प्रयोग होना चाहिए, दी जानेवाली सेवाओं में सुधार के रूप में।

कभी-कभी इकट्ठा न किए जाने पर जोर के कारण समस्या भी हो सकती है, जैसे केंद्र के बहुत बड़े मरम्मत कार्य के लिए जब बहुत पैसों की जरूरत होती है, तब बैंक में इसके लिए पर्याप्त धन नहीं होता है, लेकिन दादी का धार्मिक विचार यह है कि कल की चिंता मत करो, भविष्य अपनी चिंता स्वयं करेगा। इसी दृष्टिकोण ने ब्रह्माकुमारीज को सुंदर इमारतों को खरीदने और बनाने में समर्थ किया है। इसलिए कौन कहता है कि यह गलत है?

जब आइसलैंड के बैंक बैठ गए तो पता चला कि ब्रिटेन की कई धर्मार्थ संस्थाएँ, यहाँ तक कि छोटी संस्थाओं के लाखों पाउंड उन बैंकों में जमा थे। जिन्होंने संभवत: इस उम्मीद में अपने पैसे वहाँ रखे होंगे कि अन्य बैंकों द्वारा दिए जा रहे ब्याज की दरों से ज्यादा अच्छे ब्याजदर उन्हें वहाँ मिलेंगे। कुछ मामलों में इन धर्मार्थ संगठनों को तो बहुत नुकसान हुआ। दादी कभी भी ऐसा नहीं करने देंगी। स्पष्टत: ब्रह्माकुमारी संगठन का बैंक खाता है, पर कभी भी किसी विशेष उद्देश्य या अस्पष्ट उद्देश्य से यहाँ कुछ भी इकट्ठे नहीं किए गए।

अपनी पुस्तक 'फर्स्ट हैंड इक्सपीरिएंस विथ अ ग्रेट योगी' में ब्रह्माकुमारी हंसा, जो कई वर्षों से दादी की देखभाल करती रही हैं और उनकी निरंतर संगिनी (निश्चित रूप से ईश्वर के सिवाय) हैं, कहती हैं कि जब भी दादी के पास पैसे आते हैं वे इसे शीघ्र ही संगठन को दे देती हैं। यदि दाता यह कह भी दे कि यह उनके व्यक्तिगत प्रयोग के लिए है, वे कभी भी अपने लिए उसे स्वीकार नहीं करेंगी।

जो भी हो, दादी इस बात पर भी जोर देती हैं कि जब कभी भी संगठन में किसी विशेष उद्देश्य से पैसा आता है, तो उसे अस्पताल ही जाना चाहिए। यद्यपि अन्य क्षेत्रों को कोष की बहुत जरूरत भी हो तो भी। यह भी कि यदि कोई व्यक्ति

सब्जी, फल या फूल के लिए पैसे दान करता है, तो एक बार फिर उसका प्रयोग उसी काम के लिए किया जाना चाहिए, किसी अन्य के लिए नहीं।

इसके पीछे यह समय है कि जब कभी भी कोई संगठन को पैसे देता है तो वह प्यार से ही देता है, इसलिए उसका उपयोग भी उसी भावना के साथ किया जाना चाहिए। इसके लिए हिंदी का एक शब्द है—'भावना', जिसका अर्थ है, प्रेम की विशुद्ध भावना। कभी भी किसी चीज के लिए इस भावना को नहीं तोड़ना चाहिए।

पैसे के मामले में, कुछ नेतृत्व विशेषज्ञों के आयोजनों के लिए शुल्क लेने के विषय में दिलचस्प विचार हैं। वे कहते हैं कि यदि कोई संगठन अपनी सेवाओं के लिए शुल्क लेता है तो आप उतने ही पैसे देंगे जितना आपसे माँगा गया, उससे ज्यादा कभी भी नहीं। उदाहरण के लिए यदि एक रिट्रीट केंद्र आवासीय सप्ताहांत के लिए 500 पाउंड शुल्क के रूप में लेता है, आप वह राशि दे देंगे, लेकिन आप 750 पाउंड नहीं देंगे, क्योंकि आपको लगेगा कि यह अपेक्षा से बेहतर था। आपने अपना बकाया चुका दिया और बस खत्म।

लेकिन ब्रह्माकुमारीज के मामले में, जहाँ सारी सेवाएँ नि:शुल्क होती हैं (लेकिन दान लिये जाते हैं), कुछ लोग सप्ताहांत के लिए 1000 या 2000 पाउंड भी दे सकते हैं, निस्संदेह बहुत लोग कुछ भी नहीं देंगे। क्योंकि प्रथम दृष्टया वे तो नि:शुल्क देखकर ही वहाँ आए हैं, लेकिन जहाँ कोई निर्धारित शुल्क नहीं होता है, अधिकांशत: लोग भावावेश में ज्यादा ही देते हैं।

इसका एक नकारात्मक पहलू भी है, जहाँ कोई शुल्क नहीं लिये जाते हैं तो भाग लेनेवाले संभावित लोगों में कम समर्पण होता है। ब्रह्माकुमारी सेंटर ने यह पाया है कि वे जब किसी आयोजन या रिट्रीट का प्रचार करते हैं तो बहुत ज्यादा लोग नहीं आते हैं, जबकि उन लोगों ने अपने लिए स्थान आरक्षित किया है। बहुत बार तो वे संगठन को इस बात की सूचना तक नहीं देते हैं, लेकिन खानपान के मामले में यह विशेष रूप से एक कठिन समस्या हो सकती है। हो सकता है कि रसोइए ने 100 लोगों के लिए खाना बनाया हो तथा 60 लोग ही आए हों और ब्रह्माकुमारी आयोजनों में यह बार-बार होनेवाली समस्या है।

जब आपको किसी चीज के लिए कीमत अदा करनी पड़ती है और तमाशा नहीं देखने पर आपको वापस नहीं होते, जैसा कि थिएटर में होता है, इस तरह की घटना होने की संभावना कम होती है और यह एक ऐसी समस्या है, जिसका

ब्रह्माकुमारीज को लगातार महसूस होता है कि उन्हें इसका समाधान ढूँढ़ना चाहिए।

जो भी हो शुल्क न लेने का सिद्धांत कारगर भी है और यह लोगों को संगठन के करीब लाता है। मॉरिन और डेविड गुडमैन पर दिए गए अध्याय में उल्लेखित आध्यात्मिक समुदाय के साथ इस संगठन की रुचिकर समानता है। फिनडहार्न अपने आवासीय रिट्रीट के लिए उच्च शुल्क वसूलने के लिए विख्यात-या-कुख्यात है। लेकिन कुछ वर्ष पहले इसने ब्रह्माकुमारी की नकल की और यह निश्चित किया कि अपने एक पाठ्यक्रम के लिए कोई शुल्क नहीं लेंगे। जब इस समुदाय पर वित्तीय संकट आए, उच्च शुल्क वसूल करने के बावजूद भी स्वतंत्र ही एकमात्र था जो निराशाजनक स्थिति में था। एक बार फिर लोगों को दान के लिए आमंत्रित किया गया और प्राय: उन लोगों ने शुल्क लिये जाने की तुलना में ज्यादा ही दिया।

ऑक्सफोर्ड में, जहाँ मैं रहता हूँ, वहाँ की निर्देशित यात्रा पर भी यही सिद्धांत लागू होता है। उनमें से अधिकांश शुल्क लेते हैं, लेकिन कुछ नि:शुल्क भी होते हैं। एक बार फिर आप टिप देने के लिए आमंत्रित किए जाते हैं, लेकिन विवश नहीं। 'नि:शुल्क' यात्रा का संचालन करनेवाले गाइड ने यह पाया कि जो शुल्क लेते हैं, उनकी तुलना में वे ज्यादा पैसे कमाते हैं।

हो सकता है कि यह दृष्टिकोण सभी प्रकार के व्यवसाय के मामले में कारगर न हो, लेकिन लगता है कि इसके फायदे हैं और निस्संदेह किसी अन्य संगठन के समान ही ब्रह्माकुमारीज को भी संपन्न रहना है तथा खाता को भी हर वर्ष संतुलित किया जाना है। लेकिन सदियों से आध्यात्मिक संगठनों का यह मार्गदर्शक सिद्धांत रहा है कि पैसे जमा नहीं किए जाते हैं, लेकिन ईश्वर के कार्यों में या उनके कार्यों को आगे बढ़ाने के लिए उसका प्रयोग किया जाना चाहिए। यह कभी भी शीर्ष पर पदासीन व्यक्ति के जेब में नहीं रहना चाहिए। क्या बैंकरों के लिए कोई शिक्षा है? बैंकिंग क्षेत्र में काम करनेवाले कई लोग जो बहुत पैसे कमाते हैं, लेकिन वे खर्च करने के लिए उत्सुक नहीं होते हैं। यह धन है और धन के संग्रह में उनकी रुचि होती है, न कि उससे कुछ खरीदने में।

ब्रह्माकुमारी जगत् में किसी भी चीज का संग्रह नहीं किया जाता है चाहे पैसा हो या संपत्ति। लेकिन इसमें इससे भी ज्यादा गहराई है। कुछ तरह से दादी प्रगतिशील विचारोंवाली हैं और जो कुछ भी घर आता है, उस विषय में लोगों से आमतौर पर हमेशा ही यही कहना होता है, अधिक धन, अधिक संपत्ति,

अधिक चीजें आपको खुश नहीं करतीं। बल्कि इसका उलटा ही होता है। इससे उन्हें 'सामाजिक स्थिति से जुड़ी चिंता' होती है, जब आप हमेशा इस बात को लेकर परेशान होते हैं कि आपके मित्र और पड़ोसी के पास आपसे ज्यादा है—एक अच्छा घर, एक अच्छी गाड़ी, अधिक महँगे कपड़े, आपसे अच्छी तनख्वाहवाली नौकरी।

एक कहावत है 'ज्यादा को और ज्यादा चाहिए' और आज यह पूरी तरह सत्य है, हर थोड़े समय के बाद हमारे पास अनंत रूप से चीजों के बारे में टेलीविजन, इंटरनेट, पत्र-पत्रिकाओं और सभी सामाजिक मीडिया या विज्ञापन द्वारा हमें उन्हें खरीदने के लिए प्रेरित किया जाता है। हमारा जीवन लगातार अव्यवस्थित होता जा रहा है, कोई भी कह सकता है कि विज्ञान हमें खरीदने के लिए प्रेरित करते हैं या वे हमें 'अद्भुत' सौदे की पेशकश करते हैं। आप विज्ञापन की श्रृंखलाओं को देखे बिना अपना फेसबुक नहीं खोल सकते हैं, यदि आप इंटरनेट पर क्रॉसवर्ड संकेत भी ढूँढ़ते हैं तो भी आपका समय और ध्यान खींच लेनेवाले अनगिनत विज्ञापन वहाँ भी दिखते हैं। कभी तो दानवाले वेबसाइटों में भी विज्ञापन होते हैं और ऐसा लगता है कि हम उपभोक्तावाद से नहीं बच सकते हैं, चाहे हम जहाँ भी देखें।

निश्चित रूप से दादी इन चीजों पर भी ध्यान नहीं देती हैं और 'स्टफोकेशन' नामक पुस्तक के अनुसार कुछ ऐसे संकेत हैं, जिनसे पता चलता है कि अब हम भी अपने जीवन में उतनी ज्यादा भौतिक चीजों से परेशान हो गए हैं। लेखक जेम्स वेलमैन ऐसे कई उदाहरण देते हैं कि अब लोग भी अपने जीवन की अस्त-व्यस्तता को कम कर रहे हैं, चीजें कम कर रहे हैं और वे साधारण जीवन जीने का निर्णय कर रहे हैं।

विलियम कहते हैं कि जब आप चीजें इकट्ठी करना छोड़ देते हैं तो अर्थपूर्ण अनुभवों पर आप अपना ज्यादा ध्यान केंद्रित कर सकते हैं और दादी भी इससे सहमत होती हैं, क्योंकि अंततः संग्रह की कोई सीमा नहीं है और चीजें हासिल करना एक प्रकार की लत बन जाती हैं। विलियम एक संग्रहकर्ता और जमाखोर के बीच अंतर का मूल्यांकन करते हैं, लेकिन क्या उनमें वास्तव में इतना अंतर होता है? दोनों प्रकार के लोग सुरक्षा रूप में अपने चारों ओर चीजों का संग्रह करते हैं। लेकिन जैसा कि हम जानते हैं संग्रह से कोई सुरक्षा नहीं मिलती है।

मुझे दो मित्र, विवाहित जोड़े की कहानी याद आती है, जिन्होंने पादरी का एक पुराना निवास स्थान खरीदा और धीरे-धीरे इसे सुंदरता से सजाया। उन्होंने बहुत प्यार से अनेक वस्तुएँ जुटाईं और कलात्मक वस्तुओं से इस घर को सजाने में वर्षों लगाया। इस घर में अनोखे चँदवा सँभालने के लिए चार डंडों से युक्त बिस्तर, एक बिलियर्ड रूम, एक गेम्स रूम है। इसमें पेंटिंग का बहुमूल्य संग्रह, चायना और विक्टोरियन रसोई बरतन आदि अनेक चीजें भी थीं।

एक शाम वे अपनी शादी की वर्षगाँठ मनाने के लिए भोजन करने घर से बाहर गए और जब वापस आए तो देखा कि घर के चारों ओर आग बुझाने वाली गाड़ियाँ लगी थीं। जब वे घर से बाहर थे तो घर में आग लग गई। आज तक किसी को भी यह नहीं मालूम कि आग कैसे लगी और पिछले 25 वर्षों के दौरान बड़ी सावधानी से इकट्ठी की गई अधिकांश चीजें पानी के पाइप से, न कि आग से नष्ट हो गईं।

पत्नी के लिए यह जीवन बदल देनेवाली घटना थी। उसने निर्णय किया कि तेजी से चीजें कम करेगी, फिर उसने अपने पति को छोड़ा और अपने जीवन से बहुत सारी मौलिक वस्तुएँ भी हटाईं। दंपति अलग हो गए। वह रहने के लिए एक छोटी से झोंपड़ी में चली गई और यह संकल्प लिया कि वह अपने जीवन में कभी भी चीजें इकट्ठी नहीं करेंगी। बदले में वह अपना ध्यान आध्यात्मिक रूप से पोषित करेगी।

वर्षों पहले मेरे साथ भी ऐसा ही हुआ। मैं अपने बेटे के साथ बाहर गई, उसकी उम्र उस समय तेरह वर्ष की थी, मैं लगभग आधा घंटे के लिए बाहर थी। जब वापस आई तो पाया कि मेरे घर में चोरी हो चुकी थी और मेरे सारे आभूषण निकाल लिये गए थे। एक बार जब मैं इस आघात से ऊबर गई तो मैंने यह निश्चय किया कि मैं अब कभी भी 'वास्तविक' आभूषण नहीं खरीदूँगी। आज तक मैंने कभी भी कोई बहुमूल्य चीजें उसके बाद नहीं खरीदी और यह बात मैं कभी भी नहीं भूली। इस कारण मुझे कभी भी खोने या चोरी होने की चिंता नहीं होती है।

इसकी प्रेरणा मुझे दादी जानकी से मिली है और दूसरे रूप में भी कि अब मेरे पास मेरी अलमारी में बहुत कम पोशाकें होती हैं। मैंने भी यह सीखा है कि कभी भी चीजों का संचय नहीं करना है, यद्यपि मैं यह कहना चाहती हूँ कि पुस्तकों के मेरे संग्रह पर यह बात लागू नहीं होती है, जो हर समय बढ़ता ही रहता है। मुझे विश्वास नहीं है कि मेरी तीन हजार या इससे ज्यादा पुस्तकों को दादी

क्या समझेंगी, लेकिन इस बारे में मेरा तर्क यह है कि मेरे पुस्तकालय में ज्यादा ज्ञान है और उस अलमारी से एक पुस्तक को निकालकर उससे कुछ ज्ञान सीखती हूँ। लेकिन मुझे कभी भी डिजाइनर पोशाक, महँगे बैग या अच्छे जूतों की इच्छा नहीं होती और न ही उनकी कमी कभी महसूस होती है।

यह दिखाने का एक अन्य महत्त्वपूर्ण तरीका भी है जो दादी जानकी अपने उदाहरण द्वारा यह दिखाती हैं कि हमें सही तरह रहने के लिए वास्तव में कितने थोड़े की जरूरत होती है। यह भी याद रखनेवाली एक बात है कि दादी जानकी का संबंध भाईबंद व्यापारी समुदाय से है, जहाँ धन के दिखावे और प्रदर्शन पर सबसे ज्यादा जोर होता है। ये व्यापारिक लोग होते हैं, जिन्हें अपने मित्र और परिवार को यह दिखाने में खुशी होती है कि उनके घर कितने समृद्ध तथा शानदार हैं। उनके पास आभूषण का भी बड़ा संग्रह होता था, इसलिए ऐसा नहीं है कि दादी को धन-संपत्ति के आकर्षण के बारे में कभी मालूम ही नहीं है।

सादगी पर जोर देने को इस तरह नहीं समझना चाहिए कि हमें झोंपड़ी में दयनीय जीवन जीना चाहिए। इससे बहुत इरा दादी के निर्देशन में पूर्व के उन दो छोटे से कमरों से व्यापक रूप से विस्तार करते हुए आज ब्रह्माकुमारीज के पास ऑक्सफोर्ड का पूर्व राजकीय मकान है और पूरी दुनिया में भव्य तथा सुविकसित केंद्र है। उनके पास न्यूयॉर्क स्टेट के कैटस्कील व माउंटेन में 350 एकड़ की भूमि है। भारत में उनका मुख्यालय भी विशाल है, जिनमें हजारों आगंतुकों के रहने और मीटिंग के बड़े-बड़े मीटिंग रूम, वे हर साल मीटिंग का आयोजन करते हैं।

दादी इस बात को सुनिश्चित करना पसंद करती हैं कि आगंतुकों को आराम हो, उनके बिस्तर, कमरे आरामदायक हों और जब वे यहाँ हों तो उन्हें अच्छा भोजन मिले तथा चिंतन का अच्छा अनुभव हो। यह उनके आतिथ्य सत्कार का हिस्सा है, अपनी जरूरत पूरी करने से पहले आप अपने आगंतुकों का अच्छी तरह देखभाल कीजिए, चाहे वे बिल्कुल अजनबी ही क्यों न हों।

आज अपनी उम्र और अपनी कमजोरी के कारण दादी, जो एकमात्र रियायत खुद को देती हैं वह है हवाई जहाज की सस्ती सीट न लेकर प्रथम श्रेणी या व्यापारिक श्रेणी में यात्रा करना। तो भी उन्हें इस बात के लिए राजी करना पड़ता है और यह उनके सिद्धांतों के विरुद्ध है कि वे अन्य ब्रह्माकुमारीज की तुलना में बेहतर और महँगी श्रेणी में यात्रा करें। एक बार फिर यह रियायत पूरी तरह से व्यावहारिक है, क्योंकि इस उम्र में भी दादी का प्राय: सीधे हवाई अड्डे से सभा

या सम्मेलन को संबोधित करने के लिए जाना पड़ता है, इसलिए यह आवश्यक होता है कि जहाँ तक संभव हो उन्हें पूरा विश्राम मिले।

एक रियायत जो बुढ़ापा होने के बावजूद भी वे स्वयं के देने से बिल्कुल मना करती हैं, वह है छड़ी का प्रयोग। यद्यपि चलना-फिरना अब उनके लिए उतना आसान नहीं होता है, लेकिन जहाँ तक संभव होता है वे एक युवा और स्वस्थ व्यक्ति के रूप में कार्य तथा आचरण करती हैं। दादी के लिए सौ वर्ष की आयु में भी एक छड़ी भी कचरा है, जिसकी उन्हें जरूरत नहीं है। इससे संकेत मिलता है 'बूढ़ी' और यह एक ऐसा संदेश है, जिसका वे अपने पूरे जीवनकाल तक विरोध करती हैं।

□

वर्ष 2004 में घाना में ब्रह्माकुमारी केंद्र का उद्घाटन करती हुई दादी जानकी।

11

बीमारी की भूमिका

सैद्धांतिक भौतिक शास्त्री स्टीफन हॉकिंग की दादी जानकी भी एक चिकित्सकीय रहस्य हैं। जब 21 वर्ष की आयु में यह पता चला कि स्टीफन हॉकिंग को मोटर न्यूरॉन रोग है तो ऐसा लगा कि उनकी उम्र दो से तीन वर्ष है। आज उनकी उम्र 73 वर्ष (2015) है और हमेशा की तरह आज भी वे कठिन परिश्रम करते हैं।

दादी जानकी ने भी चिकित्सकीय सेवा निदान को चुनौती दे दी है। बचपन से ही शरीर को कमजोर कर देनेवाली गंभीर बीमारी से पीड़ित होने के बावजूद भी वे निरंतर कार्यरत हैं और जीवित हैं।

जब उनकी लंबी उम्र का उनसे रहस्य पूछा गया तो, जब वस्तुत: उनका कोई भी अंग काम नहीं कर रहा था, स्टीफन हॉकिंग ने रोबोट जैसी आवाज में जवाब दिया जिसके लिए वे सारी दुनिया में प्रसिद्ध हैं, कि जब उन्होंने उम्र के 74वें पड़ाव में प्रवेश किया तो, यह दो कारणों से है—ऐसी नौकरी करते रहने के कारण, जिनसे उन्हें प्यार है और पूरे जीवन श्रेष्ठ देखभाल।

दादी जानकी भी संभवत: यही कह सकती हैं। उनका लंबा जीवन भी ऐसी नौकरी करते हुए बीता, जिससे उन्हें प्यार है और उन्हें भी उन लोगों से श्रेष्ठ प्रसिद्ध देखभाल मिलती रही है, जो उन्हें प्यार करते हैं। मुझे लगता है कि हम इन दो अद्‌भुत व्यक्तियों के लंबे जीवन में एक तीसरा कारक भी जोड़ सकते हैं और वह है, प्रेम तथा अतिप्रशंसा, जो ढेरों लोगों से मिली है। हॉकिंग और जानकी दोनों ही अत्यधिक शक्तिशाली हैं, वे शायद ही कभी संबोधन या सार्वजनिक घटना में उपस्थित होने के आमंत्रण को अस्वीकार करती हैं, चाहे उनके लिए यात्रा कितनी

ही कठिन क्यों न हो। हॉकिंग अपने जीवन पर बनी फिल्म 'दि थ्योरी ऑफ एवरीथिंग' के प्रीमियर में अपने पहिएदार कुरसी पर टाई लगाकर तैयार हुए।

स्टीफन हॉकिंग की बीमारी का पता युवा उम्र में ही चला और उसमें अपेक्षित वृद्धि भी होती गई, युवावस्था में मृत्यु की अपेक्षा के अलावा। लेकिन किसी को भी सही तरह यह नहीं मालूम है कि दादी के साथ क्या समस्या हैं। उन्हें वर्षों तक हृदय और पाचन संबंधी समस्याएँ रहीं। उन्हें बचपन में ही टी.बी. हो गया था और कई वर्षों तक लगातार तेज खाँसी की समस्या रही। सन् 1960 के आरंभ में उनके शरीर का बायाँ भाग लकवाग्रस्त हो गया।

सन् 1982 में थॉयराइड की कमी के कारण एक वर्ष तक सक्रिय जीवन से अलग रहीं। लंदन के डॉक्टर उनकी इस बीमारी को पहचान करने में असफल रहे। वह पूरा साल उन्होंने शब्दश: एकांतवास में बिताया, जब वे सिर्फ कुछ क्षणों के लिए ही लोगों से मिलती थीं। 80 वर्ष की आयु में कड़ाके की सर्दी के दौरान माउंट आबू में उन्हें दोहरा न्यूमोनिया हो गया और उनकी लगभग मृत्यु हो गई। ऐसी स्थिति से भी वे स्वस्थ हो गईं, जनवरी 1991 में उनका नया जन्म हुआ।

तब से रक्त संचार में सुधार करने के लिए उनके हृदय में दो स्टेंट डाला जा चुका है। आज भी तीन बार गिरने के परिणामस्वरूप उनके मेररज्जू में आघात के कारण लंबे दर्द की समस्या है और हर्निया तथा विपटीशोध के कारण भी उन्हें गैस्ट्रीक दर्द होता है।

यद्यपि वे बार-बार की गंभीर बीमारी से ठीक हो जाती हैं, हमेशा इस बात की संभावना रहती है कि वे फिर बीमार हो जाएँगी और मृत्यु के दरवाजे पर पहुँच जाएँगी।

दादी और हॉकिंग के बारे में हम जो कह सकते हैं, वह यह है कि यदि वे अपने पूरे जीवन अच्छे स्वास्थ्य में होते तो वे ज्यादा हासिल नहीं कर सकते थे— और हो सकता है कि कम ही हासिल कर पाते। लेकिन दादी के मामले में तो हम कम-से-कम पूछ ही सकते हैं। वे बार-बार बीमार क्यों पड़ती हैं और क्या उनकी बीमारी किसी बड़े उद्देश्य को पूरा करती है? दादी कहती हैं कि बीमारी के कारण अकेलेपन के वरदान मिलने का फायदा होता है।

उनकी बीमारी के कारण का एक हिस्सा यह भी होना चाहिए कि वे अपने लिए इतनी कठोर समय-सारणी तय करती हैं। वे एक योगी हैं, गुरु हैं, जो कभी नहीं सोती हैं या शायद ही सोती हैं। और विश्व के दूर-दूर के हिस्सों की निरंतर

यात्रा का भी बुरा असर पड़ता है।

लेकिन हो सकता है कि कहानी में और भी कुछ हो। संभवत: दादी के लिए, बीमारी ने उनकी हासिल करने की क्षमता में इतनी महत्त्वपूर्ण भूमिका निभाई है, जो हो सकता है कि अन्य लोगों के लिए असंभव हो।

कुछ संकेत प्राप्त करने के लिए हम एक और महान् सुधारक फ्लोरेंस नाइटिंगल के जीवन का अवलोकन कर सकते हैं। क्रीमिया युद्ध से वापस आने के बाद एक ऐसी बीमारी के कारण लगभग 50 वर्षों के लिए बिस्तर पर सिमट गईं, जिसकी वास्तव में कभी पहचान ही नहीं हो पाई। वे अपनी रोगशय्या पर से ही आधुनिक नर्सिंग व्यवसाय का आविष्कार करने की ओर बढ़ीं और नर्सिंग को एक सही कॅरियर के रूप में स्थापित किया। उन्होंने कई सामाजिक सुधारों, विशेषकर जिनका संबंध महिलाओं से है, को कानून का रूप दिया।

दोनों महिलाओं को अपनी युवावस्था से ही इस बात का विश्वास था कि उन्हें ईश्वर की ओर से उनके कामों को करने के निर्देश मिलते हैं और इस तरह वह इनके मार्ग में कोई बाधा नहीं आने देता है।

दादी जानकी की तरह ही फ्लोरेंस नाइटिंगल को भी ऐसे निर्देश मिले, जिनमें उन्हें अपना जीवन दूसरों के लिए समर्पित कर देने को कहा गया। उनका संबंध एक समृद्ध कुलीन परिवार से था, जहाँ जीविका के लिए महिलाओं द्वारा काम करना अपेक्षित नहीं था। वास्तव में, अधिकांश पुरुषों ने भी कभी काम नहीं किया था। फ्लोरेंस के पिता विलियम ने अपने जीवन में एक भी कभी काम नहीं किया था, यद्यपि उन्होंने अपनी बेटी को घर पर शिक्षित अवश्य किया।

दादी जानकी की तरह ही फ्लोरेंस भी शादी करना नहीं चाहती थीं, क्योंकि उन्हें लगता था कि अपने जीवन को नर्सिंग के लिए समर्पित करने में विवाह एक बाधा था। इतिहास में सबसे प्रसिद्ध नर्स बनने से पहले बीमारों की सेवा एक ऐसा काम था, जो समाज के निम्नतम स्तर के लोगों द्वारा किया जाता था। डिकिन की साराह गैम्प शायद एक हास्य चित्र है, लेकिन नर्सों को आमतौर पर नशे में धुत्त अशिक्षित महिला के रूप में देखा जाता था, जो ऐसे काम करती थीं जो कोई शालीन महिला नहीं करेगी। फ्लोरेंस नाइटिंगल ने सब कुछ बदल दिया और नर्सिंग को एक उचित धरातल दिया, जहाँ से यह एक सम्मानित पेशा बन गया और वास्तव में यह एक धंधा समझा जाता था।

लेकिन अपने सुधारों को हासिल करने के लिए फ्लोरेंस नाइटिंगल किसी

प्रकार के व्यवधान को नहीं झेल सकीं। बीमारी ने उन्हें दुनिया से अलग कर दिया और दुनिया की माँगों से भी।

निस्संदेह दादी जानकी को उनकी वैवाहिक जीवन में प्रवेश करने की अनिच्छा के बावजूद भी व्यवस्थित शादी करनी पड़ी। जब तक कि कुछ समय के बाद इस शादी से निकलकर भाग नहीं गईं। फ्लोरेंस नाइटिंगल के लिए शादी से बचना आसान नहीं था। राजनीतिज्ञ और कवि मांकटेन मिलनेस के साथ नौ वर्षों तक प्रेम संबंध बनाना पड़ा था। उन्होंने उन्हें असमंजस में रखा, लेकिन उनसे शादी करने का उनका गंभीर विचार कभी नहीं था।

फ्लोरेंस नाइटिंगल के अन्य प्रभावशाली उम्मीदवार और प्रशंसक भी थे, जिनमें अन्य राजनीतिज्ञ सिडनी हर्बर्ट और धार्मिक सुधारक बेंजामिन जोवटे भी शामिल थे। ईश्वर के प्रति उनका प्रबल लगाव का आशय यह था कि उन्होंने अपने उम्मीदवारों और प्रशंसकों को निष्ठुरता से बरता, वे यह इसी रूप में देखती हैं और उन सभी को अपनी सेवा में कठिन परिश्रम करवाया तथा कुछ मामलों में उन्हें लगभग मार ही दिया। 'से नॉट द स्ट्रगल नॉट एवेलेथ' कविता के लेखक आर्थर हग क्लफ फ्लोरेंस के लिए पार्सल बाँधने के काम में लगाकर रखे गए। वास्तव में उन्होंने फ्लोरेंस के अवैतनिक कार्यालय सहायक के रूप में अपना बहुत व्यय किया, और कोई आश्चर्य नहीं कि 42 वर्ष की युवावस्था में उनकी मृत्यु हो गई। ऐसा था फ्लोरेंस का व्यक्तित्व एवं आकर्षण। उन्होंने न स्वयं को छोड़ा और न ही दूसरों को।

सुनने में परिचित लगता है, लेकिन जानकी ने भी कई निष्ठावान सेवकों को आकर्षित किया है, जिन्हें उन्होंने अपनी सेवा में कठिन कार्य में लगाए रखा या ईश्वर की सेवा में। ऐसी कोई भी सलाह नहीं है कि उनमें से किसी का भी उनकी सेवा में देहावसान हुआ, लेकिन वे सभी उनकी शोषक प्रवृत्तियों के साक्षी हैं, और उसी कारण के लिए। बरबाद करने के लिए समय नहीं था, जो भी ये दोनों महिलाएँ कर रही थीं, वह बाकियों के सामान्य विचार और सामाजिक जीवन का आनंद लेने के लिए बहुत ही महत्त्वपूर्ण था।

व्यस्त दीर्घकालिक वास्तव में अवैध, फ्लोरेंस नाइटिंगल सबसे बढ़कर एक संख्यिकीविद् थीं और नर्सिंग, सामाजिक सुधार, साफ–सफाई तथा सार्वजनिक स्वास्थ्य पर अनेक पुस्तकें लिखीं। नर्सिंग व्यवसाय में सैनिक शैली का स्वभाव, जो एक अलग तरह की वरदी, जिसकी उन्होंने शुरुआत की, आज भी चलन में है।

किसी को सही तरह यह पता नहीं चल पाया कि शय्याग्रस्त वर्षों के दौरान उन्हें क्या हुआ था, लेकिन बीमारी और बिस्तर पर पड़े रहने का उन्हें बहुत फायदा मिला, जो शायद उन्हें स्वस्थ तथा सक्रिय होने पर नहीं मिलता।

एक चीज, जिसने उन्हें खामोश रहने में समर्थ किया, किसी भी आगंतुक से नहीं मिलना है यदि उन्हें लगता है कि नहीं मिलना चाहिए और कोई काम करने का जब मन नहीं हो तो उसे न करना, क्योंकि उनके पास हमेशा बीमारी का बहाना था।

कोई अन्य विक्टोरियाई रोगी एलिजाबेथ बेरेट ब्रानिंग जैसे लोगों के बारे में भी सोचता है। एक बार फिर किसी को नहीं मालूम कि उन्हें क्या हुआ था, लेकिन उनकी निरंतर बीमारी का अर्थ यह था कि उन्हें कभी भी बिस्तर से नहीं उठना पड़ा और किसी भी काम को नहीं करना पड़ा, जो उनके वर्ग की विक्टोरियाई महिला से हो सकता है कि अपेक्षित हो। उनके पिता ने अपने ग्यारह बच्चों के साथ उन्हें यह आदेश दिया था कि कभी भी शादी नहीं करनी है और एक समय के बाद एलिजाबेथ या बाबा को यह बात सही लगी, जैसा कि वे इस नाम से जानी जाती थीं। कभी भी ऐसा नहीं लगा कि वे कभी इतनी ठीक भी होंगी कि उनकी शादी होगी। जब प्यार हुआ तो इसने उनका जीवन भी हमेशा के लिए बदल दिया। उनके उत्साही प्रशंसक और साथी कवि राबर्ट ब्राउनिंग, जो उनसे छह साल छोटे थे, उनको देखने आए। आगंतुकों को तब आने की अनुमति होती थी, जब वे मिलना चाहती थीं, लेकिन एक बात याद रखनी चाहिए कि 40 वर्ष की उम्र तक उन्होंने कभी भी अपना बाल स्वयं नहीं बनाया था। वे खाना नहीं बना सकती थीं और न ही कोई घरेलू काम कर सकती थीं तथा वे कभी भी सार्वजनिक रूप से उपस्थित नहीं हुई थीं। उसके बावजूद भी उनकी बढ़ती प्रसिद्धि और रहस्य ने उस समय के अनेक लेखकों को अचंभित कर दिया तथा जब उन्हें फ्लोरेंस को जानने का मौका मिला तो राबर्ट ब्राउनिंग ने ये प्रसिद्ध शब्द बोले, "प्रिय मिस बैरेट, मैं आपके गीतों को और आपको भी अपने हृदय से प्यार करता हूँ।"

इन शब्दों से एलिजाबेथ को इतनी ताकत मिली कि वे रोगशय्या से उठ गईं और वफादार नौकर विल्सन के साथ गुपचुप तरीके से रॉबर्ट ब्राउनिंग से विवाह कर लिया तथा उनके साथ इटली भाग गईं। पहले ही उनकी उम्र चालीस से ऊपर हो चुकी थी, उन्हें एक बेटा हुआ, जो पेन के नाम से जाना गया, जबकि उनके पूर्व नौकर विल्सन ने इटालियन से शादी कर ली और एक गेस्ट हाउस की स्थापना

की। एलिजाबेथ बैरेट के उग्र पिता ने उन्हें संपत्ति से बेदखल कर दिया, जैसा कि उन्होंने पहले ही अपने सभी बच्चों को यह धमकी दी हुई थी कि यदि वे शादी करेंगे तो संपत्ति से बेदखल किए जाएँगे, लेकिन उन्होंने राबर्ट ब्राउनिंग के प्रति जो प्यार महसूस किया, वह किसी पिता की संपत्ति से कहीं ज्यादा ताकतवर था।

यह सच है विक्टोरियाइयों ने बीमारी को एक बड़ा मुद्दा बना या एक हद तक उसमें उलझे भी। फिर भी हम यह पूछ सकते हैं, फ्लोरेंस नाइटिंग, एलिजाबेथ बैरेट ब्राउनिंग तथा दादी जानकी में क्या सामान्य है?

वे सभी अद्‌भुत रूप से प्रतिभाशाली और दृढ निश्चयी महिला थीं या हैं, जिन्होंने सचेत या अचेत रूप से रहस्य और दूरी बनाए रखने के लिए अपनी बीमारी का सहारा लिया और जो भी हो उसके कारण वे जीवन में महान् चीजें हासिल कीं। यह ध्यान देने योग्य बात है कि दादी अभी भी लागों से मिलती हैं और रोगशय्या पर होने के बावजूद उनके उत्थान के लिए काम करती हैं।

> महान् प्रतिभा वर्जिनिया बुल्फ, जो स्वयं भी बीमारी की शिकार रहीं, जिनमें गंभीर मानसिक बीमारी भी शामिल है, ने 'ऑन बिईंग इल' शीर्षक से एक लेख लिखा जिसमें उन्होंने पूछा कि यह विचार करते हुए कि बीमारी कितनी सामान्य है, यह कितना व्यापक आध्यात्मिक बदलाव लाती है, जब स्वास्थ्य में गिरावट आती है, वे अज्ञात देश, जिनका तब पता चलता है, एंफ्लुऐंजा का हलका आक्रमण आत्मा को कितना प्रभावित करता है, यह आश्यर्चजनक है, यह वास्तव में विचित्र है कि बीमारी ने प्रेम, युद्ध और ईर्ष्या का स्थान नहीं लिया है, जो कि साहित्य के प्रमुख विषय हैं।

इसी लेख में वर्जिनिया वुल्फ ने लिखा कि बीमारी के कारण हमारे भीतर के ओक जैसे विशाल वृक्ष भी उखड़ जाते हैं।

बीमारी के बारे में अंतर्दृष्टि शायद इतनी बेहतर कभी बनाई गई है, और यह रुचिकर है कि वुल्फ आध्यात्मिक अंतर्दृष्टि की बात करती हैं जो बीमारी के साथ आ सकती है। उस समय वुल्फ ने लिखा कि एंफ्लुऐंजा या फ्लू एक गंभीर बीमारी हो सकती है, जिससे मृत्यु तक हो सकती है।

इस और यथातथ्य ढंग से कहें तो बीमारी के कारण विश्व की चिंताओं एवं लोगों की अपेक्षाओं से दूर जा सकते हैं, सोचने का समय मिल सकता है, ताकि हमें अपने काम को आगे बढ़ाने के लिए शांति और जगह मिल सकें। यहाँ जिन

महिलाओं की चर्चा की गई है वे लगातार बीमार रही हैं—कम-से-कम फ्लोरेंस नाइटिंगल और दादी जानकी—नब्बे वर्ष की आयु तक बीमारी के साथ जीवित रहीं, फिर भी अपने अंतिम समय तक बुरी तरह काम करती रहीं। जैसा कि हम जानते हैं कि वर्जिनिया वुल्फ वे अपनी मानसिक बीमारी के समय आत्महत्या कर ली, लेकिन आमतौर पर उन्हें बीसवीं शताब्दी का एक महानतम लेखक, एक सच्चा साहित्यिक शिखर माना जाता है।

बीमारी का एक महत्त्व यह भी है कि यह आपको आपकी सामान्य चिंताओं और दु:खों से निकाल, संभवत: विश्व में परिवर्तन लाने के लिए समय देता है। एक अन्य उदाहरण नेल्सन मंडेला का है। यद्यपि जहाँ तक हम उनके बारे में जानते हैं वे किसी गंभीर बीमारी से पीड़ित नहीं थे। 27 वर्षों तक जेल में बीता उनका समय ने उन्हें सोचने, पढ़ने और समझने का समय दिया, ताकि मुक्त होने तक वे एक बुद्धिमान व्यक्ति बन जाएँ। कई प्रतिभाशाली व्यक्तियों ने अपना श्रेष्ठ काम जेल में किया है या प्रतिदिन के जीवन से अपनी इच्छा से या जबरदस्ती निकाले जाने के कारण, अकेलापन के कारण किया है।

लगभग तीन दशक तक जेल में रहने के कारण मंडेला दयालु हो गए और दृढ हो गए कि दक्षिण अफ्रीका की हालत को और लंबा नहीं किया जा सकता है जहाँ एक जाति को दूसरे से श्रेष्ठ के रूप में देखा जाता था। बदले की बजाय वे सामंजस्य चाहते थे और आज भी दक्षिण अफ्रीका के लोग उनकी माफ करने और भूल जाने की क्षमता को एक चमत्कार के रूप में देखते हैं। उनका सत्ता में आना सहज परिणति खून-खराबे के रूप में होती।

आप कहते हैं कि जेल में मंडेला का समय एक प्रकार का जबरन चिंतन था। वे शारीरिक रूप से नहीं बच सके, लेकिन मानसिक रूप से वे स्वतंत्र थे।

दादी के साथ भी ऐसा ही था। बीमारी की अवधि ने उन्हें समय दिया, मानो और अधिक सोचने, योजना बनाने, चिंतन करने तथा ईश्वर के साथ जुड़ने का सामान्य जीवन से समय निकलता है। बीमारी की अवस्था में जाने के कारण बड़ी अंतर्दृष्टियों की योजना बनाने और उस पर काम करने का।

इस पुस्तकों को लिखने के दौरान कुछ ब्रह्माकुमारीज ने मुझ से पूछा कि मुझे क्या लगता है कि दादी जानकी के बिना इस आंदोलन के लिए बड़े केंद्र और इतना व्यापक विस्तार हो पाता तो इस पर मेरा जवाब है कि शायद नहीं। दादी जानकी के बिना यह पूरी तरह से संभव है कि यह आंदोलन टेनिसन रोड स्थित दो कमरे

के फ्लैट से काम करनेवाला एक छोटा सा भारतीय संगठन बनकर रह जाता। पश्चिम में अपने प्रवास के दौरान दादी एक के बाद दूसरी अंतर्दृष्टि के साथ आगे आती रहीं और फिर उन्हें वास्तविकता में बदलने का निर्णय किया।

और एक बार फिर जब वह हासिल हो गया तो शीघ्र ही दूसरे पर काम शुरू। दादी कभी भी उनमें से नहीं हैं, जो अपनी उपलब्धियों के बाद चैन से बैठ जाते हैं।

फिर भी प्रमुख परिवर्तन एक व्यक्ति की प्रेरणा होती है, दादी जानकी कभी अकेले नहीं थीं। ठीक उसी तरह जैसे कि बहुत सारे प्रमुख लोग लगातार बीमारी की चपेट में आ जाते हैं, दादी जानकी के पास उनकी देखभाल करनेवाले निष्ठावान लोग थे। निस्संदेह इससे उनका जीवन लंबा हो गया, क्योंकि इस बात के प्रबल प्रमाण हैं कि देखभाल और समर्पण के कारण रोगी के जीवनकाल बढ़ने तथा जीवित रहने की संभावना बढ़ जाती है। दादी को दुनियाभर के लोग प्यार करते हैं, तथा यह उतना ही जितना कि कुछ और चीज़ ने निस्संदेह उन्हें जीने की ताकत दी है।

कई वर्षों तक ब्रह्माकुमारी हंसा दादी की देखभाल करती रही हैं। वे हर जगह दादी के साथ जाती हैं, उसी कमरे में सोती हैं, जिसमें दादी सोती हैं और दादी की कुशलक्षेम में अपना जीवन समर्पित कर दिया है। हंसा को यह लगता है कि इस काम को करना इसका सौभाग्य है और जिस तरह की देखभाल वे दादी की करती हैं उससे उन्हें भी दादी से बहुत वरदान मिलते हैं।

और जयंती के पिता मुरली, जो अब नब्बे वर्ष के हैं तथा चल-फिर नहीं सकते, उन्हें भी ऑक्सफोर्ड रिट्रीट केंद्र पर लगातार समर्पित देखभाल मिलता है, जो ब्रह्माकुमारीज का जयंती और उनकी माँ के माध्यम से पश्चिम में पैर जमाने में समर्थ होने पर पुरस्कारस्वरूप उन्हें मिला।

निस्संदेह युवावस्था से ही अपना पूरा जीवन बीमारी से पीड़ित रहने के कारण दादी ने बार-बार होनेवाली बीमारी के बारे में बहुत सोचा है और यह भी कि इसका क्या अर्थ है।

वे कहती हैं कि सबसे पहले तो कर्म भी भूमिका होती है कि आप अपने पूर्वजन्म से क्या लाते हैं। यद्यपि यह एक ऐसा सिद्धांत नहीं है, जो सभी को स्वीकार्य हो, हम जानते हैं कि प्राय: बच्चे बीमार जन्म लेते हैं या वे अपंगता से पीड़ित जन्म लेते हैं तो हम यह पूछ सकते हैं कि उनके साथ ऐसा क्यों हुआ। दादी

के विचार में, वे लोग जिनके जीवन की शुरुआत अच्छी नहीं होती है, वे अपने पूर्व जीवन से कुछ बोझ लेकर आते हैं। विगत में आपके जीवन या क्रियाकलाप से जुड़ी बीमारी के बारे में आप कुछ नहीं कर सकते हैं, सिवाय इसे स्वीकार करने और इसके साथ लाई गई विशेष चुनौतियों तथा हालातों से सिखने के।

ब्रह्माकुमारीज वर्तमान को समझाने के लिए पूर्व जीवन में नहीं आँकते जैसा कि कुछ थेरेपिस्ट और अर्द्धमनोविश्लेषक करते हैं। उनके लिए इस बात पर विश्वास करना बहुत है कि इस जीवन में आपके साथ जो कुछ हो रहा है वह किसी-न-किसी अर्थ में पूर्वजन्म से जुड़ा हुआ है। इस मान्यता के अनुसार बीमारी एक प्रकार का कार्मिक खाता हो सकता है।

उस मान्यता के अनुसार वे लोग जिनका स्वास्थ्य हमेशा अच्छा रहता है, हो सकता है कि वे अपने पूर्वजन्म से अच्छे कर्म साथ लेकर आए हों।

आधुनिक समय में कई बीमारियों, जैसे कि कुछ कैंसर और हृदय रोग के लिए जीन को उत्तरदायी माना जाता है। लेकिन निस्संदेह जीन उत्तराधिकार की इसमें एक प्रमुख भूमिका होती है, लेकिन हमेशा ही यह इसका आंशिक उत्तर होगा, क्योंकि कुछ लोग अपने पूरे जीवनकाल ऐसी बीमारी से पीड़ित हो जाते हैं, जबकि उनके परिवार में कभी भी किसी को भी यह विशिष्ट बीमारी नहीं हुई है।

उस जीवन में बीमारी पूर्वजन्म में किए गए कार्यों के फलक रूप में ही नहीं आती है। हमें अपने स्वास्थ्य की पूरी जिम्मेदारी खुद लेनी पड़ेगी तथा दादी जानकी का मानना है कि दो और कारण हैं, जिनके कारण बीमारी होती है। ये हैं—आलस्य या लापरवाही और लत।

लापरवाही का आशय है अपने आपकी सही तरह देखभाल करने की अक्षमता या शायद जानबूझकर खुद की अनदेखी। आम स्तर पर इसमें निस्संदेह शामिल हैं सही तरह विश्राम न करना, सही तरह खाना न खाना, गलत चीजें खाना-पीना और स्वास्थ्य को प्रभावित करनेवाली आदतें, जैसे—मद्यपान या नशाखोरी।

इसका यह भी अर्थ हो सकता है कि सरदी के मौसम में बाहर जाने पर खुद को अच्छी तरह गरम कपड़ों से न ढकना या जानबूझकर खुद को ऐसा नुकसान पहुँचाना, जिससे बीमारी होती है। इस तरह के मनोवैज्ञानिक कारण या मनोवैज्ञानिक स्थितियाँ कि खाने के प्रति अरुचि हो या खानपान की गलत आदत और सनक जैसी आदतें। ऐसी दशाएँ, जिनके कारण गंभीर शारीरिक रोग हो सकता है और यहाँ तक कि असमय मृत्यु भी हो सकती है।

ब्रह्माकुमारीज इस बात पर जोर देते हैं कि भोजन स्वस्थ, घर का बना प्राकृतिक और ताजा चीजों का बना होना चाहिए। अन्य बहुत सारे धर्मों की तरह आगंतुकों को हमेशा भोजन और जलपान दिया जाता है। यह बहुत ही स्वादिष्ट होता है और कई लोगों का यह मानना है कि यह प्रत्यक्षत: आध्यात्मिक कंपन के कारण होता है, जो इस भोजन को आम आदमी के खाने से पहले ईश्वर के भोग लगाने के कारण इसमें प्रवेश करता है।

इस तरह से ब्रह्माकुमारीज अपना ध्यान खुद ही रखते हैं। यद्यपि एक चीज जो उन्होंने अपने जीवन में आने दी है, वह है शारीरिक व्यायाम की कमी। वह योग जिसका वे अभ्यास करते हैं, उसमें हथ और आसन योग शामिल नहीं है तथा यद्यपि इसके संस्थापक ब्रह्म बाबा इस बात पर जोर देते थे कि स्वस्थ रहने के लिए सभी ब्रह्माकुमारीज को नियमित अभ्यास करना चाहिए, जो अब उनकी दैनिक दिनचर्या का हिस्सा नहीं है, जो मेरे अनुसार होना चाहिए।

आजकल कई ब्रह्माकुमारीज का वजन ज्यादा होता है, जिसके परिणामस्वरूप जिसके कारण वे मधुमेह और व्यायाम की कमी तथा मोटापे से जुड़ी अन्य समस्याओं से ग्रस्त हो जाते हैं। लापरवाही या यह ऐसा है कि वे समझते हैं कि उनके पास व्यायाम करने के लिए समय नहीं है?

जब बात लत की हो तो हम जानते हैं कि इसके कारण गंभीर बीमारी और असयम मृत्यु तक हो सकती है। आज धूम्रपान और बीमारी का संबंध सुस्थापित है, उसी तरह से आनंद के लिए पीए जानेवाले पेय तथा बीमारी में भी एवं मद्यपान पर निर्भरता और अन्य बीमारी में भी। इस तरह की गतिविधियों की शुरुआत प्राय: आनंद के लिए की जाती है, उससे उनका मूड ठीक होता है; और फिर जल्द ही हमें पता चलता है कि हमें तो उसकी आदत लग गई है तथा उसके गुलाम हो गए हैं।

ब्रह्माकुमारी जीवनशैली का एक महत्त्वपूर्ण पक्ष है स्वयं को लत से दूर रखना। हम सभी जानते हैं कि यह कठिन हो सकता है, लेकिन वर्षों में कई नशे, मद्यपान के आदी और खानपान की गलत आदतों से पीड़ित व्यक्ति ने भी ब्रह्माकुमारी के चिंतन के अभ्यास, शुद्ध भोजन का सेवन तथा सादा शुद्ध जीवनशैली को अपनाकर अपनी स्वास्थ्य समस्याओं से निजात पाने में स्वयं को समर्थ पाया है।

स्वास्थ्य रक्षा के प्रति ब्रह्माकुमारी के समर्पण के हिस्से के रूप में, दादी जानकी ने उन पाठ्यक्रमों और आयोजनों का प्रबंध किया, जो लोगों को लतों तथा

निर्भरताओं से पीड़ित व्यक्तियों की मदद करने के उद्देश्य से बनाए गए। यह भी ब्रह्माकुमारी का लगातार उन लोगों तक पहुँचने का एक अन्य तरीका है, जिन्हें आध्यात्मिक शिक्षा और मदद की जरूरत होती है।

दादी का यह भी मानना है कि लंबी बीमारी नकारात्मकता, तनाव और सोचने की गलत आदतों से होती है, जो अपने आप में ऐसी आदतें बन जाती हैं जिनसे छुटकारा पाना मुश्किल हो जाता है और इस तरह से लत बन जाती है। हमेशा ही यह कोई बाहरी चीज नहीं होती है, जिससे लत लगती है। उदाहरण के लिए कुछ लोगों को क्रोध की आदत होती है और अब यह ज्ञात है कि लगातार क्रोधित होते रहने के कारण हृदय और पाचनशक्ति की ऐसी समस्या उत्पन्न होती है, जिसके लिए दवाइयों की जरूरत पड़ती है। शोध से यह भी पता चला है कि आक्रोश को लंबे समय तक रोकने से भी बीमारी होती है। ब्रह्माकुमारीज इसे समझते हैं और पूरे विश्व में क्रोध प्रबंध तथा सकारात्मक सोच पर पाठ्यक्रम चलाते हैं।

लत, चाहे किसी पदार्थ के गलत प्रयोग या सोचने के गलत तरीके के कारण हुई हो, एक बार फिर इससे निपटने का श्रेष्ठ तरीका है चिंतन। दादी जानकी का विश्वास है कि यह अपने आप ही कई बीमारियों का इलाज कर सकता है और बिना चिकित्सकीय हस्तक्षेप के ठीक हो सकते हैं। चिंतन शरीर और मस्तिष्क में सामंजस्य स्थापित करता है तथा इस तरह कई शारीरिक समस्याओं से छुटकारा मिल सकता है।

आजकल श्रेष्ठ चिकित्सीय सुविधाएँ दादी की पहुँच में भी हैं जो उपलब्ध कराई जा सकती हैं तथा यह सुनिश्चित करने के लिए कोई भी कसर नहीं छोड़ी जाती कि उन्हें श्रेष्ठ डॉक्टरों, श्रेष्ठ अस्पतालों की सुविधा उपलब्ध हो और उनकी दशा के लिए जो भी आधुनिक तकनीक उपलब्ध है, वह उन्हें मिले।

बार-बार बीमार पड़ने के कारण ही दादी का ध्यान स्वास्थ्य रक्षा की ओर गया और उनके दिक्षा-निर्देशन में 'दि दादी जानकी फाउंडेशन फॉर ग्लोबल हेल्थकेयर' जिसका नाम बाद में 'दि जानकी फाउंडेशन फॉर स्प्रीचुएलिटी इन हेल्थकेयर' का उद्घाटन सन् 1997 में 'दि रॉयल कॉलेज ऑफ फिजिशियन' लंदन में किया गया। यह यू.के. में केंद्रित स्वास्थ्य और आध्यात्मिकता के बीच संबंध पर शोध को प्रोत्साहित करनेवाली एक दान संस्था है।

यह फाउंडेशन स्वास्थ्य रक्षा के आध्यात्मिक पक्ष का अन्वेषण करने वाली

पुस्तक, पुस्तिकाएँ और सी.डी. आदि प्रकाशित करता है और वार्षिक अभिभाषणों का आयोजन भी करता है। एक छोटी सी शुरुआत से आज 'दि जानकी फाउंडेशन' की पहुँच 30 देशों तक हो गई है। यह भारत में माउंट आबू में ग्लोबल हॉस्पिटल के कार्यों में भी सहायता करता है, जहाँ मुख्यधारा की चिकित्सासेवाओं, जहाँ उचित लगता है, वहाँ चिंतन और पूरक चिकित्सा द्वारा सहायता की जाती है।

जानकी फाउंडेशन की अध्यक्ष होने के नाते दादी कहती हैं—

> "आज विज्ञान और चिकित्सा के क्षेत्र में बहुत शोध हो रहे हैं, लेकिन हम आंतरिक शांति पर शोध को भूल गए हैं। मुझे अपने पूरे जीवन बहुत सारी बीमारियों का अनुभव हुआ है। मैंने कई वर्षों तक आध्यात्मिक समुदाय में अपनी सेवा के दौरान दूसरों की सेवा-सुश्रुषा भी की है। मैंने पाया कि रोगियों की दशा में सुधार में तब मदद मिलती है, जब मैं प्यार से सेवा करती हूँ और वह 'वरदान' और दूसरों का प्यार सुधार में बहुत मदद करता है। मैं इस निष्कर्ष पर पहुँची कि रोगी को समझना और करुणा के साथ दुखभाल करने की ही सचमुच में जरूरत है। मैं सभी स्वास्थ्यकर्मियों को करुणा और शांति के साथ काम करने के लिए प्रोत्साहित करती हूँ।"

अपने पूरे जीवन दादी ने स्वास्थ्य रक्षा कर्मियों पर बड़ा ध्यान दिया है, नर्स और डॉक्टर से लेकर प्रशासक और स्वास्थ्य सेवा से जुड़े किसी भी व्यक्ति पर। ब्रह्माकुमारीज के आरंभिक वर्षों में स्वयं दादी को भी अधिकृत रूप से नर्स नियुक्त किया गया था, जबकि वे चौदह वर्ष तक एकांतवास और अलग-थलग थे।

उन्हें देखभाल करनेवाले की भूमिका के महत्त्व पर भी बहुत विश्वास है और ऑक्सफोर्ड स्थित ग्लोबल रिट्रीट केंद्र में सेवा व्यवसाय से जुड़े लोगों, जैसे— सामाजिक कार्यकर्ता, नर्स, डॉक्टर, जेलकर्मी शिक्षक, और प्रोबेशल अधिकारियों के लिए नियमित सप्ताहांत आयोजित किए जाते हैं। दादी जानती हैं कि इन व्यवसाय से जुड़े लोगों को बहुत तनाव झेलना पड़ता है और उन्हें भी उतनी ही मदद की जरूरत पड़ती है जितनी कि वे लोग, जिनकी देखभाल की वे कोशिश कर रहे हैं।

वर्षों पहले 'ब्रिस्टल कैंसर हेल्प सेंटर' जो बाद में 'पेनी ब्राउन कैंसर केयर' के नाम से जाना गया, कैंसर के रोगियों और उनकी देखभाल करनेवालों के लिए आवासीय सप्ताह तथा सप्ताहांत आयोजित करने में अग्रणी भूमिका निभाई और

देखभाल करनेवालों पर भी उतना ही ध्यान दिया गया, जितना कि वास्तविक रोगियों पर। अब ब्रह्माकुमारीज भी यह करते हैं और उनके कुछ केंद्रों पर कैंसर के रोगियों तथा उनकी देखभाल करनेवालों के लिए विशेष रिट्रीट का आयोजन किया जाता है।

ब्रिस्टल सत्र और ब्रह्माकुमारी रिट्रीट में प्रमुख अंतर यह है कि ब्रिस्टल सप्ताह बहुत महँगे होते हैं, जबकि ब्रह्माकुमारी रिट्रीट नि:शुल्क कैंसर के रोगियों और उनकी देखभाल करनेवाले प्राय: काम करने में असमर्थ होते हैं, इसलिए हो सकता है कि उनके पास ज्यादा पैसे भी न हों। ये कैंसर रिट्रीट बहुत ही लोकप्रिय हैं और ब्रह्माकुमारी द्वारा उन लोगों की सहायता करने, जो संगठन के अंदर हैं, के साथ ही व्यापक समुदाय की अनेक तरीके से सहायता करने का एक और उदाहरण है।

और भी है, दादी जानकी द्वारा चिंतन में बैठने के अलावा भी बहुत कुछ है।

□

12

1980 का दशक

जैसे-जैसे ब्रह्माकुमारीज का विस्तार होता गया इससे जुड़ने और इसे समर्पित होनेवाले अंग्रेजों की संख्या भी बढ़ी। पूरे यूरोप में केंद्र खुल रहे थे और साथ-ही-साथ दादी जानकी और जयंती दूर-दराज के इलाकों का भ्रमण कर रही थीं तथा संदेशों को फैला रही थीं। लंदन में बड़े-बड़े सम्मेलन आयोजित किए जा रहे थे और वहाँ के मुख्य केंद्र में प्रातःकाल की कक्षा में लोगों की संख्या इतनी बढ़ गई कि नार्थ-वेस्ट लंदन में सेंट ग्रैब्रिएल रोड स्थित घर अब उतना बड़ा नहीं रहा और सत्रों में डडनहिल स्थित समुदाय केंद्र हस्तांतरित करना पड़ा।

इस समय ब्रह्माकुमारीज ने स्थानीय परिषद् के साथ अपने संबंध प्रगाढ़ कर लिये और अपनी कक्षाओं तथा पाठ्यक्रमों के क्षेत्र का विस्तार करना शुरू कर दिया। लेकिन हमेशा बेचैन रहनेवाली दादी जानकी कभी भी संतुष्ट नहीं हुईं।

उसी समय जब वे विस्तार करने की कोशिश कर रही थीं तो हमेशा से कहीं ज्यादा लोगों को ब्रह्माकुमारीज बनने के लिए प्रेरित कर रही थीं।

मैं सन् 1981 में ब्रह्माकुमारीज के संपर्क में आई। मेरे तत्कालीन पति नेवेल ने उनके बारे में सुना था और उन्होंने मुझसे इसका उल्लेख किया, क्योंकि मैं तेजी से स्त्रीत्ववादी बनती जा रही थी और यद्यपि मुझे विशेष रूप से आध्यात्मिकता या चिंतन में रुचि नहीं थी, लेकिन महिलाओं द्वारा संचालित चिंतन समूह से प्रभावित थी।

हम दोनों ने ही पाठ्यक्रम के बारे में सुना और रिचमांड के निकट किव के छोटे से घर में चिंतन कक्षाओं में भाग लेना शुरू किया। उस समय वह जयंती की

संपत्ति थी। वहीं हमारी मुलाकात सुदेश, जयंती और अंततः दादी जानकी से हुई। यद्यपि मन में कई तरह की आरंभिक शंकाएँ और भय था, लेकिन जल्द ही नेवेल ने ब्रह्माकुमारी की जीवनशैली अपना ली तथा उनकी अनुशंसित कार्यों को भी करने लगे। जिससे ब्रह्मचर्य और शाकाहार सेवन शामिल था। यद्यपि सन् 1994 तक वह अंतिम रूप से समर्पित नहीं किया, लेकिन तब तक वे हमेशा से ज्यादा निकट आ गए तथा वास्तव में उनके पास और कोई विकल्प भी नहीं था।

निस्संदेह किसी भी अन्य समूह की तरह ही वे सभी, जो शुरू-शुरू में इससे आकर्षित हुए थे, पाठ्यक्रम किया। कुछ लोगों के लिए तो उनकी जीवनशैली बहुत ही सात्त्विक थी, तो कुछ अन्य के लिए यह बहुत ही भारतीय और विचित्र था तथा फिर दूसरों ने यह निश्चय किया कि वे बल्कि पारंपरिक शादीशुदा जीवन व्यतीत करेंगे, जिसमें बच्चे, कॅरियर और घर सब होगा। लेकिन बहुत बड़ी संख्या में लोग इसकी ओर आकर्षित हो गए तथा यह महसूस किया कि उनके लिए कोई और जीवन संभव नहीं था। चाहे कीमत जो भी चुकानी पड़े, उनके पास दादी जानकी की तरह शुद्ध आध्यात्मिकता का जीवन जीने एवं कोशिश करने के सिवाय कुछ और विकल्प नहीं था।

यहाँ सन् 1980 में ऐसे तीन लोगों की कहानियाँ हैं, जो भिन्न पृष्ठभूमि हैं लेकिन उन्होंने अपना जीवन ब्रह्माकुमारीज को समर्पित कर दिया।

लुसियाना फेराज सन् 1980 से ब्रह्माकुमारी और अब ब्राजील के लिए राष्ट्रीय संयोजक

लुसियाना जब एक मौलिक अंग्रेज ब्रदर केन से मिलीं, जो दक्षिण अमरीका में सेवा की शुरुआत करने वहाँ गए थे, तो उस समय लुसियाना की उम्र 23 वर्ष की थी और वे हथ योग शिक्षक के रूप में श्रम कर रही थीं तथा साथ ही विश्वविद्यालय में अपनी समाजशास्त्र की पढ़ाई के अंतिम वर्ष में थीं।

लुसियाना बताती हैं—

> ''जनवरी 1981 में मैं पहली बार माउंट आबू जा रही थी और मुझे कुछ समय के लिए लंदन में रुकना था। कुछ सिस्टर मुझसे हवाई अड्डे पर मिलीं और मुझे नार्थ-वेस्ट लंदन स्थित घर ले गईं, तब उन्होंने हमारे साथ वहाँ साझेदारी की। सुबह में मुझे विल्डसन स्थित सेंट गैब्रिएल रोड स्थित घर पर ले गईं, जहाँ दादी जानकी, जयंती और सुदेश रह रही थीं। वे मुझे वहाँ प्रातःकाल के चिंतन सत्र और कक्षा के लिए ले गईं।''

मुझे हमेशा से ही आध्यात्मिकता के लिए आमंत्रित किया गया, जहाँ मैं पढ़ा रही थी तो मैं ब्रह्माकुमारी की ओर आकर्षित हो गई। लेकिन लंदन में मैं बहुत शर्मीली थी, इसकी थोड़ी वजह तो यह थी कि उस समय मैं बहुत अच्छी अंग्रेजी नहीं बोलती थी, इसलिए मैं कमरे में बिल्कुल पीछे की सीट पर बैठ गई कि शायद मुझे कोई देख नहीं पाएगा। मैं इससे पहले दादी जानकी से नहीं मिली थी, लेकिन जब वे कमरे में आईं तो वे सीधे मेरे पास आईं और मुझे गले लगा लिया, यह कहते हुए कि हम अजनबी नहीं हैं, बल्कि पूर्वजन्म में हम साथ-साथ थे।

लुसियाना कहती हैं कि उसी क्षण से, मुझे इतने स्नेह और प्यार का अनुभव हुआ कि मानो मैं इनसे शीघ्र ही जुड़ गई। मैं दक्षिण अमरीका की पहली ऐसी व्यक्ति थी, जो ब्रह्माकुमारी बन गई और उसी क्षण ऐसा लगता था कि मैं तथा दादी के बीच एक अंतरंग और स्नेही संबंध स्थापित हो गया। उन्होंने मुझ पर इतना ध्यान दिया और मेरे प्रति कभी भी सख्त या रूखी नहीं थी, जबकि मैंने यह सुना था कि वे दूसरों के साथ बहुत कठोर होती हैं। ऐसा लगता था कि उन्हें यह पता चलता था कि आपको क्या जरूरत है और वे आपको वह चीज देती हैं।

मुझे लगता था कि वे मेरी माँ हैं और जो चीज सबसे गहरे रूप से आपको प्रभावित करती है, वह है उनकी गहनता। वे हमेशा ही से तीव्र रही हैं और कभी समझौता नहीं करती हैं। दादी प्रतिभाशाली और अनुभवी हैं, लेकिन इसके साथ ही वे संतुलित भी हैं, यद्यपि उस स्तर की सघनता और कहीं शायद ही मिलेगी, या हमें कहना चाहिए किसी सामान्य व्यक्ति में।

मैं श्रेष्ठ तरीके से इस गहनता का वर्णन कर सकती हूँ, वह यह है कि वे एक ऐसी इनसान हैं, जो कभी हार नहीं मानती हैं और न ही किसी अन्य व्यक्ति के विचारों से प्रभावित होती हैं। यद्यपि वे बहुत ही स्नेहमयी, मधुर और शालीन लगती हैं। मुझे मालूम है उनका दूसरा पक्ष भी है।

एक बार जब मैंने अपने पिता को ऑक्सफोर्ड लाया तो दादी ने हमें अपने सीटिंग कक्ष में आमंत्रित किया। फोन की घंटी बजी और उन्होंने अपनी कुरसी से उठकर फोन का उत्तर भी दिया। वे बहुत ही कठोरता से बातें कर रही थीं और अपनी उँगली से संकेत कर रही थीं, यद्यपि हम नहीं समझ पाए कि वे क्या कह रही थीं। क्योंकि वे हिंदी में बोल रही थीं, लेकिन हमें उनके बोलने के अंदाज से सार समझ में आ गया था। मेरे पिता मुझे संबोधित करके

बोले, "वास्तव में वे एक आम महिला हैं।"

लुसियाना दादी को एक व्यापारी महिला के रूप में भी देखती हैं। हाँ, उनका स्वभाव मधुर है, लेकिन साथ ही वे अपने लक्ष्य और उद्‌देश्यों के प्रति दृढ भी हैं और अपने मतों या विचारों में वह हलका भी बदलाव नहीं करती हैं। जब भाइयों का एक समूह उन्हें उनकी इच्छा से विरुद्ध कुछ करने के लिए राजी कर रहा था तो उन्होंने कहा, "मुझे आप लोगों से बहुत प्यार और सम्मान मिला है, लेकिन मैं अपने विचार नहीं बदलूँगी।"

भारत के बाहर अनेक ब्रह्माकुमारीज की तरह लुसियाना को भी यह लगता है कि दादी जानकी के बिना यह संगठन कभी सफल नहीं हो पाता। उन्हें लगता है कि निश्चित रूप से यह इतना बड़ा और सफल नहीं होता, उनके अनुसार इसका आंशिक कारण तो यह है कि गैर-भारतीय देश में लोगों को प्रमाण चाहिए होता है और प्राय: वे ऐसे ही विश्वास नहीं करते हैं, विशेषकर जब उनके सामने नाटकीय रूप से उनकी संस्कृति के बाहर का धर्म या अध्यात्म का प्रस्ताव होता है तो। 'इन विभिन्न संस्कृतियों और विश्वास व्यवस्था पर विजय पाना वह भी बिना अंग्रेजी बोले, सचमुच में यह एक उपलब्धि है', वे कहती हैं।

'मेरे विचार में इसका कारण यह है कि दादी पूरी तरह से ब्रह्माकुमारीज के संस्कारों को पूरा करती हैं और उन्होंने कभी भी अपनी जीवनशैली या विश्वास को प्रमुखता नहीं दी। वे जो कुछ भी प्रवचन देती हैं, उसका जीता-जागता नमूना खुद ही हैं और इसके एक उदाहरण के रूप में वे कभी भी किसी भी चीज के लिए कोई शुल्क लेने को सहमत नहीं होंगी। यह शुरू से ही ब्रह्माकुमारी दर्शन का मौलिक सिद्धांत है और पश्चिम में ऐसी चीजें दुर्लभ होती हैं, इसलिए यह कारगर रहा।

अनेकों बार जब वित्तीय समस्या आती, अन्य ब्रह्माकुमारीज ने पूछा है कि हम इसके या उसके लिए कोई शुल्क ले लें, लेकिन दादी कभी भी इसकी अनुमति नहीं देती हैं और जब तक वे जीवित हैं, ब्रह्माकुमारीज कभी भी कोई शुल्क नहीं लेगा। उनके मूल्य इतने मजबूत हैं और ये एक विश्वास से कहीं ज्यादा बहुत कुछ हैं।

'निस्संदेह भारत से बाहर सेवा के लिए वे श्रेष्ठ व्यक्ति हैं और इसका कारण यह है कि वे हमेशा स्वयं को सुलभ रखती हैं। वे कभी भी अपने और अपने आगे आनेवाले लोगों के बीच कोई रुकावट नहीं रखती हैं, या तो कर्मचारी, भव्य कमरा,

भव्य पोशाक या संस्कार, जिसे अनुचर को उनसे मिलने के लिए पूरा करना पड़ा। किसी तरह का अँगूठी चूमना, घूटने टेकना या ऐसी कोई चीज जो आप में उनका भय भर दे, ऐसा नहीं है। उच्च श्रेणी से लेकर निम्न श्रेणी का व्यक्ति, अतिविशिष्ट लोगों तथा राष्ट्राध्यक्षों से लेकर सड़क पर का आम आदमी भी उनके कमरे में आ सकता है।

वे हमेशा उपलब्ध रहती हैं, हमेशा लोगों से मिलने के लिए भ्रमण करती रहती हैं और हमेशा ही एक अनुवादक रखती हैं। इससे हम सभी को निकटता का अनुभव होता है, एक बड़े परिवार की तरह लगता है, यद्यपि वे अंग्रेजी नहीं बोलती हैं। इससे भी कोई बाधा नहीं आती जो हो सकता है कि किसी को लगे।

दादी जानकी भारत के बाहर ब्रह्माकुमारीज का चेहरा हैं, इस बात में कोई संदेह नहीं है और वे शत-प्रतिशत अपने मूल्यों के आधार पर जीती हैं। एक बार जब हम ऑक्सफोर्ड के शानदार मकान में थे और बातचीत कर रहे थे या गपशप जैसा कि वे इसे कहती हैं, उन्होंने कहा कि ऑक्सफोर्ड केंद्र उनके कारण ही अस्तित्व में आया।

फिर भी उनमें जरा भी अहं नहीं था, लुसियाना बताती हैं कि वे हमें सिर्फ इस बात की याद दिला रही थीं कि इस छोटी वृद्ध भारतीय महिला एक भव्य अंग्रेज घर हासिल कर सकती थी, हममें से कोई भी यह कर सकता था। उन्होंने आगे कहा कि हम सभी में वह शक्ति है और आत्म-सम्मान, ध्यान और समर्पण की सहायता से अद्‌भुत चीजें हासिल कर सकते हैं। यदि ऐसे भव्य मकान की प्राप्ति में वे सहायक हो सकती हैं, उन्होंने कहा कि हममें से कोई भी यह हासिल कर सकता है।

व्हाइट हाउस का वर्तमान संस्करण, लट्ठे की झोंपड़ी। यह अब्राह्म लिंकन की कहानी है, जो एक गरीबी भरे बचपन से आगे बढ़कर संयुक्त राज्य अमरीका के राष्ट्रपति बने। यह एक प्रकार की ऐसी चीज है जो महान् नेता ही हासिल कर सकते हैं, लेकिन क्या कोई भी इसे हासिल कर सकता है, यह शायद विवाद का विषय है।

तीन बहनों में एक लुसियाना मौलिक रूप से एक अंतरराष्ट्रीय कॅरियर बनाना चाहती थीं। जब वे चौदह वर्ष की थीं तभी उनके माता-पिता का तलाक हो गया और उनके पिता, जो पेशे से सिविल इंजीनियर और अति सफल व्यवसायी भी थे, की यह इच्छा थी कि कम-से-कम एक बेटी भी अपना अच्छा कॅरियर बनाए। लुसियाना की दो बहनों ने युवावस्था में ही शादी कर ली थी। इसलिए कॅरियर की

सारी अपेक्षाएँ लुसियाना पर केंद्रित थीं। उन्होंने मुझे न्यूयॉर्क स्थित संयुक्त राष्ट्र के इमारत में काम करते देखा। उन्होंने कहा, ''वे कभी भी यह नहीं चाहते थे कि मैं शादी करूँ और बच्चे पालूँ।''

जब मैं ब्रह्माकुमारी बनी, उन्हें शीघ्र ही यह समझ में आ गया कि मैं अंतरराष्ट्रीय कॅरियर बनाने की राह पर हूँ और यह प्रमाणित भी हो गया। ब्रह्माकुमारी के कार्यों के सिलसिले में मैंने पूरी दुनिया का भ्रमण किया है और 35 वर्षों से मैं ब्रह्माकुमारी हूँ। लुसियाना के पिता ने साओपोलो में एक बड़ा ब्रह्माकुमारी केंद्र बनाने के लिए धन तथा भूमिका दान करके व्यावहारिक मदद भी की है।

सन् 1979 से ब्राजील में ब्रह्माकुमारी की उपस्थिति है और सन् 1980 में इसका दक्षिण अमरीका में तेजी से विस्तार हुआ, तब लुसियाना वहाँ इसकी प्रमुख थीं और केन ओ'डोनेल पूरे दक्षिण अमरीका के प्रमुख थे।

जैकलिन बर्ज

जैकलिन, हॉलैंड की एक पत्रकार, सन् 1982 में ब्रह्माकुमारी बनीं। वे बताती हैं—

''एक पत्रकार के रूप में मैं एक व्यस्त जीवन जी रही थी और अपनी भागदौड़ भरी दिनचर्या में मुझे मन की शांति की तलाश थी। मैंने एम्सटरडम में जेन चिंतन पाठ्यक्रम करना शुरू कर दिया था और तभी मैं तिब्बत के लामा के संपर्क में आई। लेकिन पता नहीं क्यों मुझे लगा कि यह मेरे लिए कभी भी ठीक नहीं है।

''तभी मैं अपनी पत्रिका के लिए फैशन फोटो शूट के लिए केनेरी आईलैंड जानेवाली थी और इस फोटो शूट के लिए कपड़े तथा जूते इकट्ठे कर रही थी, तभी मैं एक व्यक्ति के संपर्क में आई, जिसने मुझसे पूछा कि क्या मुझे चिंतन में रुचि है। उसने मुझे बताया कि वह 'ब्रह्माकुमारी' का सदस्य है, जिसके बारे में मैंने उस समय सुना भी नहीं था।''

जैकलिन की रुचि उसमें तभी बढ़ गई, जब उसने उन्हें बताया कि यह संगठन महिलाओं द्वारा चलाया जाता है और वे उस समय स्त्रीत्ववादी आंदोलन में सक्रिय थीं। वह एक बहुत बड़ा आकर्षण था। उन्होंने कहा, ''मुझे पुरुष गुरुओं में रुचि नहीं थी और मैं उस व्यक्ति, जिसकी अब मृत्यु हो चुकी है,

> एम्सटरडम के एक कॉफी की दुकान पर मिली। उसने बताया कि शहर में ब्रह्माकुमारीज का छोटा सा केंद्र है और मैंने निश्चय किया कि फोटो शूट से वापस आने के बाद मैं वहाँ जाऊँगी।''

जैकलिन ने बताया कि उस समय वे बड़ी फैशनेबल थीं और आंतरिक साज-सज्जा से जुड़ी हुई थीं तथा उन्होंने शायद ही सोचा होगा कि वे एक अज्ञात सात्त्विक भारतीय मत के अनुकूल खुद को ढालेंगी। ''लेकिन जो भी हो, मैं इस छोटे से केंद्र पर गई जो मुझे थोड़ा भी पसंद नहीं आया। इसे हॉलैंड की एक महिला चला रही थी, जो ब्रह्माकुमारी बन गई थी और उसके पास पैसे बिल्कुल भी नहीं थे, इसी कारण यह केंद्र गरीबी से त्रस्त लग रहा था। यह जुलाई 1981 की बात थी।

> ''इससे बड़ा विरोध तो हो ही नहीं सकता था। यह सिस्टर सफेद पोशाक पहने हुए थी, उसका घर खाली और अव्यवस्थित था तथा लेदर के साथ ढेर सारा मेकअप किए हुई थी। फिर भी, किसी चीज ने मुझे दिल से छू लिया। यह सिस्टर बहुत ही सादगीवाली, शुद्ध और शांत थी तथा मुझे उससे निकलनेवाले स्पंदन बहुत पसंद आए। उसकी उम्र 26 वर्ष थी और मेरी 24 वर्ष तथा मुझे लगा कि वह सचमुच आध्यात्मिक थी। मैंने उसके अधीन पाठ्यक्रम करने का निश्चय किया। जब उसने ईश्वर के बारे में बातें कीं तो उसने मुझे प्रकाश का एक सर्वव्यापी बिंदु दिखाया।''
>
> जैकलिन कहती हैं, ''उसी क्षण यह पहचान हो गई कि वह सच बोल रही थी और धीरे-धीरे जैकलिन का जीवन बदलने लगा। अपनी नौकरी तो वे करती ही रहीं, लेकिन ब्रह्माकुमारी का ज्ञान और अनुभव उन्हें और ज्यादा अपनी ओर खींचने लगा। सन् 1982 के अंत में, उन्होंने मधुवन जाने का निश्चय किया, जो इसका भारतीय मुख्यालय था।''

यद्यपि उसकी उम्र 24 वर्ष थी, लेकिन उसके साथ पहले ही बहुत कुछ हो चुका था। उसका अपने पति से तलाक हो चुका था तथा उसका एक और ब्वॉयफ्रैंड था। उसके ब्वॉयफ्रैंड को भी ब्रह्माकुमारीज के नियम पसंद थे। वह भी जैकलिन के साथ भारत गया। वे बताती हैं, ''हम अपने पीठ पर अपना सामान ढो रहे थे और मुझे मधुवन इतना अच्छा लगा कि मैंने अपनी नौकरी से लंबी छुट्टी ली तथा चार माह वहीं रुकी रही।''

जब वे सन् 1982 में मधुवन में थीं तभी वे पहली बार दादी जानकी से मिली

थीं। उन्होंने मुझे ब्रह्माकुमारी बनने के लिए प्रभावित नहीं किया। क्योंकि मैं काफी हद तक पहले ही वहाँ थीं, लेकिन उन्होंने निश्चित रूप से प्रेरित किया। जब मैं एम्सटरडम वापस आई तो मैंने उस सिस्टर की केंद्र चलाने में सहायता की, जिससे मुझे राजयोग से परिचित कराया था।

उस समय तक मेरे पास नई नौकरी थी, जो टेलीग्राफ कंपनी में मैगजीन में थी तथा ब्रह्माकुमारी होते हुए भी मैंने एक और दशक तक यहाँ काम किया।

उसके लिए एक बहुत बड़ा आकर्षण शुद्धता या ब्रह्मचर्य पर जोर था। वह वास्तव में एक ऐसा आकर्षण था जो ब्रह्माकुमारीज से मिलने से पहले ही मुझमें था। वे बताती हैं, ''मेरे विवाह के अंतिम के दो वर्ष ब्रह्मचर्य ही थे और मेरे पति के लिए यह सहज था। मैंने स्त्रीत्ववादी पुस्तकें पढ़नी शुरू कर दी थी और मैं यौन संबंध नहीं चाहती थी। बल्कि मैं खुद को पाने के लिए जगह चाहती थी, जैसा कि आज हम कह सकते हैं।''

आजकल जैकलिन हॉलैंड में पूरे समय के लिए ब्रह्माकुमारी हैं और कुल मिलाकर ग्यारह प्रमुख केंद्रों तथा तीन उपकेंद्रों के लिए वे राष्ट्रीय संयोजक हैं। हॉलैंड में बहुसंख्य ब्रह्माकुमारीज डच मूल के हैं और यू.के. की व्यवस्था के विपरीत वहाँ कोई भारतीय नहीं है।

पीछे पलटकर देखने पर कि किस प्रकार ब्रह्माकुमारीज का हॉलैंड में विस्तार हुआ और यह एम्सटरडम में एक छोटे से केंद्र से देश के ग्यारह बड़े एवं पल्लवित केंद्रों में से फैल गया। जैकलिन कहती हैं, ''दादी जानकी के बिना यह संभव नहीं होता। ये पूरी चीजें विशुद्ध रूप से उनकी आध्यात्मिक शक्ति के कारण ही कारगर रही हैं। एक नेता के रूप में उनमें प्यार और सत्ता के बीच संतुलन बनाने की अद्‍भुत शक्ति है। वे हमारे केंद्र पर आठ या दस बार आई हैं और सभी भाई-बहनों को प्रेरित किया है।''

जैकलिन तो ब्रह्माकुमारीज को भारतीय संगठन भी नहीं मानती हैं। ''जहाँ तक मेरी बात है, यद्यपि ब्रह्माकुमारीज का जन्म भारत में हुआ, आध्यात्मिक संदेश सर्वव्यापी है और इसकी पश्चिम में उतनी ही प्रासंगिकता है जितनी पूर्व में।''

और कम-से-कम हॉलैंड में ब्रह्माकुमारीज ने स्वयं को आधुनिक बना लिया है। यद्यपि हम सभी सिद्धांतों का अनुपालन करते हैं, हम सफेद कपड़े नहीं पहनते हैं और निश्चित रूप से हम सभी अपने बालों की पीठ पर एक

चोटी नहीं बनाते हैं। हम कहीं ज्यादा आधुनिक हैं, जबकि आंदोलन यू.के. में ही पारंपरिक है।

आजकल सिर्फ जैकलिन ही पूरे समय के लिए ब्रह्माकुमारी नहीं हैं, बल्कि उनके पूर्व पति वोल्टा भी हैं और उनके भाई तथा माँ भी। ''मेरे पूर्व पति मेरे ऐसे अच्छे आध्यात्मिक मित्र हैं'', वे कहती हैं, ''और अभी उनके साथ मेरे संबंध उस समय से कहीं ज्यादा अच्छे हैं, जब हम शादीशुदा थे।''

दादी जानकी के बारे में जैकलिन का यह कहना है, ''उनकी संगति में होना ही परिवर्तनकारी अनुभव है। मैं दादी से कई बार मिली हूँ, उन्होंने मुझे राह दिखाई है। मेरा समर्थन किया है, मुझे मजबूत बनाया है, मेरे साथ मजाक किया है, मेरे साथ खेला है, हलके या गंभीर रूप में मेरा मजाक बनाया है और मुझे अनेक गलतियों या गलतफहमियों से बचाया है। उनके साथ होना मानो उनके हृदय की करुणा और स्नेह तथा उनके मन की शांति और स्थिरता के तरंगों में भ्रमण करना है। इस जादुई आत्मा के साथ होने से मुझे हमेशा ही आध्यात्मिक यात्रा में आशा, साहस और आत्मबल मिला है।''

इन वर्षों के दौरान जैकलिन ने हर उस शब्द या वाक्य को लिखा है, जो दादी ने उनसे कहा है, ''सच्चाई के इन खजानों को मैं किसी श्रेष्ठ लेकिन सुलभ मानव से आता हुआ मानती हूँ। वे निश्चित रूप से एक दैवीय साधन हैं, एक सर्वोत्कृष्ट आध्यात्मिक नेता हैं। वे एक सच्ची और अपरिवर्तनशील मित्र हैं।''

इससे बड़ी प्रशंसा और कुछ भी नहीं हो सकती है।

फ्रांस के फ्रैंक्वाईइस वेचर सन् 1979 में ब्रह्माकुमारी बने और आज वे फ्रांस के राष्ट्रीय संयोजक हैं।

सैनिक सेवा में रहने के बाद फ्रैंक्वाइस ने फ्रांस टेलीकॉम में विद्युत् अभियंता के रूप में काम करना शुरू किया, लेकिन सन् 1969 से जब से मानव ने चाँद पर कदम रखा, मनुष्य क्या कुछ हासिल कर सकता है, वे इस बात से आकर्षित हैं।

उनके लिए चाँद पर टहलना एक जादुई क्षण था। टेलीकाम में अपनी नियमित नौकरी से वे संतुष्ट नहीं थे और सच्चाई की खोज में विश्वभ्रमण करने का निश्चिय किया तथा लंबी छुट्टी लेने का निश्चय किया। ऐसा हुआ कि ज्ञान की तलाश में उन्होंने अपने पीठ पर थैला लेकर छह वर्ष सड़क पर बीता दिए। इस भ्रमण के क्रम में धन की आवश्यकता पूरी करने के लिए उन्होंने छोटी–छोटी नौकरियाँ भी

कीं और शायद अवश्यंभावी रूप से अंततः ब्रह्माकुमारीज के संपर्क में आए।

वे कहते हैं, "मैं जहाँ कहीं भी गया, दिलचस्प लोगों से मिला और मुझे यह पता चला कि किस प्रकार किसी भी देश की संस्कृति वहाँ के धर्म और धार्मिक मूल्यों से प्रभावित होती है। फिर भी मैं जिन धर्मों के संपर्क में आया उनसे प्रभावित नहीं हुआ। जब मैं मेलबोर्न में थी तो उसी समय सबसे पहले ब्रह्माकुमारीज से मिला। सिडनी में मुझे माइकल और जिसने राजयोग का सात दिन का पाठ्यक्रम करवाया, ये दोनों जुड़वाँ थे तथा दोनों ने साथ ही समर्पित किया। मैं जो कुछ सुन रहा था, उसमें मुझे आनंद आ रहा था। वह ज्ञान मुझे बहुत पसंद आया, मैंने कोशिश की लेकिन मैं ईश्वर के बारे में नहीं समझ सका।

"मुझे आश्चर्य होता कि इन सबसे ईश्वर को क्या करना था। मुझे आत्मा को ऊर्जा के केंद्र के रूप में देखने की धारणा पसंद आई और ऐसा लगा कि मुझसे किसी चीज ने पहली बार बात की। शुरू में मुझे बड़ा आश्चर्य होता कि ब्रह्माकुमारीज के पास कठिन प्रश्नों के इतने सीधे उत्तर थे। हर सुबह ऐसा लगता था कि मैं सच्चाई के एक नए पक्ष को सुन रहा हूँ।"

फ्रैंक्वाइस उस समय ब्रह्माकुमारी नहीं बने, लेकिन बाद में सन् 1979 में वे ऑक्लैंड, न्यूजीलैंड गए, जहाँ वे पाँच माह तक रुके और उन्होंने नवस्थापित ब्रह्माकुमारी केंद्र के निकट। एक फ्लैट किराए पर लिया। "मुझे ऐसा लगने लगा कि मैं सच्चाई सुन रहा था और मानो मैंने ऐसा पहले कभी नहीं सुना था। मैं अभी भी ईश्वर को पसंद नहीं करता था और मुझे आश्चर्य होता था कि उसे इन सबके बीच में आने की क्या जरूरत थी, अन्य सभी पक्षों से मैं खुश था।"

"उस समय मैंने यह कभी नहीं सोचा था कि मैं ब्रह्माकुमारी बनूँगा, लेकिन वेलिंगटन, न्यूजीलैंड में एक बहन ने मुझे भारत में एक वरिष्ठतम भाई निरवायर को चिट्ठी लिखने के लिए कहा। उस समय बहुत कम अंग्रेज ब्रह्माकुमारी थे और इस बहन ने सोचा कि अभी भी मेरे मन में जो प्रश्न है, उसका उत्तर निरवायर दे सकता था। मैंने निरवायर को चिट्ठी तो लिखी ही, मैंने यह भी लिखा कि मुझे नहीं मालूम कि क्या मैं एक ब्रह्माकुमारी हूँ?

"धीरे-धीरे मेरी चेतना में ईश्वर की धारणा पनपने लगी, इसका कारण था अनेक अनुभव और वह विनम्र भावना, जो चिंतन के दौरान मेरे भीतर आ रही थी।"

फ्रैंक्वाइस मई 1980 में पेरिस वापस चले गए और फ्रांस में अन्य यू.के. भाइयों के साथ मिलकर पहला केंद्र स्थापित की, जिन्होंने यू.के. और भारत में ब्रह्माकुमारी की शिक्षा प्राप्त की थी। सुदेश बहन ने जर्मनी के कुछ ब्रह्माकुमारीज के साथ मिलकर इस केंद्र की स्थापना करने की सलाह दी थी।

फिर मधुवन में उनकी मुलाकात दादी जानकी से हुई। वे कहते हैं, ''निस्संदेह उनसे मिलने के बहुत पहले मैं यह जानता था कि वे कौन हैं और यह कि भारत के बाहर सेवाओं की शुरुआत करने में उनकी भूमिका निर्णायक थी। मैं उनकी कक्षाओं में प्रेरित होता था। ऐसा लगता था कि आध्यात्मिकता को वे व्यावहारिक शब्दों में बताती थीं, जिन्हें मैं समझ पा रहा थीं और प्रशंसा भी कर रहा था। मेरे लिए यह एक नई आध्यात्मिक भाषा थी, लेकिन इसका अर्थ था।''

दादी ने आध्यात्मिकता को समझने के लिए मुझे एक नई दिशा दी और उनकी कक्षाओं के माध्यम से मैं यह समझने लगा कि ईश्वर का क्या अर्थ है। दादी जानकी एक ज्ञानवान, बल्कि मैं यह कहूँगा कि वे नंबर एक शिक्षक हैं। शुरू में उनकी कक्षाएँ चिट्ठियों के माध्यम से, डाक के माध्यम से और बाद में फैक्स के माध्यम से आने लगीं।

दादी का आकर्षण संदेह से परे है और यह बात मुझे स्पष्ट हो गई थी कि उन्हें उदाहरण सीधे ब्रह्म बाबा से मिलते थे। दादी जो प्रवचन देती हैं उसी का अभ्यास भी करती हैं और किसी भारतीय आध्यात्मिक व्यक्ति का शक्तिशाली उदाहरण हैं, जो कभी भी भारतीय संस्कृति से दूर नहीं हुईं।

यह पक्ष कि दादी कभी भी उस संस्कृति से बाहर नहीं निकलीं, जो उनके लिए आवश्यक रूप से एक अनजान संस्कृति थी। विशेषकर, फ्रांस में जिसके यू.के. से भिन्न भारत के साथ कभी भी निकट के संबंध नहीं रहे थे, ने फ्रैंक्वाइस को चिंतित करना शुरू कर दिया और अंततः उन्हें दादी के साथ लड़ने के लिए प्रेरित किया, जिसे वे शालीन और सूक्ष्म लड़ाई कहते हैं। ''यद्यपि मुझे यह शिक्षा, यह ज्ञान, हम कौन हैं और हम यहाँ क्यों हैं, की व्याख्या सब अच्छा लगता था, लेकिन ब्रह्माकुमारीज की पूर्ण भारतीयता मेरी बहुत बड़ी चिंता थी। यद्यपि मैं दादी से प्यार करता था, इस शून्य के कारण मुझे यह एहसास हुआ कि मैं पूरी तरह से उनका मित्र नहीं हूँ।''

यह एक ऐसी चिंता थी, जो सिर्फ फैंक्वाइस की ही नहीं थी, बल्कि फ्रांसीसी

सरकार की थी। जैसे-जैसे फ्रांस में ब्रह्माकुमारीज का विस्तार होता गया, उन्हें एक खतरनाक विचारधारा के रूप में देखा जाने लगा।

फ्रैंक्वाइस समझाते हैं कि ''मुझे यह बात समझ में आती है कि राजयोग एक आध्यात्मिक रास्ता है, क्योंकि यह ईश्वर की शिक्षा है। आध्यात्मिकता सर्वव्यापी है और यह संस्कृति तथा विश्वास प्रणाली से परे मानवता की जरूरतों के प्रति प्रतिक्रियाशील है।

''आध्यात्मिकता आत्मा का विज्ञान है, जो हमें सभी कानूनों और दैवीय कानूनों को समझने में मदद करता है। इस तरह राजयोग पर भारतीय संस्कृति और परांपरा का प्रमुख नहीं होना चाहिए।

''हाँ, आध्यात्मिकता सफेद को सर्वव्यापी रंग के रूप में ग्रहण कर सकती है, जिसमें सभी रंग शामिल हैं। लेकिन सफेद की अभिव्यक्ति सभी संस्कृतियों में हो सकती है, इसका अर्थ भारतीय पायजामा और साड़ी नहीं होना चाहिए। दादी ने बाह्य तथ्यों, जैसे—कपड़े और बालों में एक भारतीय झलक डालने के लिए जोर दिया और हमारे बीच यही विवाद का विषय है।

फ्रांस में कोई अश्वेत स्त्री साड़ी पहन सकती है, इसमें कोई समस्या नहीं है, लेकिन यही यदि एक श्वेत स्त्री करती है तो बात भिन्न होती है। इसे कानूनी रूप में धर्म प्रचार के रूप में देखा जा सकता है, क्योंकि सफेद साड़ी का धार्मिक संकेतार्थ है। फ्रांस एक धर्मनिरपेक्ष देश है, इसलिए इस प्रकार के आचरण के प्रति गंभीर प्रतिक्रिया हो सकती है।

''लोग इसे किसी प्रभाव के अधीन के रूप में भी देखेंगे, जिसका अर्थ अपनी स्वतंत्रता को खोना भी हो सकता है। 'स्वतंत्रता' देश के लिए बहुत बड़ी बात है।

''यह एक विरोधाभास है। ईश्वर हमें सिखाता है कि हम नाम, प्रसिद्धि और रूपाकृति से बाहर देखें तथा हम ब्रह्माकुमारी बाहरी रूपाकृतियों में ही फँस जाते हैं।

> ''हमारे बीच धर्म और आध्यात्मिक रास्ता क्या है? इसको लेकर लंबे समय से भ्रम की स्थिति रही है।
>
> ''इन दोनों के बीच अनेक प्रकार के मतभेद हैं। संगठित शब्दों में, धर्म किसी भी व्यक्ति को मान्यताओं और रीति-रिवाजों के बाहरी तरीके से निर्धारित संपुष्ट नियमों से जुड़ने तथा पहचानने के लिए प्रेरित करता है, जिसके द्वारा व्यक्ति चेतना की 'आत्म-परोपकारी' अवस्था को बनाए रखता

है। इसके विपरीत आध्यात्मिकता प्राय: सभी मान्यताओं से अलगाव और चिंतनशील तथा विचारशील अभ्यासों को प्रोत्साहित करता है, ताकि आपके लिए क्या सच है, उसे आप महसूस कर सकें, प्रकट कर सकें और देख सकें, आध्यात्मिक दृष्टिकोण से यह तभी संभव है जब अहम् मर जाता है और सच्चे अस्तित्व का पता चलता है।

"धर्म का एक मौलिक अर्थ है फिर से जुड़ना, एक-दूसरे से बँध जाना। लेकिन धर्म लोगों को प्राय: किसी संस्था तथा उसकी मान्यताओं और विचारों से जोड़ता है, जबकि आध्यात्मिकता व्यक्ति को अपने वास्तविक अस्तित्व के प्रति चेतना, अपने वास्तविक स्वभाव, जो कि सीधे स्रोत के शांतिपूर्ण और स्नेहमयी है, को बहाल करने में मदद करती है।"

फ्रैंक्वाइस कहते हैं कि आज भी हमें एक खतरनाक विचारधारा के रूप में देखा जाता है और यहाँ ब्रह्माकुमारी बनना आसान नहीं है। हमें अस्पतालों या स्कूलों में जाकर चिंतन सिखाने और अखबारों तथा पत्रिकाओं में विज्ञापन देने की अनुमति नहीं है। हमें बस अपना अस्तित्व बनाए रखने की अनुमति है, लेकिन हमें काली विचारधारा के रूप में पहचान कर दी गई है। फिर भी यह हमें कभी नहीं रोक सका है। प्रजातंत्र में हमें गैर-कानूनी घोषित नहीं किया जा सकता है। लेकिन हमें सावधान रहना है।"

फैंक्वाइस स्वयं तो हमेशा से ही समर्पित रहे हैं, लेकिन कहते हैं कि ब्रह्माकुमारी के संदेशों का उन्हें पश्चिमी संदर्भ में अनुवाद करना पड़ता है और भारतीयता के सभी चिह्नों को हटाना पड़ता है। उदाहरण के लिए हमारे केंद्र में बहुत ही कम भारतीय आकृतियाँ या चित्र हैं और फ्रांस में बहुत ही कम भारतीय ब्रह्माकुमारीज हैं। लोगों के लिए इसे जारी तथा आसान बनाए रखने के लिए हमें पूरी तरह से अंग्रेज बनना पड़ा है।

जब फैंक्वाइस यह कहते हैं कि दादी जानकी पूरी तरह से उनकी मित्र नहीं हैं, उनके कहने का जो आशय है, वह यह है कि उनकी भारतीयता इतनी ज्यादा अटल है और वे स्वयं भी इतनी पश्चिमी बनने के लिए तैयार नहीं रही हैं या समर्थ नहीं रही हैं, जितनी कि फ्रांसिसी सत्ता पसंद करेगी। वे आगे बताते हैं, लेकिन हमें यह तो कहना ही पड़ेगा कि सब कुछ के बावजूद भी दादी ने हमें अपने-अपने देशों में स्वयं को संगठित करने और अनुकूल करने का पूरा अधिकार दिया है।

"फ्रांस में ब्रह्माकुमारीज जितना ज्यादा स्वयं को पश्चिम के अनुरूप करेंगे,

उतना ज्यादा उनके लिए एक खतरनाक विचारधारा के रूप में उनको देखने की संभावना कम होगी।''

वे कहते हैं कि हमें बहुत ही सावधान रहना पड़ा है और यह करना आसान नहीं था। फिर भी यदि आप सबसे पूरे भारतीय लालच को भी हटा दें तो भी यही मामला है कि ब्रह्माकुमारीज एक सौ प्रतिशत सच बोल रहे हैं। मैं अभी भी इस बात के प्रति पूरी तरह आश्वस्त हूँ कि इन वर्षों में इसने मुझे आगे बढ़ने के लिए प्रेरित किया है।

''जब मार्च 2015 में मैं भारत में दादी जानकी से मिला तो उन्होंने मुझे बाजुओं में भर लिया। यद्यपि मैं उनका निकट और उनके देश का अनुयायी नहीं था, हमें एक-दूसरे के प्रति इतना सम्मान और आभार है। वस्तुओं के प्रति हमारे दृष्टिकोण हमेशा समान नहीं होते हैं, लेकिन प्रेम अनश्वर है।

''ब्रह्माकुमारीज की निरंतर 'भारतीयता' एक ऐसा पक्ष है, जो कइयों को आकर्षित करती है और कुछ को इससे दूर करती है। सन् 1970 में इसे एक अजनबी हिप्पी और एक भारतीय आध्यात्मिक आंदोलन को अपनाने के एक नव युग के रूप में देखा गया और उस समय के अनेक हिप्पियों ने अपने माथे पर तिलक (लाल बिंदी) लगाए और अपने भारतीय नाम रखे। अनेक तो सच की खोज में हिप्पी यात्रा पर पूर्व भी गए।

''उन भूतपूर्व हिपियों में से अधिकांश ने नौकरी कर ली और परिवार बना लिये तथा पारंपरिक जीवन जीने लगे, लेकिन कुछ के लिए, जैसे फैंक्वाइस के लिए इस भारतीय आंदोलन को अपनाने के सिवाय अन्य कोई विकल्प नहीं था। ऐसा लगता है कि किसी अन्य धर्म या आस्था में इसके उत्तर नहीं हैं।''

अनेकों ने पूछा है कि क्या पश्चिम के ब्रह्माकुमारीज को वास्तव में सफेद साड़ी पहनना होता है? जो भी हो, यह कभी भी पश्चिम की पोशाक नहीं रही है। कुछ तो दादी जानकी को इस बात के लिए जिम्मेदार मानते हैं कि बहनों को देखने में भारतीयों की तरह बना दिया है और वे यह तर्क देते हैं कि ब्रह्माकुमारी केंद्रों पर सफेद साड़ी लगातार विचारधारा से जुड़ा रूप देती है।

लेकिन धीरे-धीरे जैसे-जैसे संगठन परिपक्व होता गया, सफेद साड़ी का परित्याग किया जाने लगा, कम-से-कम यूरोप में और उसकी जगह कम महत्त्वपूर्ण प्रकार की पोशाक आने लगी। सन् 1970 में आरंभ से ही यह अत्यंत वाद-विवाद का विषय रहा है कि समर्पित ब्रह्माकुमारीज को क्या पहनना चाहिए। दादी पारंपरिक

साधारण पोशाक को वरीयता देती हैं, क्योंकि साड़ी शालीन और सस्ती दोनों होती है। इसका यह भी अर्थ है कि बहनों को व्यावसायिक फैशन की अनिश्चितताओं के अनुकूल स्वयं को ढालना नहीं पड़ेगा। यह भी कहना पड़ेगा कि यह इस प्रकार की पोशाक थी, जिसकी दादी को आदत थी, जिसे पहनते हुए वे बड़ी हुई थीं और जिसमें वे सहज महसूस करती हैं, यहाँ तक कि यू.के. जैसे ठंडे देश में भी।

हमेशा ही यह निश्चित करना तुलनात्मक रूप से आसान होता है कि भाइयों को क्या पहनना चाहिए। भारत में वे पारंपरिक सफेद पायजामा या सुंदर दिखने के लिए नेहरू सूट पहनते हैं। लेकिन भारत से बाहर वे काफी हद तक मिली-जुली पोशाकें, जैसे—जिन्स, ट्रैकसूट, हुडिज और टी-शर्ट भी पहनते हैं। जो आजकल के पुरुषों की पोशाकों के काफी समान है। आपको शायद ही यह पता चलेगा कि वे ब्रह्माकुमारीज हैं, यद्यपि उनमें से अधिकांश एक छोटा बैज या रिंग लगाते हैं, जो सोची-समझी बात है, लेकिन इसका उद्देश्य उन्हें यह याद दिलाना है कि वे कौन हैं।

जहाँ तक भाइयों का संबंध है तो उनके बारे में दादी के विचार बिल्कुल स्पष्ट हैं कि उन्हें क्या पहनना चाहिए और सार्वजनिक अवसरों पर उन्हें किस प्रकार का आचरण करना चाहिए। वे दाढ़ी, मूँछ पसंद नहीं करती हैं या वास्तव में उन्हें चेहरे पर कोई बाल पसंद नहीं हैं। क्योंकि वे कहती हैं कि इससे अभिव्यक्ति छूप जाती है और उससे भी बढ़कर उन्हें उनका शॉट्र्स पहनना भी पसंद नहीं है। बहनों की तरह ही उन्हें भी शालीन दिखना चाहिए और अपनी ओर ध्यान खींचने का प्रयास नहीं करना चाहिए।

सभी धर्मों में पोशाक और बालों को महत्त्वपूर्ण माना गया है। कुछ धर्मों में तो महिलाओं को बाल कटवाने की अनुमति नहीं होती है, कुछ में पुरुषों को बाल कटवाने की अनुमति नहीं होती है और अन्य जैसे कट्टर यहूदियों में पुरुषों को बालों की लट और महिलाओं को नकली बाल लगाने पड़ते हैं। ईसाई साधुओं को प्राय: अपने सिर के बाल उतरवाने पड़ते थे या उन्हें अपने बालों को छोटे से गुच्छे के रूप में रखना होता था। उसी प्रकार ब्रह्माकुमारीज के भी बालों के मामले में कुछ नियम हैं या कम-से-कम दिशा निर्देश हैं। यद्यपि समय के साथ वे भी इन मामलों में अब कम सख्त होते जा रहे हैं।

यह बात याद रखनी चाहिए कि दादी जानकी ने 14 वर्ष एकांत और पृथकता में बिताए तथा इसी अवधि में ब्रह्माकुमारी दर्शन तथा जीवन के ढर्रे को अंतिम रूप दिया गया, और तब जब वे और अन्य लोग उन संदेशों को भारत के बाहर ले गए

तो उन्होंने उसी साधारण पोशाक को अपनाया जो उन्होंने यज्ञ के दौरान पहना था, जैसा कि यह जाना जाता था। इस मामले में दादी का अपना विचार यह है कि पोशाक और रूप को जितना संभव हो, उतना ही साधारण रखना चाहिए, ताकि यह सोचने में कि क्या पहनना है और अपने बालों को कैसे बनाना है के सोच-विचार पर कम समय या ऊर्जा का व्यय हो। इन सांसारिक पक्षों पर कोई विचार बिल्कुल नहीं करना चाहिए।

फिर भी जब इस तरह की रुकावटें किसी विदेशी संस्कृति से आती हैं तो उन पर प्रश्न उठते हैं और जब से पश्चिम में ब्रह्माकुमारीज का विस्तार शुरू हुआ तो इस बारे में प्रश्न पूछे गए कि बाहरी दुनिया में यह आंदोलन कैसे आएगा। चूँकि मैं सन् 2015 से लिख रही हूँ, उन बातों का अभी भी अंतिम रूप से समाधान नहीं हुआ है और जब तक दादी जीवित हैं, यह अपेक्षित है कि ब्रह्माकुमारीज प्रमुख रूप से उन्हीं परंपराओं का पालन करता रहेगा, जो उन्होंने आंरभ किए हैं।

□

वर्ष 1986 में ब्रिटेन पीस अपील का शुभारंभ करते हुए दादी जानकी।

13

नब्बे का दशक और शून्यता

यदि 1980 के दशक में पश्चिम में ब्रह्माकुमारी का सुदृढीकरण हुआ तो नब्बे के दशक को एक ऐसे समय के रूप में देखा जा सकता है जब वास्तव में बड़े विस्तार हुए और तब पहली बार बड़े केंद्र बनने या प्राप्त किए जाने शुरू किए गए। एक बार फिर दादी का साहस और उनकी प्रेरणा ही थी, जिसे इसका श्रेय दिया जाता है।

मांडा पटेल, जो नूनेहम कोर्ट स्थित ग्लोबल रिट्रीट केंद्र के निर्देशक हैं। यह ऑक्सफोर्ड के ठीक बाहर स्थित है। पटेल स्वयं सन् 1981 से ब्रह्माकुमारी हैं, वे बताती हैं कि यह सब कुछ कैसे हुआ।

> ''1980 के दशक के अंतिम वर्षों में हमारा तेजी से विस्तार हो रहा था और हमारे पास कहीं भी इतनी जगह नहीं थी कि चिंतन सत्रों या कक्षाओं में आनेवाले बैठ सकें। इस समय तक हमने कुछ अलग-अलग घर खरीद लिये थे, लेकिन वे काफी छोटे थे और किसी भी स्थिति में हमें वहाँ बड़ी भीड़ इकट्ठा करने की या काउंसिल की अनुमति नहीं थी। पिछले नौ वर्षों से हमारी बैठकें डडनहिल कम्यूनिटी सेंटर में हो रही थी। लेकिन वहाँ सही वातावरण नहीं था और यह किसी भी तरह आदर्श नहीं था।
>
> ''हमें प्रतिदिन सुबह एक शांतिपूर्ण वातावरण बनाना पड़ता था, क्योंकि प्राय: उससे पहलीवाली रात में वहाँ नशेड़ियों की पार्टी होती थी और शांतिपूर्ण चिंतन के लिए ये स्पंदन उपयुक्त नहीं थे।''
>
> ''जो भी हो,'' मांडा कहते हैं, ''इस उद्‌देश्य से केंद्र बनाना एक

गंभीर समस्या थी। क्योंकि हमारे पास पैसे बिल्कुल भी नहीं थे। दक्षिण-पश्चिम लंदन के पाउंड लेन में हमने एक उपयुक्त जगह ढूँढ़ ली थी, जो उस समय एक गोदाम था। जिसका प्रयोग नहीं किया जाता था, लेकिन योजना बनाने के लिए भी हमारे पास पर्याप्त धन नहीं था, तो हमें क्या करना चाहिए?

''भाव समाधि के माध्यम से भारत से जो संदेश आया वह यह था कि हमें आगे बढ़ना चाहिए और गोदाम को अपने अनुकूल बनाने की बजाय हमें तीन मंजिल का निर्माण कार्य शुरू से करना चाहिए। यह सन् 1989 के उत्तरार्द्ध की बात है। हमने नई इमारत के निर्माण योजना की अनुमति ले ली, लेकिन इसे बनाने के लिए हम धन कैसे इकट्ठा करें?''

मांडा कहते हैं कि यह पूरी तरह से दादी जानकी का कठिन परिश्रम ही था, जिसने इसे संभव बनाया। उन्होंने पूरी दुनिया में लोगों को हमारी मदद के लिए प्रेरित किया। हमारे ठेकेदार को स्वाभाविक रूप से यह बताना था कि हमारे पास इस परियोजना को पूरा करने के लिए पर्याप्त धन है या हम इकट्ठा कर सकते हैं। लेकिन हमारे पास उस धन का दो प्रतिशत भी नहीं था।

''हमने बैंक से एक करोड़ पाउंड का ऋण ले लिया। लेकिन उससे भी गंभीर भ्रम की स्थिति पैदा हो गई। यह ब्रह्माकुमारी दर्शन का मूल सिद्धांत था कि हमें कभी भी कर्ज लेना और देना नहीं चाहिए। दादी चाहती थीं कि हम कर्ज न लें, लेकिन ठेकेदार काम शुरू नहीं करेगा। हर समय उनके मन में यही संकल्पित विचार था कि हमें कर्ज का प्रयोग नहीं करना चाहिए, विशेषकर जब हमें इसे सूद के साथ वापस करना पड़ेगा।

उन्होंने लोगों को योगदान करने के लिए प्रेरित किया और जादुई चीज यह थी कि हमें जब भी कीमत का एक बड़ा हिस्सा चुकाना होता, तभी हमारे पास चुकाने के लिए पैसे आ जाते। यह 18 माह तक चलता रहा और हमें फिर कभी एक बार भी कर्ज के लिए बैंक के पास जाना नहीं पड़ा।

मांडा इसका पूरा श्रेय ईश्वर में दादी की आस्था को देती हैं। वे हमेशा बड़ा सोचती हैं और इन सबके पीछे विचार यह था कि दूसरों को फायदा पहुँचे। वे कभी भी किसी चीज के लिए चिंता नहीं करती हैं और लोगों से धन माँगने में कभी झिझकती नहीं, जब यह कभी भी स्वयं उनके लिए नहीं, बल्कि दूसरों के लिए होता है। दादी कभी भी अपने लिए भव्य नहीं रहीं, लेकिन बड़े नेताओं की तरह

उन्होंने हमेशा ही बड़ा सोचा है।

हम हमेशा यह सुनते हैं कि विश्वास पर्वत को हिला सकता है, लेकिन यह आधुनिक समय में भी काम कर सकता है, प्रकटत: असंभव को हासिल करने में। ''इस भवन के निर्माण के दौरान, जो पूरे विश्व से लोगों को मिले सहयोग की स्वीकार करते हुए ग्लोबल कोपरेशन हाउस के नाम से जाना गया, दादी उस संदेश को सभी लोगों तक उनके स्तर तक पहुँचाने के लिए दूसरों की मदद करने के लिए सोच रही थीं। यह नहीं भूलिए'', मांडा आगे बताते हैं, कि दादी अब उम्र के सत्तरवें दशक में थीं, एक ऐसी उम्र जब लोगों को अवकाश के लिए भी समय बीत चुका होता है।

> ''लेकिन उन्होंने विश्राम की हालत में बैठने की बजाय हर एक चीज में सक्रिय रुचि लेना शुरू कर दिया। हमें निर्माण कार्य करनेवालों को बिल्कुल सही-सही दिशा-निर्देश देने पड़े और इसके लिए हमें हर चीज जैसे—टाइलस, परदे के कपड़े, रोशनी आदि सब ढूँढ़ना पड़ा। चूँकि हम थिएटर की तरह ऑडिटोरियम बना रहे थे, तो सीटें देखने के लिए हम थिएटर गए और हम लंदन के डिपार्टमेंट स्टोर भी गए।
>
> ''दादी हमेशा हम लोगों के साथ आतीं। इससे पहले यह कभी भी डिपार्टमेंट स्टोर नहीं गई थीं और उन्हें मालूम था कि क्या अपेक्षा करें। लेकिन जब वह भूतल की मंजिल पर चल रही थीं और प्रदर्शन के लिए लगे महँगे सौंदर्य प्रसाधनों और इत्रों को देखा तो उन्होंने टिप्पणी की, 'अब मुझे पता चल रहा है कि मेरी लड़कियों को प्रतिदिन क्या देखने के लिए मिल रहा है, दादी को पूरी तरह से अभी सभी चीजों का पता चल रहा था और वह हर चीज सतह से लेकर रेडिएटर और हिटिंग प्रणाली तक के बारे में अपने विचार व्यक्त कर रही थीं।

''उनके खुलासे में हमेशा की तरह कुछ भी दिखावा नहीं था और न ही कुछ घटिया था। इसके लिए सही शब्द मध्यम श्रेणी है और यह सोचा-समझा था। विचार यह था कि केंद्र में आनेवाला उच्चतम से लेकर निम्नतम स्तर तक का व्यक्ति यहाँ खुद को सहज महसूस करे। इसे ऐसा लगना चाहिए कि मानो यह सभी का स्वागत कर रहा हो चाहे बाहरी दुनिया में उनका जो भी स्तर हो।

''और गलत तरीके अपनाने का कभी भी कोई लालच नहीं था, चाहे पैसों की कितनी ही तंगी क्यों ने हो, या चाहे इसे वहन करना कभी-कभी कितना ही

असंभव क्यों न लगता हो।'' उदाहरण के तौर पर मांडा कहते हैं, ''जब इमारत का निर्माण कार्य बीच में पहुँच गया तो हमें पता चला कि रेडिएटर खिड़की के आर-पार जा रहा था। मैंने अपने मन में सोचा कि हमें इस तरह का नहीं होना चाहिए, क्योंकि यह देखने में भद्दा लगेगा। बिल्डर ने बताया कि इसका एक ही तरीका है एयरकंडीशनर लगवाना, जो ठंड और गरमी दोनों में काम करे, लेकिन उसने कहा कि यह अत्यधिक महँगा होगा।

''दादी को कोई शंका नहीं थी। उन्होंने कहा कि इस इमारत को श्रेष्ठ बनाने के लिए सारी दुनिया के लोगों ने अपना दिलो-जान लगा दिया और इस स्तर पर हम कोई गलत तरीका नहीं अपना सकते। उन्होंने निर्देशों को बदल दिया और ए.सी. के काम को मंजूरी दे दी।

''सन् 1991 में इमारत का निर्माण कार्य पूरा हुआ और इसकी कुछ लागत चार करोड़ पाउंड आई। इसका निर्माण आवासीय इमारत के रूप में नहीं हुआ था और उन्हें सिर्फ देखभाल करनेवाले के फ्लैट के निर्माण की अनुमति थी। जल्दी ही यह स्पष्ट हो गया कि आगंतुकों की बढ़ती संख्या के ठहरने की कोई जगह नहीं होने के कारण आगंतुक सुविधा की भी वहाँ जरूरत महसूस की गई। उन लोगों को या तो दूसरे ब्रह्माकुमारीज के साथ या पास के होटल में ठहरने की व्यवस्था करनी पड़ती थी और इन दोनों में से कुछ भी संतोषजनक नहीं था।

''ग्लोबल कॉरपोरेशन हाउस भारत के बाहर पहला उद्देश्यनिर्मित सुविधायुक्त इमारत थी, लेकिन उसने एक और जरूरत पैदा की—वह थी आवासीय रिट्रीट केंद्र की जरूरत,'' माँडा कहते हैं, ''इसलिए हमने इसकी तलाश शुरू कर दी।

''मैं उस दल का हिस्सा था जिसे उपयुक्त मकान की तलाश थी और हमने कोई चालीस जगह देखी, इनमें से कोई भी सही नहीं लगा। तभी लेखाकारों की एक कंपनी, जो उस निर्माण कंपनी के लिए काम करती जिसने ग्लोबल कॉरपोरेशन हाउस का निर्माण किया था, ने हमें ऑक्सफोर्ड के बाहर एक भव्य घर के बारे में बताया जो प्रापक पद पर था। यह चार वर्षों से खाली पड़ा था, जबकि एक होटल समूह ने इसे एक फाइव स्टार होटल में बदलने की योजना बनाई, लेकिन नाकाम हो गया।

''इससे पहले कि होटल समूह आता इस घर पर सिगरेट कंपनी राथमैन का आधिपत्य हो गया और सम्मेलन केंद्र के रूप में प्रयुक्त होने लगा।

"यह घर पेलैडियन महल था, जो सुंदर बगीचों की पृष्ठभूमि में पचास एकड़ में फैला हुआ था। कभी हारकोर्ट परिवार की संपत्ति इस घर का बीतों वर्षों के दौरान अनेक और विविधतापूर्ण प्रयोग किया जाता रहा है। जिसमें इसका शिक्षक-प्रशिक्षण कालेज होना भी शामिल है और द्वितीय विश्वयुद्ध के दौरान आर.ए.एफ द्वारा इसकी अधियाचना की गई। अब तो यह बेकार था और इतना छोटा कि इसमें किसी व्यवहार्य होटल भी नहीं खोला जा सकता था और इतना बड़ा कि पारिवारिक घर भी नहीं बन सकता, ऑक्सफोर्ड से बाहर इतना दूर कि आवासीय सुविधा या कॉलेज भी नहीं बनाया जा सकता था। इसके अलावा यह एक सूचीबद्ध इमारत थी। इसलिए अनेक बंदिशें भी थीं कि इसका क्या किया जा सकता था। इस जगह और इस भूमि पर अब ऑक्सफोर्ड यूनिवर्सिटी का आधिपत्य है, जिन्हें नहीं मालूम कि वास्तव में इसका क्या किया जाए।

"ब्रह्माकुमारीज ईश्वरीय वरदान लगे होंगे। उन्होंने देखा कि 125 वर्ष के पट्टे को वे 1.2 करोड़ पाउंड में हासिल कर सकते थे, जो इसके वास्तविक मूल्य का एक अंश था। लेकिन ग्लोबल कॉरपोरेशन हाउस का निर्माण कार्य अभी-अभी ही पूरा हुआ था, तो उनके पास इतने पैसों के बराबर कुछ भी नहीं था।

"1991 से 1993 के बीच दादी ने इस मात्रा में पैसों की जरूरत के बारे में विज्ञापन दे दिया कि पट्टा खरीदने के अलावा छह करोड़ पाउंड इसके मरम्मत कार्य के लिए भी जरूरी था और एक बार फिर पैसे समय पर मिल गए तथा किसी कर्ज की जरूरत नहीं पड़ी। यह कहा जा सकता है कि यह एक अन्य चमत्कार था।"

> मांडा कहते हैं कि पहली बार जब दादी ने जगह देखी तो उन्हें लगा कि वे वहाँ पहले भी आ चुकी हैं। यह पहले दिन से ही परिचित लगा। हम भाग्यशाली थे कि यह सही दशा में थी और सभी कमरे जुड़े हुए थे। स्नानघर भी सही दशा में था और घर भी प्रयुक्त किए जाने लायक थे। वहाँ पहले से ही कुछ फर्नीचर भी थे। जिसमें एक सौ खाना खाने के लिए प्रयुक्त की जानेवाली कुरसियाँ भी शामिल थीं। इसलिए हमें मरम्मत या साज-सज्जा पर ज्यादा खर्च नहीं करना पड़ा। पहले छह महीने तक तो पूरे विश्व से स्वयंसेवक यहाँ आते रहे, ताकि इसे रिट्रीट केंद्र में बदला जा सके और सन् 1993 में हमने व्यवसाय के लिए इसे खोल दिया, जैसा कि यह था।

उस भव्य घर का नाम एक बार फिर बदल दिया गया और अब यह ग्लोबल

रिट्रीट सेंटर बन गया। भारत से बाहर ब्रह्माकुमारीज का पहला आवासीय केंद्र और यह वास्तव में भव्य था। विचार यह था कि थोड़ी संख्या में ब्रह्माकुमारीज यहाँ स्थायी रूप से रहेंगे और नया केंद्र आवासीय रिट्रीट चलाएगा, जहाँ पूर्ण ब्रह्माकुमारी के अनुभव भी मिलेंगे।

मांडा का मानना है कि दादी की विशेषता यह है कि वे सांसारिक चीजों को व्यावहारिक कारगर बनाने के लिए आध्यात्मिक सिद्धांतों का प्रयोग करती हैं और यहाँ से एक नई परंपरा शुरू होती है। सभी धार्मिक घरों में, जिसमें निस्संदेह यह भी शामिल था या जल्द ही हो जाएगा, स्त्री और पुरुष अलग-अलग रहते थे, जैसे कि मठों में साधू या महिला मठ में और भिक्षुणी मठ में साध्वी रहती हैं। यद्यपि बौद्ध और ईसाई दोनों धर्मों में स्त्री तथा पुरुष दोनों के लिए धार्मिक घर होते हैं, लेकिन ये दोनों अलग-अलग रहते हैं। दादी ने परंपरा से अलग यह व्यवस्था की कि स्त्री और पुरुष दोनों ही भाई-बहनों की तरह शुद्ध रूप से एक ही छत के नीचे रहेंगे।

धार्मिक महिलाओं और पुरुषों के अलग-अलग रहने का एक कारण स्पष्टत: यह है कि उनमें आपस में प्यार हो, बच्चे पैदा करें और व्यवस्था के लिए जटिलताएँ पैदा करें। कम-से-कम पारंपरिक धर्मों में धार्मिक जीवन का एक पक्ष यह भी है कि मठों में रहनेवाले साधू और साध्वियों के संबंध केवल ईश्वर से हों तथा समर्पित बहनों और भाइयों के बीच जिसे 'विशेष मित्रता' कहते हैं, उसे हतोत्साहित किया जाता है।

किसी भी व्यक्ति का एकमात्र जुड़ाव सिर्फ ईश्वर के साथ होना चाहिए और इस कारण पुरुषों तथा महिलाओं के साथ-साथ रहने और काम करने के कारण उनके बीच सांसारिक लालच पैदा होने की बात मूर्खतापूर्ण प्रतीत होती है।

इस मामले में दादी का दृष्टिकोण भिन्न है और वे सोचती हैं कि ब्रह्मचर्य का पालन करते हुए और ईश्वर से जुड़ाव द्वारा न कि एक-दूसरे के साथ जुड़ाव द्वारा, महिलाओं और पुरुषों को धार्मिक घरों में साथ रहने में समर्थ होना चाहिए। लेकिन यह फिर भी एक प्रमुख और पता नहीं क्यों खतरनाक प्रयोग था, दोनों लिंगों का एक ही छत के नीचे रहना, यह छत विशेष रूप से बड़ी थी फिर भी।

यह एक बिल्कुल ही नया विचार था। बौद्ध और ईसाई दोनों धर्मों को दोनों लिंगों के काम को साथ करवाने में सदियों लग गए और इन दो में से किसी भी धर्म ने स्त्री-पुरुष दोनों के लिए एक धार्मिक घर की अनुमति नहीं दी है। भारत से

बाहर यह एक बहुत बड़ा प्रस्थान भी था और एक उग्र प्रयोग भी।

ऐसे तरीके निकालने थे जिनके द्वारा महिला और पुरुष साथ रह सकते हैं तथा काम कर सकते हैं और ब्रह्माकुमारी के सभी सिद्धांतों का पालन कर सकते हैं। इसके लिए यह फैसला किया गया कि भाई और बहन खाना अलग-अलग खाएँगे, अलग-अलग टेबुलों पर। इस तरह इस अर्थ में वहाँ भी अलगाव था। एक अन्य चीज जो छोटी लग सकती है, वह है अंतरंग कपड़ों के धोने की बात।

महिलाओं और पुरुषों के अंतःवस्त्र अलग-अलग धोए जाते थे और अलग बास्केटों में रखे जाते थे तथा उन्हें सूखने के लिए अलग हवादार अलमारियों के प्रयोग का निर्देश था।

बीस वर्ष बाद यह कहना पड़ेगा कि यह प्रयोग काफी हद तक सफल रहा है, यद्यपि ग्लोबल रिट्रीट सेंटर में एक ऐसी घटना हुई थी, जिसमें एक भाई और एक बहन को आपस में प्यार हो गया, उन दोनों ने शादी कर ली और संगठन को छोड़ दिया। पारंपरिक धार्मिक घरों में भी यह समय-समय पर होता है। किसी ऐसी संस्था की स्थापना करना असंभव है, जहाँ मानव स्वभाव को देखते हुए यह गारंटी दी जाए कि ऐसा कभी नहीं होगा।

> ''हाँ, यह एक प्रयोग था।'' मांडा कहते हैं, ''जो अपने साथियों के बीच 'दि कमांडा' के नाम से जाने जाते हैं। आवासीय रिट्रीट केंद्र के बारे में एक अच्छी बात यह है कि हम सामूहिक चिंतन का प्रतिदिन अभ्यास करते हैं। हम प्रतिदिन अपना पुनरुत्थान करते हैं और सबसे बढ़कर सबसे प्रमुख बात यह है कि सेंटर के लोगों में ईश्वर से प्रेम होता है। वे यहाँ हैं क्योंकि वे इस जीवनशैली को पसंद करते हैं। उन्हें शुद्धता, शाकाहारी भोजन, सुरक्षा और सादगी पसंद है।''

इस लेखिका के अपने पूर्व पति नेविले सन् 1994 से रिट्रीट सेंटर में रह रहे हैं। उनके पूर्व पति ब्रह्माकुमारी के रूप में रहने के लिए जीवन के सभी पक्षों को समर्पित कर दिया। सभी धार्मिक घरों की तरह ही, सभी निवासियों को इस संस्था को चलाने में मदद करने का कौशल होना चाहिए या उन्हें यह कौशल हासिल करना चाहिए। नेविले को बागवानी, खाना बनाने या कुछ बनाने का हुनर नहीं है, तो वे अपना योगदान किस तरह करते हैं? मैंने मांडा से पूछा।

> उन्होंने शीघ्र ही जवाब दिया, ''नेविले लोगों के साथ मिलने, उनका स्वागत करने में आपवादिक रूप से अच्छा है। हर किसी के पास यह उपहार नहीं

होता है। कई वर्षों तक राष्ट्रीय समाचार-पत्रों में व्यावसायिक पत्रकार के रूप में काम करने के कारण वह संगठन में आवश्यक लेखन क्षमता ला सकता है, जिसकी बहुत जरूरत है। वह एक विख्यात सार्वजनिक वक्ता भी है। लोगों के भीतर जो भी कुशलता होती है उसे कठोर रूप से व्यावहारिक होना कोई जरूरी नहीं है। हर किसी में अलग-अलग कुशलता होती है, लेकिन हर एक व्यक्ति को महत्त्वपूर्ण रूप से अपना योगदान करना होता है, ताकि केंद्र सक्षम रूप से चलता रहे। चूँकि यह इमारत बहुत बड़ी है, जिसमें 52 स्नानघर हैं और विस्तृत पहाड़ी धरातल है, इसके प्रतिदिन रखरखाव में पर्याप्त मेहनत करनी पड़ती है।''

ब्रह्माकुमारी को एक-दो कमरे के फ्लैट में तीन लोगों से एक महत्त्वपूर्ण संगठन बनने तक में बीस वर्ष लगे, जिसके आधिपत्य में एक विशाल अंग्रेजी भव्य घर है, लेकिन दादी फिर भी संतुष्ट नहीं थीं। समुद्र के निकट अब आवासीय सुविधा की जरूरत थी। सन् 2005 में समुद्र के निकट स्थित शहर वर्दिंग में घरों की एक शृंखला खरीदी गई और यह जी.आर.सी. का छोटा संस्करण बन गया, जहाँ ब्रह्माकुमारीज साथ-साथ रहते और रिट्रीट का आयोजन करते, आवासीय भी और दिन में भी, इसके अलावा यहाँ ब्रह्माकुमारीज और गैर-ब्रह्माकुमारीज दोनों के लिए चिंतन पाठ्यक्रम और अन्य आयोजन भी किए जाते थे। इस तरह ब्रह्माकुमारीज का विस्तार देश में छोटे-छोटे केंद्रों के नेटवर्क के साथ ही दक्षिणी इंग्लैंड तक हो गया।

जी.आर.सी. में हर वर्ष इसके रिट्रीट और अन्य अयोजनों में बीस हजार लोग भाग लेते हैं। इसके लिए एक समय में कुल पैंसठ आवासीय अतिथिगृहों की जरूरत पड़ सकती है। वहाँ 25 लोग स्थायी रूप से रहते हैं और आठ ब्रह्माकुमारीज वर्दिंग में स्थायी रूप से रहते हैं। दोनो मामलों में केंद्रों की उपस्थिति ने ब्रह्माकुमारीज और उनकी शिक्षाओं के प्रति सहानुभूति रखनेवाले दोनों को ही उस क्षेत्र में जाने और उनके निकट घर खरीदने या किराए पर लेने के लिए आकर्षित किया है।

दोनों ही केंद्रों पर स्थानीय समुदाय के साथ मजबूत संबंध बनाए गए हैं, क्योंकि ब्रह्माकुमारीज कभी भी अंतर्मुखी होकर नहीं रह सकते हैं।

यह भी लगता है कि ब्रह्माकुमारीज ने जहाँ कहीं भी बड़े केंद्र स्थापित किए हैं वहाँ के आसपास के क्षेत्र भी विकसित हुए हैं। जब उन्होंने ग्लोबल कॉरपोरेशन हाउस बनाया तो उस समय पाउंड लैंड काफी हद तक बंजर भूमि थी। आज यहाँ सुंदर अपार्टमेंट हैं, जिनमें से कइयों में ब्रह्माकुमारीज रहते हैं।

वर्दिंग केंद्र को लेकर आरंभ में सुविधा के ठीक शहर के बीच में होने को लेकर बहुत विरोध था, लेकिन दादी हार माननेवालों में नहीं हैं। जब उन्होंने पहले इस घर को देखा तो उन्हें यह बड़ा पसंद आया और उन्होंने हाँ कर दी कि हमें यहाँ एक केंद्र स्थापित करना चाहिए। मांडा कहती हैं, ''दादी समुद्र के निकट केंद्र के लिए दृढ संकल्पित थीं और हम हेस्टिंग्स के लिए प्रयास कर रहे थे। लेकिन वह लंदन से काफी दूर था और विशेष रूप से वहाँ पहुँचना बहुत मुश्किल था और इसलिए वर्दिंग एक आदर्श स्थान लगा।''

जल्द ही ग्लोबल कॉरपोरेशन हाउस भी बड़ा नहीं रहा। इसके निकट आवासीय सुविधा से युक्त घर बनाया जाना था और इसलिए डायमंड हाउस अस्तित्व में आया। इसका निर्माण भी शुरू से किया गया है और इसमें हर मंजिल पर हर कमरे में स्नान घर के साथ एक दर्जन शयनकक्ष हैं।

इसके लिए लेसिस्टर में एक बड़ा केंद्र बनाया गया, इस बार यह एक गोदाम से बना। यह छोटा ग्लोबल कॉरपोरेशन हाउस था।

मुख्य मार्गों की दुकानें जो इनर स्पेस के नाम से जानी जाती थीं, वे भी आध्यात्मिक ज्ञान पर पाठ्यक्रम और चिंतन के केंद्रों के रूप में लोकप्रिय सिद्ध हो रही थीं। पहला लंदन के कॉन्वेंट गार्डन में था और धीरे-धीरे अन्य की स्थापना भी की गई। इंग्लैंड के प्राचीन विश्वविद्यालय शहर ऑक्सफोर्ड और कैंब्रिज में भी ऐसे केंद्र हैं। इसके पीछे विचार यह है कि लोग गली से निकलकर आ सकते हैं। ब्रह्माकुमारी के बारे में प्रश्न पूछ सकते हैं, पुस्तकें एवं सी.डी. खरीद सकते हैं और बिना बहुत बड़े संकल्प के भी चिंतन सत्र या अन्य आयोजनों में शामिल हो सकते हैं। इनर स्पेस की दुकानों में इन लोगों को ब्रह्माकुमारी के जीवन की एक झलक मिल सकती है, जिन्हें इसमें अकस्मात् ही रुचि या उत्सुकता होती है। आप कह सकते हैं कि वे जागरूकता पैदा करते हैं और फिर यदि आपकी इच्छा हुई तो उस खोज को आगे ले जाने का अवसर मिलता है।

पचास एकड़ में फैले ग्लोबल रिट्रीट सेंटर को भी उपयोग में लाया जाना है और इसलिए पीस इन द पार्क की शुरुआत की गई, यह गरमी के सप्ताहांत में होनेवाला एक आयोजन है जिसमें आगंतुक हमेशा की तरह निःशुल्क इधर-उधर घूम सकते हैं, खेल-तमाशे में भाग ले सकते हैं और आमतौर पर उनका बहुत ही अच्छा समय बीतता है। इस वार्षिक आयोजन में दस से बारह हजार आगंतुक भाग लेते हैं और इनकी संख्या हर वर्ष बढ़ती ही जा रही है।

ओह, क्या मैंने सिस्टर जयमिनी द्वारा विकसित और संचालित प्रकाशन कंपनी

ब्रह्माकुमारीज इंफॉरमेशन सर्विसज का उल्लेख किया? जब दादी जानकी लंदन आईं तो वहाँ अंग्रेजी में ब्रह्माकुमारी साहित्य बिल्कुल भी नहीं था। आज ब्रह्माकुमारी का अपना व्यावसायिक प्रकाशन कंपनी है और उच्च स्तर की अंग्रेजी में (भारतीय नहीं) सी.डी., वीडियो और अन्य आध्यात्मिकता आधारित सामग्री भी तैयार करते हैं। दादी स्वयं भी अनेक पुस्तकों की लेखिक हैं, जिनमें उनके ज्ञान और सारगर्भित उक्तियाँ हैं।

अभी तक तो हम बस इसके यू.के. में विस्तार के बारे में ही बातें करते रहे हैं, लेकिन एक बार दादी जानकी ने अग्रणी भूमिका निभाई तो अन्य देशों ने भी बड़े केंद्र बनाने या हासिल करना शुरू कर दिए। ''उन्होंने अन्य जगहों को भी आगे बढ़ने में सहायता की, मांडा कहती हैं,'' ''और जल्द ही अन्य देशों ने भी आवासीय केंद्र स्थापित कर लिए थे। अमरीका के कैटसकिल माउंटेन में हमारा एक विशाल आवासीय केंद्र हैं और ऑस्ट्रेलिया में हमारे तीन बड़े केंद्र हैं। सैन फ्रैंसिस्को, फिलिपिंस और ब्राजील में भी हमारे रिट्रीट केंद्र हैं। इन सबकी उत्पत्ति दादी की प्रेरणा से हुई है।''

क्या यू.के. के बाहर इनमें से कोई भी केंद्र दादी के बिना अस्तित्व में आ पाता? मांडा को कोई संदेह नहीं है। ''बिल्कुल भी नहीं। इनमें से कोई भी उनके बिना नहीं हो सकता था। यद्यपि अन्य देशों में रिट्रीट केंद्रों की स्थापना में वह प्रत्यक्ष रूप से सहायक नहीं रही हैं, वे उनकी सहायता के बिना स्थापित नहीं हो पाता।

''इन केंद्रों की स्थापना के संभव होने और उनके रखरखाव के पीछे एक कारण यह है कि अधिकांश कार्य संगठन के स्वयंसेवकों द्वारा ही किया गया। हमारे पास नल बनानेवाले, बढ़ई, इलेक्ट्रिकल इंजीनियर, साज-सज्जा करनेवाले और घर बनानेवाले संगठन के लोग ही हैं। हमारे पास रसोइया, सफाई करनेवाले और माली भी हैं, इसलिए किसी भी काम के लिए हमें किसी को भी पैसे नहीं देने पड़ते हैं।'' मांडा कहती हैं।

इस मामले में ब्रह्माकुमारी रिट्रीट केंद्र पारंपरिक धार्मिक गृहों की तरह काम करते हैं, जहाँ साध्वी और साधू उस स्थान को चलाने के लिए तथा उससे परे काम को करने के लिए आवश्यक कुशलता सीखते थे या लाते थे। स्पष्टत: किसी बड़े काम के लिए बाहर का संपर्क करना पड़ता था और यह हमेशा ही विवाद का विषय होता था कि इनसे श्रेष्ठ तरीके से कैसे निपटा जाए। इस पुस्तक के लिखे जाने के समय ग्लोबल रिट्रीट सेंटर जलापूर्ति के काम के लिए विशाल धन राशि

की जरूरत है और यह उच्च श्रेणी की विशेषज्ञता का काम है, जिसे स्वयंसेवकों द्वारा नहीं किया जा सकता है। हमेशा की तरह, इस काम के लिए वे पैसे कैसे इकट्ठा करेंगे और किस हद तक उन्हें एक ऐसी इमारत में इस तरह का काम करना चाहिए जिन पर उनका पूर्ण स्वामित्व भी नहीं है, इन प्रश्नों का समाधान आसान नहीं है।

यह तब और भी उल्लेखनीय लगता है जब आप यह सोचते हैं कि जब सन् 1974 में दादी जानकी बिना किसी वास्तविक विचार के लंदन आईं कि भारत के बाहर संभवतः वह किस प्रकार काम कर पाएँगी, वह विद्यार्थियों को कैसे आकर्षित करेंगी या उन्हें उपयुक्त परिसर कैसे मिलेगा।

दो दशकों के भीतर ही इनमें से अधिकांश चीजें हासिल हो गई हैं।

गोपी, जो कई वर्षों तक ग्लोबल रिट्रीट सेंटर में रहीं और अभी लंदन में रहती हैं, बैरिस्ट का प्रशिक्षण प्राप्त करने के बाद सन् 1995 में एक समर्पित ब्रह्माकुमारी बनीं। दादी जानकी के बारे में उनका कहना है, ''उनकी नेतृत्व शैली अन्य महान् नेताओं से इतनी भिन्न है और इस मामले में यह सिर्फ नतीजों पर केंद्रित है। दादी जानकी का नतीजों पर कोई ध्यान नहीं है।''

> उनकी विशेषज्ञता आत्मा की जागरूकता और सर्वोच्च सत्ता से लगातार जुड़ाव का अभ्यास है। एक बार किसी ने बहुत ही गंभीर चिट्ठी मुझे लिखी थी और मैं उसे पढ़कर बहुत परेशान हो गई थी। मैंने इसे दादी को दिखाया, मैं बैठ गई और उनकी प्रतिक्रिया की प्रतीक्षा करने लगी। उन्होंने चिट्ठी पढ़ी, अपना चश्मा उतारा और बोलीं, ''यदि इनमें से कुछ भी तुम अपने दिमाग में रखती हो तो तुम्हारा मन इसी में लगा रह जाएगा। तुम्हें ईश्वर से जो कुछ भी प्राप्त हुआ है वह उस व्यक्ति तक नहीं पहुँचेगा।'' मेरे लिए यह एक प्रभावशाली शिक्षा थी और मैंने महसूस किया कि दादी जानकी के लिए हर चीज आपके और ईश्वर के बीच में हवाले के रूप में आती है।
>
> एक बार जब मैंने दादी जानकी से पूछा कि मेरी कमजोरी क्या थी तो उन्होंने कहा, ''तुम्हें बताने की जरूरत नहीं है। जो कुछ भी तुम्हें ईश्वर से दूर रखती है वही तुम्हारी कमजोरी है।''
>
> दादी जानकी ने किस प्रकार नए सिरे से ब्रह्माकुमारी को भारत से बाहर स्थापित किया, को प्रतिबिंबित करते हुए गोपी कहती हैं, ''नए सिरे से किसी चीज का निर्माण करने के लिए अतुलनीय ऊर्जा की जरूरत होती है, इसलिए आपको यह पूछना चाहिए। यह ऊर्जा कहाँ से आती है? यह दादी

का ईश्वर के साथ लगातार जुड़ाव ही है जिसने किसी ऐसी चीज को निर्माण के योग्य बनाया, जिसका पहले कोई अस्तित्व नहीं था। हमारा आंदोलन भी योग के अभ्यास और ईश्वर के साथ सीधे जुड़ाव के कारण ही अपने अस्तित्व को बनाए रखा है। ईश्वर विशाल प्रेषक है।''

दादी का काम हमेशा से ही चीजों को आध्यात्मिक रूप से साफ करना रहा है। वे किसी भी काम में अपनी सौ प्रतिशत ऊर्जा झोंक देती हैं और कभी भी विचलित नहीं होती हैं। जब ईश्वर के साथ आपका जुड़ाव खत्म होता है तभी आप बाहरी चीजों के बहकावे में आ जाते हैं, ध्यान भंग होता है और विचलन होता है। लेकिन दादी लगातार अपनी निगरानी करती हैं, यह सुनिश्चित करने के लिए कि ऐसा न हो। दादी समस्याओं को आध्यात्मिक स्तर पर देखती हैं, भावनात्मक नहीं।

गोपी के अनुसार ब्रह्माकुमारीज का इतना तेजी से आगे बढ़ने का एक कारण यह है कि दादी कभी भी परंपराओं से बँधी नहीं रहीं, जबकि आरंभिक दिनों में स्थापित आध्यात्मिक सिद्धांतों को दृढता से पकड़े रहीं, लेकिन उन्होंने हमेशा अंग्रेजों को सुना और इस बारे में सोचा कि गैर-भारतीयों के लिए क्या सही हो सकता है। उनकी प्रौद्योगिकी में भी गहरी रुचि है और जैसा कि पुराने समय के साधुओं ने छपाई के महत्त्व को समझा, दादी ने भी शीघ्रता के साथ मोबाइल फोन, इंटरनेट और संचार के अन्य आधुनिक साधनों के महत्त्व को समझा।

वे स्काइप कॉन्फ्रेंस कॉल करती हैं और प्रायः अपने आईपैड पर होती हैं। ''दादी परंपरा से जुड़ी नहीं हैं,'' गोपी ने कहा, ''और हमेशा से ही प्रौद्योगिकी के प्रयोग में रुचि रही है। आप किसी बूढ़ी महिला से यह अपेक्षा नहीं कर सकते हैं, लेकिन वे हमेशा से ही नई प्रौद्योगिकी की ओर आकर्षित रही हैं।''

गोपी जयंती के सहयोग का भी सम्मान करती हैं। ''जैसा कि मैं देखती हूँ, दादी को जयंती वैध बनाती है। बिना दूसरे व्यक्ति के पहला व्यक्ति वैध नहीं हो सकता है। जयंती कभी भी दादी के साथ अधीन सहभागिता में नहीं रही हैं, लेकिन दोनों ने साथ मिलकर काम किया है। यद्यपि वे महान् हैं, लेकिन वे महामानव नहीं हैं और उन्हें पश्चिम में आंदोलन के विस्तार के काम को सरल बनाने के लिए जयंती जैसे किसी व्यक्ति की तलाश थी।

पैसों के संदर्भ में दादी के दृष्टिकोण के बारे में गोपी का कहना है, ''उन्होंने हमेशा ही पैसों के प्रयोग को सरल रखा है, लेकिन आध्यात्मिक ज्ञान की अपनी

साझेदारी के लिए कभी भी कोई शुल्क न लेने के अपने सिद्धांत पर वे सख्ती से अडिग हैं। वे उदार हृदयी हैं, लेकिन हमेशा ही कम खर्चवाली रही हैं। हर काम किसी अच्छे कारण के लिए किया जाना चाहिए और वे इस सिद्धांत की प्रतीक हैं कि जब आप ईश्वर से जुड़ जाते हैं तो आपकी ऊर्जा रातों-रात दुगुनी हो जाती है। इसे दादी इसी तरह देखती हैं और यही मुख्य संदेश है, जो वे इन वर्षों में लोगों को देती रही हैं।''

समय बीतता गया और ब्रह्माकुमारीज की ओर बूढ़े, व्यावसायिक लोग भी आकर्षित होने शुरू हो गए। आरंभ में ब्रह्माकुमारी की ओर आकर्षित होनेवाले सभी गैर-भारतीय और कई भारतीय भी या तो युवा होते थे या बहुत ही युवा होते थे। डेनिस लारेंस और वैडी अपनी आयु के बीसवें दशक के मध्य में थे, मॉरिन और डेविड गुडमैन बीस के आरंभिक दशक में थे और उनमें से किसी ने भी पारिवारिक जीवन शुरू नहीं किया था या अपने कॅरियर में अच्छी तरह स्थापित हुए थे।

जैसे-जैसे संगठन मजबूत होता गया, वैसे ही आनेवाले विद्यार्थी भी। दो व्यक्ति जिन्होंने बाद में समर्पित किया वे हैं रोजमेरी टर्बर विले-स्मिक और जुडी रोजर्स। ये हैं उनकी कहानियाँ—

रोजमेरी टर्बर विले-स्मिक

रोजमेरी, जिनका जन्म सन् 1944 में हुआ था, ब्रह्माकुमारी बनने से पहले पचास के दशक में थीं। अब पूरी तरह से समर्पित बहन, वह ग्लोबल कॉर्पोरेशन हाउस के निकट अपने ही मकान में रहती हैं। इससे, वे कहती हैं कि उन्हें दोनों संसार की श्रेष्ठ चीजें मिलती हैं, भागने की एक जगह और फिर भी इतना निकट हैं कि संगठन के लिए सेवा कर सकती हैं।

रोजमेरी बेरूत में बड़ी हुईं, जहाँ उनके पिता ब्रिटिश काउंसिल में काम करते थे। उन्होंने इंग्लैंड के बोर्डिंग स्कूल में शिक्षा पाई और बाद में भारत में ब्रिटिश काउंसिल में काम किया। ''मुझे हमेशा से ही नृत्य से प्यार रहा है और मौलिक रूप से मैं बैलेडांसर बनना चाहती थी।'' वे कहती हैं, ''इसके बावजूद भी मैंने वही किया जो उस युग की अधिकांश लड़कियाँ करती थीं और लिपिकीय पाठ्यक्रम किया। परीक्षा पास करने के बाद मैं चार वर्ष तक यू.एस. में रही और वहीं काम भी किया, इस तरह युवावस्था में ही मुझे बड़ी संख्या में भिन्न संस्कृतियों को देखने

का अवसर मिला।

इसके बाद उन्होंने शादी की और उनके दो बच्चे भी हुए। अपनी उम्र के चालीस के दशक में उन्होंने तलाक दे दिया और दुबारा शादी की, इस समय यह शादी तीन बच्चों के पिता एक विधुर से की। अब पाँच बच्चों—दो अपने और तीन सौतेले, के लालन–पालन करना, रोजमेरी के पास आध्यात्मिक अध्ययन के लिए समय बिल्कुल नहीं था। अपने खाली समय में वे प्रतियोगी गोल्फ खेलती थीं अन्यथा वे आराम से घरेलू जीवन जी रही थीं।

तभी सब कुछ बदल गया। उनके दूसरे पति की कंपनी बरबाद हो गई और 49 वर्ष की आयु में उन्हें फिर काम करने के लिए निकलना पड़ा। उन्हें एक प्रसिद्ध (या बदनाम) एम.पी. डेविड मेलर के पास अच्छी नौकरी मिल गई। मेलर एक कैबिनेट मंत्री था, लेकिन वह तब निष्फल हो गया जब आकर्षक मॉडल एंटोनिआ दा सांचा के साथ उसके संबंधों का पता चल गया। इस कहानी ने मीडिया में सनसनी फैला दी और मेलर, जो उस समय भी विवाहित था और उसके दो युवा बच्चे थे, के पास पदत्याग करने के सिवाय कोई और विकल्प न था।

एक क्यूसी और बहुत ही चालाक मेलर ने कई व्यापार स्थापित किए और रोजमेरी उनके निजी कार्यालय को चलाती थीं। उन्होंने इसे पाँच वर्षों तक सफलतापूर्वक किया और वे कहती हैं कि वर्षों तक एक घरेलू महिला रहने के बाद इससे उनका विश्वास बहुत ज्यादा बढ़ गया।

इसी बीच उन्होंने अपने दूसरे पति को भी छोड़ दिया। लेकिन उन्होंने तलाक नहीं दिया। ''मुझे दूसरी नौकरी मिल गई और मेरे पति का अनपेक्षित रूप से देहांत हो गया। मेरे आस–पास सब कुछ ढह गया और मुझे यह भरोसा नहीं था कि कैसे आगे बढ़ूँ। जिस समय यह सब कुछ हुआ, उसी समय मैं पहले से ही ब्रह्माकुमारीज के संपर्क में थी और केंसिंगटन में उनके कुछ अभिभाषणों को भी सुना था। तभी मैंने सात दिन का पाठ्यक्रम किया। मैं किसी ऐसे सूत्र की तलाश में थी जिससे मुझे यह पता चल सके कि मेरे जीवन में कुछ निश्चित चीजें क्यों हुईं और इस पाठ्यक्रम से मुझे यह पता चल गया।

''लगभग इसी समय रोजमेरी की दादी जानकी से पहली बार मुलाकात हुई। उनका मुझ पर गहरा प्रभाव पड़ा और उन्होंने मुझमें कुछ देखा जो मैंने स्वयं नहीं पाया। उन्होंने मुझमें वह देखा जिसे महानता कह सकते हैं और मुझे कहा कि मेरे लिए ईश्वर के कुछ काम हैं। सन् 2000 से मैं समर्पित ब्रह्माकुमारी हूँ, इसका श्रेय उनको जाता है।

"जिस समय उन्होंने समर्पण किया उन्हें लगा कि उन्होंने सब कुछ कर लिया था। मेरा परिवार था, कॅरियर था, घर था, दो विवाह हुए और चूँकि मैंने यह सब कुछ कर लिया था, मुझे ये सब फिर से करने की कोई इच्छा नहीं थी। मुझे लगा कि अब मेरे जीवन के बड़े उद्‌देश्य हैं और दादी जानकी ने पाया कि मुझमें समर्पण करने की क्षमता है, यह भी सच है कि अब ब्रह्माकुमारी बनने की पूरी आजादी थी, क्योंकि पारिवारिक जिम्मेदारियाँ खत्म हो गई थीं। इसलिए मेरे लिए समय बिल्कुल सही था।"

इसमें रोजमेरी के लिए एक और अच्छा परिणाम था, चूँकि उसने अपने पति को कभी भी तलाक नहीं दिया था तो उसकी मृत्यु के बाद वही उसके आधे पेंशन की हकदार थी। यह मेरे जीने के लिए पर्याप्त था। मैंने अपनी दो संपत्तियाँ भी अच्छे मुनाफे पर बेच दी थी। इसलिए मैं समर्पित बनकर सहज रूप से इन चीजों से मुक्त थी, जो हर किसी के साथ नहीं होता है।

> "मेरे लिए," रोजमेरी कहती हैं, "ब्रह्माकुमारीज और दादी जानकी एक ही बात हैं। दादी पूरी तरह से गैर-आलोचनात्मक हैं और मुझे यह समझने में कुछ समय लग गया कि वे 'रोजमेरी' से आगे देख रही थीं। अपनी दूरदृष्टि के कारण उन्हें यह पता चल जाता है कि क्या होनेवाला है और सही समय पर सही व्यक्ति कौन है? जैसे-जैसे ब्रह्माकुमारीज परिपक्व होते गए, उन्हें भी संगठन में परिपक्व लोगों की जरूरत पड़ती गई, ऐसे लोग जो ऐसे लोगों से जुड़ सकें जिनका बाहरी कॅरियर और परिवार है।
>
> "हमेशा ही मेरे साथ सम्मान के साथ व्यवहार किया गया है और मुझे कभी भी किसी तरह से दादी जानकी के सामने झुकना नहीं पड़ा। उन्होंने मुझे अपने-अपने आध्यात्मिक खोज को शुरू करने के लिए प्रेरित किया। क्योंकि उस समय मैं निकट मंडली में नहीं थी, बल्कि उसके अगली मंडली में थी। आप कह सकते हैं कि वे ईश्वर की वाहक, लेकिन इसके साथ ही वे चिंतारहित भी हैं। वे हमेशा हँसती-मुसकुराती रहती हैं।"
>
> पीछे मुड़कर देखने पर रोजमेरी कहती हैं कि उन्हें लगता है कि वे 15 वर्षों के बाद भी उतनी ही प्रतिबद्ध हैं और निश्चित रूप से उन्हें ईश्वर के साथ अपने प्यार का सबसे लंबे समय तक चलनेवाला और गहरा अनुभव हो रहा है। दादी जानकी ने मुझे ईश्वर के निकट लाया है। सर्वोच्च सत्ता के साथ उनका जुड़ाव इतना मजबूत है कि वे आपको सामान्य चीजों से परे देखने में और दैवीय की झलक देखने में समर्थ करती हैं। मेरी सिनेमा, नाट्यशाला,

रेस्तराँ आदि में रुचि होती थी, लेकिन अब नहीं है।

मुझे विश्वास है कि मेरे लिए ईश्वर की यह योजना थी कि मैं इस संसार में लोगों को समझूँ और जीवन मुझे जो कुछ दे सकता है, मुझे लगभग उन सभी चीजों का अनुभव हो चुका था, जिसमें मेरे भाई द्वारा आत्महत्या किया जाना भी शामिल था। मैं प्रशंसा कर सकती हूँ कि लोग कहाँ से आ रहे थे। हम यहाँ परिवार की तरह, सभी स्वैच्छिक कार्यकर्ता और 70 वर्ष की आयु में मैं इतनी व्यस्त हूँ। आपको किसी ऐसे वातावरण में काम करने के लिए जहाँ सभी आध्यात्मिकता की राह पर चलते हैं, आपको भी बहुत मजबूत होना पड़ता है ताकि वे आपको नई दिशा में मोड़ नहीं सकें। क्योंकि आध्यात्मिकता की राह पर चलनेवाले बड़े कट्टर और उग्र भी हो सकते हैं।

अभी मेरा काम आयोजनों का संचालन करना है। मैं बहुत भ्रमण करती हूँ और मैं मीडिया के काम में भी शामिल हूँ। सबसे बड़ी चीज यह है कि मुझे कभी भी अवकाश नहीं लेना है। मुझे लगता है कि चूँकि मैं समर्पित हूँ तो मेरे पास सभी संसार की श्रेष्ठ चीजें हैं और फिर भी मेरा अपना फ्लैट इस केंद्र से दूर है। अकेलेपन महसूस करने के लिए कोई समय नहीं है और बहुत ईमानदारी से कहूँ तो एक ऐसी उम्र में मेरे पास अपने जीवन का समय है, जब बहुत सारे लोगों के पास करने के लिए कुछ भी नहीं होता है।

जुडी रोजर्स

जुडी एक अमरीकी महिला हैं, जो रोजमेरी टबेर विले-स्मिथ की तरह ही एक अच्छे कॅरियर और परिवार के बाद ब्रह्माकुमारी बनीं। अब वे कहती हैं कि वह दादी जानकी के कारण ही ब्रह्माकुमारी बनीं वरना वह ब्रह्माकुमारी नहीं बनतीं।

वे शिकागो में अपने नव निर्मित घर के वीडियो डिपार्टमेंट में ट्वैंटिएथ सेनचुरी फॉक्स पर काम कर रही थीं तभी वे एक सिंधी सम्मेलन में गईं। शिकागो में दस लाख भारतीय थे और किसी ने मुझसे पूछा कि क्या मैं इस आयोजन में जाना चाहूँगी। उस समय तक मुझे आध्यात्मिकता में रुचि होने लगी थी और बाद में मैं किसी के घर बैठक में गई। यह सन् 1995 की बात है।

इस बैठक में लगभग 50 लोग थे, सभी ब्रह्माकुमारीज सफेद पोशाक पहने हुए थे। मैं खड़ी हो गई, क्योंकि मैं काला कपड़ा पहनी थी। शुरू से ही मुझे लगा कि कुछ असामान्य चल रहा था और मैं जयंती से पहली बार मिली। मुझे

उसके लिए शुरू से ही बहुत प्यार महसूस हुआ। वहाँ कुछ अमरीकी ब्रह्माकुमारीज भी थे। यदि मुझे याद हो तो वैडी और बैडले अरकिन। मुझे मालूम है कि मैं जब उस बैठक में गई, क्योंकि मुझे सत्य की तलाश थी।

हम गोल घेरा बनाकर बैठ गए और एक-दूसरे से परिचित कराया। दादी जानकी भी वहाँ थीं और वे निश्चिंत थीं कि वह पहले मुझसे मिल चुकी हैं। मेरे मन में भी यही भावना थी और इतनी ज्यादा थी कि मैं यह भूल गई कि वह हिंदी बोल रही थी और उसका अनुवाद हो रहा था। यह ऐसा था मानो वे जो बोल रही थीं। उसके एक-एक शब्द समझ रही थी और भाषा कोई बाधा नहीं लग रही थी। बातचीत के अंत में इतना गहरा जुड़ाव महसूस हुआ और दादी ने मुझसे कहा, ''तुम सुबह की कक्षा में क्यों नहीं आती हो?'' जहाँ कक्षाएँ आयोजित की जा रही थीं, वह उस समय से दस मिनट की दूरी पर था जहाँ मैं रह रही थी, इसलिए मैं अगले ही दिन रविवार को सात बजे सुबह वहाँ गई।

मैं वहाँ कुछ मिनट पहले ही पहुँच गई और पता चला कि यह रक्षाबंधन का दिन था, उस दिन बहनें आपकी कलाई में पवित्र धागा बाँधती हैं। यह विशेष रूप से ब्रह्माकुमारी समारोह नहीं है, बल्कि एक पारंपरिक हिंदू त्योहार है। जहाँ भाई-बहनों के बीच प्रेम के बंधन को मनाया जाता है। यह जरूरी नहीं है कि उनके बीच रक्त संबंध हों।

इस समूह में नए सदस्य होने के कारण मुझे यह नहीं मालूम था कि मुझे क्या करना अपेक्षित है। उस कमरे में लगभग 100 लोग थे और मैं पीछे बैठी सब कुछ देख रही थी। मुझे बताया गया कि हमें ऊपर दादी जानकी के पास जाना है और वे हमें धागा बाँधेंगी। अंत में किसी ने मुझे ऊपर जाने के लिए कहा और जैसे ही दादी ने मुझे देखा मेरा दिल तेजी से धड़कने लगा। ऐसा लगा कि यह कोई भौतिक चीज है और मेरी पहली धारणा टूट जाएगी। मेरे भीतर से प्रेम की ऐसी भावना बह रही थी। लेकिन साथ ही यह एक डरावना अनुभव भी था।

लगभग 20 सेकेंड तक मेरे साथ ऐसा ही होता रहा और जब मैं खड़ी हुई यह सब कुछ सामान्य हो गया। यह क्या था मुझे आज तक समझ में नहीं आया। ऐसा क्यों था? चूँकि यह समारोह इतना भारतीय था कि हो सकता है कि सांस्कृतिक दूरी ने चीजों को कठिन बना दिया हो, लेकिन मेरी भावना इतनी गहरी थी कि उसने उन सभी संभावित बाधाओं को परास्त कर दिया

और यह एक तरह से अनपेक्षित भी था।

फिर मुझसे पूछा गया कि क्या मैं सात दिन का पाठ्यक्रम करना चाहूँगी, जो मैंने यथासमय किया। दादी और जयंती भारत चली गईं और मैं अपने आप ही अगले वर्ष भारत गई। दादी वहीं थीं और उन्होंने कहा कि ईश्वर मेरे दिल से बेकार चीजों को निकाल रहे थे, इसलिए मुझे तेज धड़कन का अनुभव हुआ।

1997 में जुडी शिकागो से बोस्टन चली गईं। उसकी कंपनी रूपर्ट मार्डोक के हाथों बेच दी गई और जुडी को चौदह माह के अतिरेक धन मिले जो उनके लिए सुविधाजनक था। क्योंकि वे लगातार ब्रह्माकुमारी के निकट आती जा रही थीं। उन्होंने एक घर किराए पर लिया ताकि वे ब्रह्माकुमारी के केंद्र के निकट रहें और सन् 1998 में वे ऑक्सफोर्ड गईं जो दि काल ऑफ द टाईम के नाम से जाना गया। व्यक्तिगत सार्वभौमिकता और सांसारिक परिवर्तन पर आधारित वार्त्तालाप, आप कल्पना कर सकते हैं कि ये दो बहुत ही गहरे विषय हैं।

अब मैं पूरी तरह से ब्रह्माकुमारी थी और इसका पूरा श्रेय दादी जानकी को जाता है। मैंने उन पर पूरा भरोसा किया और उन्होंने मेरी राह को आसान बनाया, व्यावहारिक अर्थों में भी और आध्यात्मिक अर्थों में भी।

सन् 2003 में मैंने एक व्यापारिक केंद्र खोलने की नौकरी स्वीकार कर ली। इसका अर्थ था कि बोस्टन में मुझे अपना घर बेचना पड़ा, यह जनवरी का महीना था और इस समय यह घर नहीं बिक सकता था। मैंने दादी से कहा, 'मुझे वास्तव में समस्या है। मुझे अपनी नई नौकरी के लिए जाना पड़ेगा और मैं अपना घर नहीं बेच सकती हूँ।' पैसों के लिए मुझे इसे बेचना पड़ा। उन्होंने कहा, ''घर बेचने की विशेष योजना नहीं बनाओ, लेकिन बस यह कल्पना करो कि मुक्त होने पर कैसा महसूस होता है।''

मैंने सिर्फ यही किया और दो सप्ताह के भीतर घर बिक गया। अब मैं प्राय: इस तकनीक का प्रयोग करती हूँ। अब मुझे मालूम है कि ब्रह्मांड उस चीज में मदद करता है जो हम अपने जीवन में लाना चाहते हैं। यदि मैं अपना घर बेच नहीं पाती तो मुझे इसे किराए पर देना पड़ता, लेकिन मैं अपना पूरा ध्यान अपने नए जीवन पर देना नहीं चाहती थी और जिसे मैं पीछे छोड़ देना चाहती थी। उसके द्वारा वापस खींचा जाना नहीं चाहती थी। दादी व्यावहारिक प्रश्नों पर आध्यात्मिक प्रतिक्रिया देती हैं और यह लगभग हमेशा

कारगर होता है।

जूडी, जो सन् 2006 से पूरी तरह से ब्रह्माकुमारी है, अब कैटसकिल माउंटेन में पीस विलेज में रहती हैं। वे कहती हैं कि वह नहीं समझती कि 20 वर्ष की आयु में वह ब्रह्माकुमारी बन सकती थीं। लेकिन रोजमेरी की तरह ही, जिस समय उन्होंने समर्पित किया उन्होंने सांसारिक अर्थों में वह सब कुछ कर लिया था जो वह करना चाहती थीं। मैंने अच्छी नौकरी की, परिवार बनाया, सुंदर गाड़ियाँ चलाईं, भव्य घरों में रही। ऐसा लगता था कि बाहरी संसार में मैंने बहुत कुछ कर लिया था और छूटी हुई सूची में कुछ भी बाकी नहीं बचा था। मैंने पहले ही कुछ ज्यादा चीजों की तलाश शुरू कर दी थी और ब्रह्माकुमारी से जुड़कर मुझे वह सब कुछ मिल गया। मैं घर आ गई थीं।

मैंने अन्य आध्यात्मिक समूहों की ओर भी देखा, लेकिन वास्तव में कहीं कोई बात नहीं बनी। कुछ समय के लिए मुझे तलाश से प्यार हो गया और ब्रह्माकुमारी के संपर्क में आने के बाद मुझे लगा कि अब और ढूँढ़ने की मुझे कोई जरूरत नहीं है।

कई लोग ब्रह्माकुमारी के प्रति समर्पित जीवन या वास्तव में किसी अन्य आध्यात्मिक समूह के प्रति समर्पण को वंचित, सब कुछ त्याग देने के रूप में देखते हैं। जुडी इसे अलग तरह से देखती हैं। जब आप नियमित संसार से पलट जाते हैं तो आंतरिक संसार बहुत छोटा लगता है और आपको उन चीजों की कमी लगने लगती है, जो पहले आपके जीवन को अर्थ या आनंद देती थी, जैसे—नौकरी, आपका घर, परिवार या आपका सामाजिक जीवन।

आध्यात्मिक जीवन अत्यधिक काम की अपेक्षा रखनेवाला जीवन होता है और पहली नजर में शुष्क और क्षीण लगता है। लेकिन जैसे-जैसे समय बीतने लगता है, एक परिवर्तन होता है। आप जितना ज्यादा चिंतन-अध्ययन करते हैं आपका आंतरिक संसार उतना ही बड़ा होता जाता है और बाहरी संसार सिकुड़ने लगता है। आपकी पहुँच विभिन्न क्षेत्रों और अनुभवों तक होने लगती है और अंततः आंतरिक संसार इतना बड़ा हो जाता है कि वह दूसरी दुनिया को बंद ही कर देता है। आप नई धाराओं को समझने लगते हैं, नई परतों को जानने लगते हैं।

निस्संदेह अन्य संसार भी मौजूद है, लेकिन आंतरिक संसार हमेशा से

ज्यादा सम्मोहक बन जाता है। विलिय जेम्स इसे अपनी पुस्तक 'वेराइटिज ऑफ रिलिजियस इक्सपीरिऐंस' में अच्छी तरह बताते हैं। वे कहते हैं कि जो चीजें पहले शुष्क और ठंडी लगती थीं, वह अब गरम और रुचिकर लगती हैं और जो चीजें पहले गरम और रुचिकर लगती थीं वे अब शुष्क और ठंडी बन जाती हैं। आपका आंतरिक संसार भर जाता है और जब आप बहुत गहराई में जाते हैं तो हर चीज भिन्न लगती हैं।

जुडी कहते हैं, "आप इस आंतरिक संसार में विचरण कर सकते हैं। आप अपने भीतर झाँककर पुरानी यादों, लोगों की यादों, पुरानी निराशाओं को देख सकते हैं। आप इसे संचालित कर सकते हैं और यह हमेशा से ज्यादा रुचिकर बन जाता है। यह संसार इतना आकर्षक बन जाता है कि अब आप अपने आप से पूछने लगते हैं कि यदि वास्तव में अब आपको वह जिंदगी चाहिए भी।"

वे आगे बताती हैं, "ब्रह्माकुमारीज के ये सारे अनुशासन आवश्यक हैं, क्योंकि ये मन की इस आंतरिक अवस्था में सहायता करते हैं। अब आपको कोई और व्यवधान नहीं चाहिए, क्योंकि इस बड़ी खोज में वे आपकी मदद नहीं करते हैं। यह मैराथन में दौड़ने के समान है, आपको बड़े प्रशिक्षण की जरूरत होती है। आपके लिए सही पोषण और सही परिवेश बहुत जरूरी है।

"इस तरह आध्यात्मिक जीवन के साथ आपको यदि एक बार उसका स्वाद लग जाता है तो उसी क्षण बाहरी संसार का आकर्षण खत्म हो जाता है। जैसा कि तेरहवीं शताब्दी कि इतालवी कवि वियानका सायना कहते हैं। दैवीय प्रेम में सांसारिक आवेश राख धूल बन जाता है।"

जुडी कहती हैं, "यह आंतरिक संसार कभी भी स्थिर नहीं है, बल्कि यह हमेशा बदलता रहता है, जैसे-जैसे आप अलग-अलग अवस्थाओं में पहुँचते हैं। आप मन की अवस्थाओं को भौतिक वस्तुओं की तरह देखने लगते हैं, उदाहरण के लिए क्रोध की ऊर्जा को।

"ब्रह्माकुमारीज के बिना हममें यह अंतर्दृष्टि नहीं आ सकती थी। अब मैं समझती हूँ कि विचार प्रक्रिया किस तरह काम करती हैं, किस तरह चेतना काम करती है। एक बार जब आप उस आंतरिक स्थान में पहुँच जाते हैं तो वहाँ बने रहने के लिए आप वह सब कुछ करेंगे जो इसके लिए करना पड़े और अब यह संसार आपके लिए रुचिकर नहीं रह जाता है।

''आपको आत्मा को एक सजीव की तरह अनुभव करना पड़ेगा और सर्वोच्च सत्ता के साथ संबंध बनाना पड़ेगा।'' जुडी कहती हैं, ''इससे आपका मन कभी थकता नहीं है, क्योंकि आपके पास निरंतर प्रवाह आता रहता है जो आपको तरोताजा रखता है। यह काफी हद तक ऐसा है जैसे मानो बहुत प्यास लगने पर पानी पीना और अत्यधिक भूख लगने पर खाना खाना।

''यदि ऐसा नहीं हो रहा है तो आध्यात्मिक जीवन के लिए आपके पास ऊर्जा खत्म हो जाएगी। आपको वह जुड़ाव बनाना पड़ेगा और दादी जानकी ने हमें ऐसा करने के लिए प्रेरित किया।''

□

दादी जानकी खुद अपने इ-मेल चैक करते हुए।

14

मध्य-पूर्व

जब दादी जानकी लंदन आईं तो उस समय उनका मिशन भारत से बाहर विश्व के कोने-कोने में इस संदेश को ले जाना था। उन्हें मालूम था कि मध्य-पूर्व में सेवा करना आसान नहीं होगा। ये ऐसे देश थे जहाँ सब कुछ के बावजूद महिलाओं को आने-जाने और अभिव्यक्ति की सीमित आजादी थी, और जहाँ, जो भी हो, कठोर रूप से पुरुष प्रधान गढ़ में आध्यात्मिक संदेशा देना हो सकता है कि आसान न हो।

लेकिन यह दादी को अपनी इस इच्छा से नहीं रोक सकी कि इस कोष से जैसा कि वे इसे मानती हैं और यही शिक्षा उन्हें ब्रह्माकुमारी से मिली है, विश्व भर में लोगों को फायदा होना चाहिए। इस पुस्तक के लेखन के समय ब्रह्माकुमारीज की उपस्थिति कुवैत, संयुक्त अरब अमीरात, मिस्र, तुर्की, ओमान, बहरीन, कतर, इजरायल और मगरेब देशों में है।

दादी ने कभी भी धर्मों, जातियों और संस्कृतियों में भेद नहीं किया है। जहाँ तक उनका संबंध है उनके लिए हर व्यक्ति एक आत्मा है और उनकी एक लोकप्रिय उक्ति है कि हमारी जाति, रंग या पृष्ठभूमि जो भी हो, हमारे खून का रंग समान है, हमारे आँसू और मुसकराहट भी समान हैं। पूरी दुनिया में हर जगह मुसकराहट सबसे ज्यादा सर्वव्यापी रूप से पहचानी जानेवाली मुख्य अभिव्यक्ति है और ब्रह्माकुमारीज हमेशा ही मुसकराहट के महत्त्व पर जोर देते हैं।

हर एक संस्कृति में मुसकराहट स्वागत और मित्रता का संदेश देता है तथा दादी हर मानव जाति की समानताओं न कि विभिन्नताओं की ओर ध्यान आकर्षित करने के लिए बहुत उत्सुक रहती हैं। इसीलिए मध्य-पूर्व को विश्व के किसी अन्य भाग से भिन्न नहीं देखती हैं। वे सभी इनसान हैं, आत्माएँ हैं और भीतर से समान

है। इस जागरूकता के कारण ही दादी जानकी सभी जातियों और सभी क्षेत्रों से लोगों को आकर्षित करने में सफल रही हैं। किसी भी व्यक्ति को जाति, रंग या विश्व में उनकी स्थिति के कारण अलग नहीं किया जाता है।

यहाँ ब्रह्माकुमारीज से प्रेरित कुछ लोगों की कहानियाँ कही गई हैं और कभी-कभी सहज रूप में दादी जानकी द्वारा आदेश दिए जाने पर कि मध्य-पूर्व जाओ और वहाँ सकारात्मक सोच और चिंतन के महत्त्व को बताओ।

अरुणा लाडवा जो 14 वर्ष की उम्र से ब्रह्माकुमारी हैं, सन् 2007 से कुवैत में केंद्र चला रही हैं।

सात बच्चों में सबसे छोटी अरुणा का जन्म कीनिया में हुआ था। लेकिन सात वर्ष की उम्र में सन् 1973 में अपने माता-पिता के साथ लंदन चली गईं। एक साल बाद उनके माता-पिता को राजयोग के बारे में एक लघु पत्र मिला और परिवार के सभी नौ सदस्यों ने उस पाठ्यक्रम को किया। उनके माता-पिता ब्रह्माकुमारीज बने रहे और अरुणा पहली बार आठ या नौ वर्ष की उम्र में दादी जानकी से मिलीं।

> वे कहती हैं, ''उस उम्र में भी मुझे ऐसा लगा कि दादी जानकी मेरे लिए कोई बहुत विशेष हैं। वे आकर्षक छोटे कद की गोलमटोल और भारतीय दादी माँ की तरह थीं, लेकिन शुरू में मैं सिस्टर जयंती के ज्यादा निकट थी।
>
> ''सन् 1983 की बात है तब मेरी उम्र 14 वर्ष की थी, जब मुझे जागने की अपनी ही याचना मिली और मैंने अपने माता-पिता को बताया कि मैं प्रातःकाल की कक्षा करना चाहती हूँ। उस समय तक बिना किसी संदेह के मुझे यह बात मालूम हो चुकी थी कि मैं एक आध्यात्मिक जीवन जीना चाहती थी और अपने लिए और कुछ नहीं चाहिए था। जब मैं 16 वर्ष की थी तो गरमी की पूरी छुट्टियाँ मैंने टेनिसन रोड में बिताईं और मैं वापस स्कूल नहीं जाना चाहती थी, लेकिन सिस्टर जयंती को लगा कि मुझे ज्यादा शिक्षा प्राप्त करनी चाहिए।
>
> ''अगले वर्ष मैं मधुवन गई और वहीं दादी का मुझ पर प्रभाव हो गया। उन्होंने कहा कि यहाँ एक माह रुको, फिर दो माह और फिर तीन माह और हर माह मेरे टिकट की तिथि आगे बढ़ाई जाती रही।
>
> ''जैसा कि है, मैं 17 वर्ष की उम्र से ब्रह्माकुमारी केंद्रों में रहती रही हूँ और सन् 1997 में तुर्की में यह समाप्त हुआ। उसके बाद मैं बहरीन चली गई और अंततः कुवैत केंद्र चलाने लगी। उस समय कुवैत में उपयुक्त केंद्र नहीं था और सन् 2005 तक यह आगे नहीं बढ़ पाया।

‘‘हम चिंतन द्वारा लोगों के व्यक्तित्व को निखारते हैं,’’ अरुणा कहती हैं, ‘‘और बहुत से लोग चिंतन की ओर आकर्षित होते हैं। इसलिए हम शांति और प्रेम के नियम के आधार पर लोगों के साथ सौहार्दपूर्ण संबंध बनाने पर अपना ध्यान केंद्रित करते हैं। यह सर्वव्यापी संदेश है जिसे हर कोई समझ सकता है।’’

अरुणा को यह विश्वास नहीं है कि यदि यह दादी जानकी के कारण नहीं हुआ होता तो वे पहली बार में ही मध्य-पूर्व जातीं और निश्चित रूप से वह वहाँ रुकतीं। जब दादी गुलजार बहरीन आनेवाली थीं तो दादी जानकी ने मुझे वहाँ जाने का निर्देश दिया, क्योंकि मेरे पास ब्रिटिश पासपोर्ट था, इसलिए वीसा मिलना आसान होता।

मैं वहाँ जाने की इच्छुक नहीं थी, क्योंकि उस समय मैं इस्तांबूल में अच्छी तरह बसी हुई थी, लेकिन दादी जिद करती रहीं और इसलिए मुझे रुकना पड़ा। मेरे लिए आसान बनाने के लिए दादी ने कहा कि दिशा-निर्देश के लिए मुझे हर दिन एक मिनट के लिए उन्हें फोन करना था। आरंभ में मैंने दादी से कहा कि खाड़ी क्षेत्र के लिए किसी अंग्रेज की जरूरत होती है, यद्यपि वहाँ बहुत बड़ी संख्या में भारतीय श्रमिक काम करते हैं। लेकिन उनमें से अधिकांश हस्तचालित कारीगर होते हैं, जबकि उच्च श्रेणी की व्यावसायिक नौकरियाँ मुख्यत: अंग्रेज ही करते हैं। इसलिए मुझे लगा कि हो सकता है कि एक अंग्रेज का ज्यादा सम्मान करेंगे। लेकिन दादी अडिग थीं और वे अपनी बातों पर अडिग रहीं।’’

अन्य ब्रह्माकुमारीज की तरह ही अरुणा का भी यह मानना है कि दादी के बिना भारत से बाहर यह आंदोलन सफल नहीं होता। मुझे मालूम है कि इसमें उनका क्या योगदान है? वे कहती हैं, ‘‘उनका समर्पण, अनुशासन और यह कि वह जल्दी हार नहीं मानती हैं और यह भी कि किसी भी काम के लिए उनमें सही व्यक्ति का चुनाव करने की अद्‌भुत क्षमता है, यदि वह गलत व्यक्ति हो तो भी।

‘‘यदि कोई व्यक्ति गलत लगता है, दादी उसके साथ तब तक प्रयास करती हैं जब तक कि वह सही व्यक्ति न बन जाए। मैंने कई बार ऐसा होते हुए देखा है। उन्हें जादूगर ग्रैंडमास्टर चेस खिलाड़ी कहते हैं। दादी की पसंद हमेशा सही होती है, यदि यह एक गलीचे ही चुनना क्यों न हो। हर एक चीज को सही होना चाहिए और यही वजह है कि वह इतनी सफल रही हैं। कोई भी चीज इतनी छोटी नहीं है जो उनकी नजरों से बच जाए।

> ''जिस समय तक ब्रह्माकुमारीज मध्य-पूर्व पहुँचा अधिकांश विश्व में इसका प्रसार हो चुका था। फिर भी कुवैत में सेवा करना आसान नहीं था, सिर्फ इसलिए नहीं कि यह एक मुसलिम बाहुल्य देश है, बल्कि इसलिए कि अपनी नवजात अपार संपदा, काला सोना, तेल के द्वारा यह एक भौतिकतावादी समाज बन गया था।
>
> ''कुवैतियों को पर्यटन के माध्यम से देश में लोगों को आकर्षित करने की जरूरत नहीं थी।'' अरुणा कहती हैं, ''वे इसके बिना भी बहुत समृद्ध हैं। यह तो बस तेल है, तेल। उदाहरण के लिए, हर किसी के पास भव्य गाड़ी है। आपको वहाँ शायद ही कभी कोई पुरानी गाड़ी दिखाई पड़ेगी। सभी कुवैतियों की देखभाल उनकी सरकार करती है।
>
> ''हम अपने केंद्र में, जहाँ चार बहनें और दो भाई हैं, चिंतन और आत्म-विकास सिखाते हैं। आपको अच्छा इनसान बनाने पर ज्यादा जोर होता है और अब हमारी साप्ताहिक सेमिनार में 60 से 70 लोग आते हैं।''

सोना एक विवाहित ब्रह्माकुमारी हैं जो अपने इंजीनियर पति के साथ अबूधाबी में रहती हैं। वे कहती हैं, ''मुझे जब से याद आती है मैंने ईश्वर के बारे में सोचा है। जब मैं बच्ची थी तो यह पूछा करती थी, इस संसार में इतना कष्ट और दुःख क्यों हैं?''

सोना के माता-पिता ब्रह्माकुमारीज बन गए, लेकिन एक समय उन्होंने भी विद्रोह कर दिया, जापानी भाषा का अध्ययन करने के लिए वे विश्वविद्यालय गईं और फैशनवाले कपड़े पहनने लगीं। अपने पति मोहित से उनकी भेंट दिल्ली विश्वविद्यालय में हुई और उन लोगों ने जब शादी की तो उस समय उनकी उम्र 22 वर्ष की थी। यह प्रेम विवाह था, न कि व्यवस्थित शादी। वे कहती हैं, ''एक मात्र समस्या यह थी कि मैं जितना ज्यादा भागने की कोशिश करती, ईश्वर मेरे पास वापस आते रहते।''

सोना के पिता इंजीनियर थे और बचपन में परिवार को बहुत ज्यादा घूमना पड़ा, उन्हें हांगकांग, इटली और दक्षिण अफ्रीका के साथ-ही-साथ भारत में भी रहना पड़ा।

> जब सोना ने शादी की तो उनकी योजना ऑस्ट्रेलिया प्रवास कर जाने की थी। संयोगवश सिडनी में उनकी मुलाकात दादी जानकी से हो गई। निश्चित रूप से मैंने उनके बारे में सुना था, लेकिन उस समय तक उनसे कभी मिली नहीं थी। शुरू से ही मुझे यह लगता था कि उनकी शक्ति अतुलनीय थी। मैंने

ब्रह्माकुमारी पाठ्यक्रम सिडनी में किया और मेरे पति मेरे साथ आए। हाँ, उस समय यही था, हम दोनों ही ब्रह्माकुमारीज खूँटी बन गए, रस्सी और भार। हमेशा ही मेरे भीतर एक शून्य रहा है और अब यह भर चुका था। ऐसा लग रहा था मानो मैं स्वर्ग में रह रही थी और यह कि मैं घर आई थी।

जब हम ऑस्ट्रेलिया में ही रह रहे थे तो हम तीन माह के लिए यूरोप भ्रमण पर गए और हम इटली में ही थे कि यह घोषणा की गई कि दादी जानकी आनेवाली हैं। यह बात सन् 1997 में रोम के केंद्र की है, जो अंग्रेज बहन विंडी द्वारा चलाया जा रहा था।

दादी को पास्ता पसंद नहीं है, इसलिए उन लोगों ने मुझे भारतीय भोजन बनाने के लिए कहा। मैं किसी भी तरह से अच्छा रसोइया नहीं था। लेकिन मैं सादा भारतीय तरह का कुछ भोजन बनाया, जिसे उन्होंने पसंद किया और मुझसे पूछा, ''क्या तुमने यह पकाया है?'' मैंने हाँ कहा और उन्होंने मुझ पर अपनी विशेष दृष्टि डाली। उनके लिए विशेष भोजन बनाने पर मिली उनकी प्रशंसा का मुझ पर गहरा प्रभाव पड़ा।

एक घटना उल्लेखनीय है। हमें इस छोटी सी रिमाउलट स्लीओं में दादी को रोम हवाई अड्डे से लाना था। मूसलधार वर्षा हो रही थी और हम छतरी लेना भूल गए। दादी सिस्टर जयंती के साथ पहिएवाली कुरसी में थीं और हमें उन्हें कार तक लाना था। हमारे पास छतरी नहीं थी और हम परेशान हो रहे थे कि दादी के बिना भीगे हम उन्हें गाड़ी तक कैसे लाएँ, तभी अचानक कहीं से एक इतालवी लड़का बहुत बड़े छाते के साथ वहाँ आया और वह हमें छाता दिया। दादी मुसकराईं और अपने चिर-परिचित अंदाज में बोलीं, ''मेरे पास सुरक्षा के लिए ईश्वर की छतरी है, जहाँ भी मैं जाती हूँ।'' मैंने सोचा ईश्वर से मिली ऐसी सुरक्षा तो जादुई है।

सन् 2008 में मैं ऑस्ट्रेलिया में एक रिट्रीट केंद्र चला रही थी और मोहित को तभी अचानक आबूधाबी में एक आकर्षक नौकरी मिल गई। मुझे कभी भी गरम मौसम पसंद नहीं था और मैं वहाँ जाने के लिए भी उत्सुक नहीं थी। इतने वर्षों से हम ऑस्ट्रेलिया में ही थे और हम वहाँ बसे हुए थे।

इसलिए हमने दादी जानकी को चिट्ठी लिखी और उनसे पूछा कि हमें क्या करना चाहिए। सिस्टर जयंती ने यह कहते हुए जवाब दिया कि दादी के विचार में हमारे लिए वहाँ जाना अच्छा है। उस समय ब्रह्माकुमारी की शिक्षा देनेवाला कोई केंद्र आबूधाबी नहीं था। हाँ, दुबई में एक बड़ा केंद्र अवश्य था।

इस तरह स्वाभाविक ही था कि वे गए। आबूधाबी में होने के कारण मुझे ब्रह्माकुमारीज का पुनः मूल्यांकन करना पड़ा। सोना कहती हैं, ''चूँकि हम एक मुसलिम देश में थे, इसलिए हमें अपने आप से यह पूछना था कि वह मौलिक ज्ञान क्या है? जिसे सभी स्वीकार करेंगे, चाहे उनका धर्म जो भी हो या न हो। आपको यह भी याद रखना पड़ेगा कि संयुक्त अरब अमीरात में लगभग 85 प्रतिशत लोग प्रवासी हैं और इनमें से भी 70 प्रतिशत भारतीय हैं, अधिकांशतः भारतीय मुसलमान।

''हमारी एक इनर स्पेस की दुकान है और वहाँ हम चिंतन और आत्म-विकास सिखाते हैं, ऐसा ही मध्य-पूर्व के अन्य केंद्र भी करते हैं। हम यहाँ सन् 2008 से हैं और मैं दादी जानकी की सहायता और समर्पण के बिना कभी भी यहाँ नहीं आते, लाखों वर्षों में भी नहीं।

''उन्होंने हमें यह निर्देश दिए कि हमें क्या करना है। हमें एक घर बनाना पड़ा, जो न तो बहुत समृद्ध था और न ही गरीब था और हमें इस बात का विशेष ध्यान रखना पड़ा कि हमें भारतीय धार्मिक समुदाय के रूप में न देखा जाए। यद्यपि पश्चिम के अनेक ब्रह्माकुमारीज साड़ी पहनते हैं, लेकिन यू.एई. में यह पूरी तरह से गलत होगा। दादी ने हमें बताया कि हम जिस देश में हैं उसी के अनुसार हमें सही तरह के कपड़े पहनने चाहिए। गैर-मुसलिम होने के कारण हमें सिर पर दुपट्टा नहीं लेना चाहिए, लेकिन हमें स्तरीय पश्चिमी पोशाक पहननी चाहिए, ताकि हम बाकी जनसंख्या से किसी तरह अलग न लगें।

''दादी हमें हमेशा ही सहज महसूस करने में मदद करती हैं और यह कि हम विवाहित जोड़े हैं, यह तथ्य इसे वैधानिक बनाता है और हमारे केंद्र में परिवार का अनुभव होता है।''

कैरोल लिपथ्रोप नाटिंगधम के निकट स्थित फर्श बनानेवाली कंपनी में डिजाइन मैनेजर थीं तो उस समय उन्हें जरा भी विचार नहीं आया होगा कि एक दिन वह काहिरा के ब्रह्माकुमारी केंद्र में सेवा दे रही होंगी। वे कहती हैं, ''बल्कि मुझे रविवार की सुबह लंदन की एक कक्षा में तब तक तनिक आभास भी नहीं था और दादी जानकी ने घोषणा कर दी, कैरोल काहिरा जा रही है।''

क्या?

कैरोल के लिए ब्रह्माकुमारी की यात्रा सन् 1990 के अंत में शुरू हुई, जब उन्होंने नाटिंगधम में चिंतन सत्र के बारे में स्थानीय समाचार-पत्र में एक विज्ञापन

देखा, यह मिडलैंड शहर में था जहाँ उस समय वे रह रही थीं। मुझे लगा कि मैं अपनी नौकरी के कारण बहुत तनाव में थी और मुझे थोड़ा विश्राम की जरूरत थी। जो चीज उस समय मैंने स्वीकार नहीं की वह यह था कि मेरे भीतर कुछ कमी सी लगती थी, जबकि मेरा जीवन बहुत ही अच्छा था तो भी। मैं सफल लगती थी, मेरी तनख्वाह अच्छी थी, मैं बहुत ज्यादा यात्राएँ करती थीं और मेरा जीवंत सामाजिक जीवन भी था।

> शुरू में तो मैं शंकालु थी। मुझे याद है कि मैं प्रथम सत्र में जाने से पहले किस प्रकार शिक्षक से फोन पर प्रश्न पूछ रही थी। मैं यह सुनिश्चित करना चाहती थी कि इससे हम किसी विचित्र संप्रदाय या धर्म के चक्र में न फँस जाएँ।
>
> मैंने पहले ही बहुत सारी चीजों के लिए प्रयास कर लिया था, जैसे— आत्म-विकास पाठ्यक्रम, स्नायविक भाषायी प्रोग्राम, जो उस समय बहुत ही नया था, लेकिन मेरे भीतर के खालीपन को भरने या उसका सही उत्तर देने में इनमें से कोई भी चीज सफल होती नहीं लग रही थी। फिर भी जिस क्षण मैंने ब्रह्माकुमारी चिंतन पाठ्यक्रम करना शुरू किया, ये सब कुछ मुझे जाना-पहचाना लगा और पता नहीं क्यों सही लगा। दूसरे पाठ में जब शिक्षक ने यह कहा कि हम ईश्वर के बारे में बात करेंगे तो मैं दरवाजे की ओर लगभग दौड़ पड़ी, लेकिन मैं खुश हूँ कि मैं वहाँ रुकी, क्योंकि इस पाठ के कारण अपने अस्तित्व के बारे में मेरे मन में भरी पुरानी और नकारात्मक धारणाओं को ध्वस्त कर दिया और उसी क्षण से मेरा दृष्टिकोण पूरी तरह से बदल गया। ब्रह्माकुमारी की ईश्वर के प्रति धारणा मुझे बहुत ही स्वाभाविक और सही लगी।

मार्च 1993 में वह पहली बार मधुवन गई। उस समय मैं सभी सिद्धांतों का पालन कर रही थी। वे कहती हैं, ''मैंने पाया कि मांस खाने की मेरी इच्छा गायब हो गई। मैंने शराब पीना भी छोड़ दिया और बहुत ही स्वाभाविक रूप से लेकिन आश्चर्यजनक तरीके से भी, क्योंकि यह मेरे जीवन का तब तक एक महत्त्वपूर्ण हिस्सा था। सबसे बड़ी समस्या धूम्रपान छोड़ना था, लेकिन यहाँ भी एक दिन मैं जगी और मैंने आश्चर्य के साथ महसूस किया कि मैंने कई दिनों से सिगरेट के बारे में सोचा भी नहीं था। मुझे ऐसा लगा कि कुछ हो रहा था, कोई अन्य शक्ति काम कर रही थी। फिर भी मैं जहाँ तक याद कर पाती हूँ, मैं पहले की तुलना में अभी खुश थी।''

पहली बार कैरोल ने देखा कि दादी जानकी भी रहस्योद्घाटन हैं। ''मैं लंदन के मुख्य केंद्र में थी। जिस क्षण दादी स्टेज पर आईं, मैं भावविभोर हो गई और मेरी

आँखों से आँसू आने लगे। मुझे ऐसा लग रहा था कि मैं अपने पुराने बिछड़े अंतरंग मित्र से बहुत दिनों बाद मिल रही थी।''

कैरोल, जो उम्र के तीसरे दशक में थीं, अगले छह वर्षों तक अपनी नौकरी खुशी-खुशी करती रहीं। उसके बाद दोराहा आया। वे कहती हैं, ''मुझे यह लगने लगा था कि हो सकती है कि यह नौकरी मेरे लिए सब कुछ न हो। मैं पहले ही राजयोग पढ़ा रही थी, लेकिन और अधिक अर्थपूर्ण तरह से मैं समाज की सेवा करना चाहती थी। मुझे मालूम था कि राजयोग से कई लोगों का जीवन बेहतर होगा।

''ठीक इसी समय मुझे भरती करनेवाली एक एजेंसी से डिजाइन मैनेजर की भरती के लिए बुलावा आया। मैंने दो साक्षात्कार दिए और मैं सफल हुई। क्या यह कोई संकेत था। शायद क्या यही कुछ करना मेरे जीवन का उद्‌देश्य था? मैं भ्रम में थी। मैंने दादी को इस नौकरी के बारे में बताया और उन्होंने मुझे कहा नहीं। मेरे अहं ने विरोध किया और मैंने हर हालत में इस नौकरी को करने का निश्चय किया। इस अवसर को हाथ से जाने नहीं देना चाहती थी।

''मैं ऊहापोह की स्थिति में थी, क्योंकि यह नई नौकरी मुझे बहुत आगे ले जानेवाली थी, यहाँ तक कि अधिनायकत्व की ओर, लेकिन साथ ही मैं यह भी जानती थी कि यह दिशा नहीं है, जिस ओर मैं अपनी जिंदगी को ले जाना चाहती थी। दादी बहुत ही होशियार थीं, जो यह जानती थीं कि वास्तव में मुझे क्या जरूरत थी।

''अंततः यह निर्णय ही मुझसे छीन लिया गया, क्योंकि वह भरती रोक दी गई, इसलिए मुझे यह कभी पता ही नहीं चला कि वे मुझे उस नौकरी की पेशकश करेंगे या नहीं। लेकिन मैंने बड़ी राहत की साँस ली और बाद में जब मुझे एक और आश्चर्यजनक मौका मिला तो मैंने बिना किसी पछतावे के पदत्याग कर दिया।

''एक दिन मैं किसी बैठक में भाग लेने के लिए दादी जानकी को लेकर गाड़ी में जा रही थी कि तभी उन्होंने यह घोषणा की कि मिडिलसेक्स, होंसलो में एक नए केंद्र के संचालन के लिए उन्हें किसी की जरूरत थी। 'हमने तुम्हारे बारे में सोचा।' दादी ने कहा। मैं आधे रास्ते में ही रोक दी गई। पता नहीं क्यों मुझे लगा कि यह वह सेवा नहीं है जिसकी मैंने कल्पना की है। मैं चीजों को अपने तरीके से करना चाहती थी। लेकिन तब तक मुझे यह पता चल गया था कि दादी बेहतर जानती हैं। मेरे लिए उनकी अंत:दृष्टि थी जो स्वयं मुझमें अपने लिए नहीं होती और उन्हें मालूम था आत्मा को पोषण के लिए किस

चीज की जरूरत होती है। इसलिए मैंने अपनी नौकरी छोड़ दी और होंसलो चल पड़ी, जहाँ मैं ग्यारह वर्षों तक रही, थोड़े समय के लिए कुछ पसंदीदा करने लगी, साथ-ही-साथ संयोजन में भी साझेदारी करती रही।''

अपनी नौकरी छोड़ने से पहले जो अंतिम चीज कैरोल ने की वह था गलीचों की एक शृंखला बनाना, जो नूनहम पार्क स्थित ग्लोबल रिट्रीट सेंटर को ध्यान में रखकर बनाया गया था। गलीचे फैला दिए गए और आज 17 वर्षों बाद भी वे वहीं हैं, सैकड़ों, हो सकता है कि हजारों कदमों द्वारा उनके रौंदे जाने के बावजूद भी वे मजबूत हैं।

काहिरा की जिम्मेदारी भी लगभग इसी तरह आई। लंदन की एक कक्षा में उन्हें और एक अन्य बहन को भोग देने के लिए कहा गया, यह जलपान रविवार की कक्षा के बाद दिया जाता है और जो सबसे पहले ईश्वर को दिया जाता है। वह जयंती की घोषणा सुनने के लिए मंच पर आईं, कैथरीन पाकिस्तान जा रही हैं और कैरोल काहिरा।

इससे पहले कोई चर्चा नहीं हुई थी, इसलिए यह सब कुछ बिल्कुल ही अचानक हुआ। किसी को भी मुझे यह बताना याद नहीं रहा था। मैंने शीघ्र ही बस हाँ की। सहज बोध रूप से यह मुझे सही अगला कदम लगा, यद्यपि मैं पहले कभी मिस्र नहीं गई थी। यह सन् 2009 की बात है।

अब तक कैरोल को दादी पर पूरा भरोसा हो चुका था और वह जानती थीं कि वह इस चुनौती के लिए तैयार है। वे याद करती हैं, ''मैं दो सप्ताह के बाद गई। यह क्रांति-पूर्व के दिन थे और मुझे आधुनिक मिस्र के बारे में कोई जानकारी नहीं थी। निस्संदेह यह मेरे जीवन का सबसे कठिन समय था, लेकिन बहुत ही फलदायी।

''विभिन्न आस्था की पृष्ठभूमिवाले बहुत सारे लोगों के साथ मैंने पहले भी बहुत काम किया था, जिससे मुझे इस्लामी संस्कृति के लिए प्रशंसा के भाव थे। मिस्र की दस प्रतिशत जनसंख्या ईसाई है, जिसमें अधिकांश कोषटिक हैं। उन्हें दिल से यह यकीन होता है कि हम वहाँ पूरे समुदाय की सेवा के लिए हैं। पिछले कुछ दशकों में मिस्र के लोगों ने अपना बहुत आत्म-सम्मान खोया है और हम वहाँ अपनी भूमिका हर किसी के लिए देखते हैं। कई लोग राजयोग पाठ्यक्रम के पहलुओं को करते हैं तो कोई आत्म-विकास पर वार्त्ता और गोष्ठी में भाग लेते हैं तथा इन चीजों को अपने जीवन या अपने धार्मिक व्यवहारों में लागू करते हैं, इससे उन्हें मदद मिलती है। हम बहुत सारे लोगों

को आत्म सशक्तीकरण की तलाश में देखते हैं, क्योंकि उनसे बहुत कुछ छीना जा चुका है।

"दादी जानकी ने कहा कि मिस्र में अनेक 'रत्न' हैं और यह निश्चित रूप से एक पुरानी भूमि है जिसकी सांस्कृतिक और आध्यात्मिक विरासत समृद्ध तथा बहुल है। दादी वास्तव में संसार की सेवक हैं और वे विश्व के अंतिम कोने तक लोगों की सेवा करने के लिए चिंतित रहती हैं। मुझे लगता है कि मैं बहुत भाग्यशाली हूँ जो मुझे यहाँ भेजा गया है, यद्यपि यह ऐसी चीज है जिसे मैंने स्वप्न में भी नहीं देखा होता।

"शुरू से ही मुझे यह लगता है कि दादी को मेरे लिए अंतर्दृष्टि है। जो मुझे स्वयं अपने लिए नहीं होता और उन्हें वह अंतर्दृष्टि है। उन्हें मेरे भीतर कुछ दिखाई पड़ा, जो मुझे स्वयं अपने भीतर नहीं दिखाई पड़ा। वह आपके भीतर अपना विश्वास रख देती हैं और आप उस चुनौती के लिए काम करते हैं।

"दादी लोगों में हमेशा ऐसे गुण देखती हैं, जो हो सकता है कि दूसरों को प्रकट न हो। एक प्रकार से वह लोगों को उनकी सीमाओं से परे ले जाती हैं, थोड़ा-बहुत उस पक्षी माँ की तरह जो अपने बच्चों को घोंसलों से बाहर निकलने के लिए प्रेरित करती है, ताकि उन्हें यह एहसास हो कि वे उड़ भी सकते हैं।"

पृष्ठभूमि टिप्पणी—यद्यपि काहिरा में ब्रह्माकुमारी सन् 2009 से अस्तित्व में है, तथापि मिस्र के साथ ब्रह्माकुमारीज का जुड़ाव उससे बहुत पहले से है। फरवरी 1984 में पूर्व राष्ट्रपति अनवर सादात की दूसरी आकर्षक पत्नी, जेहान सादात, मधुवन में ब्रह्माकुमारीज की अतिथि थीं। मैं (लिज हॉजकिंसन) भी उस समय मधुवन में थी और जेहान के बारे में अच्छी तरह जानने का मौका मिला।

उनके पति की हत्या सन् 1981 में कर दी गई थी, इसलिए अब वह प्रथम महिला नहीं थीं, वह भूमिका सुजान मुबारक को चली गई थी। आधी अंग्रेज जेहान, जो अब अपनी उम्र के चालीसवें दशक में थीं, 15 वर्ष की उम्र में अनवर से शादी की और अब वह चार बच्चों की माँ हैं। वे पहले ही एक प्रमुख प्रवक्ता हैं, जिन्होंने अनेक मंचों से विश्व शांति पर अभिभाषण दिए हैं। जब वह भारत में थीं तो उन्होंने पतली सँकरी एड़ी वाले चार्ल्स जार्डन जूते में पर्वतारोहण का कठिन काम किया।

मधुवन का कॉन्फ्रेंस समाप्त होने के बाद जेहान सादात ने जयंती को काहिरा में अपने घर आमंत्रित किया, जहाँ जयंती ने चिंतन पर कक्षाएँ करते हुए कुछ समय

बिताया। बाद में जेहान अमरीका चली गईं। जहाँ उन्होंने यूनिवर्सिटी ऑफ लैंड में अनवर सादात चेयर फॉर पीस ऐंड डेवलपमेंट की स्थापना की। सन् 2015 में 82 वर्ष की उम्र में भी श्रीमती सादात अभिभाषणमंडली में शांति के लिए, विशेषकर मध्य–पूर्व में शांति के लिए हमेशा की तरह आंदोलन करती हुई सक्रिय हैं।

एक मुसलिम महिला, जो अपना नाम नहीं बताना चाहती है, वह मध्य–पूर्व में एक केंद्र चला रही है। वे कहती हैं, ''जिस केंद्र को मैं चलाती हूँ, हम ब्रह्माकुमारीज का उल्लेख नहीं करते हैं, लेकिन क्षेत्र के अन्य केंद्रों की तरह चिंतन और आत्म–विकास के हुनर सिखाते हैं।

''दादी जानकी ने यह करने की प्रेरणा दी है और प्रोत्साहन भी दिया है।'' वे कहती हैं। वे ऐसी किसी भी महिला की तरह नहीं हैं, जिनसे मैं पहले मिली हूँ। एक मिनट के प्रबंधक के बारे में आपने सुना है? हाँ, वे एक मिनट वाली नेता हैं। उनके पास हमेशा हर किसी के लिए समय होता है और उनकी एक प्राथमिकता है लोगों को प्रेरित करना।

उन्होंने नेतृत्व का अध्ययन नहीं किया है, लेकिन उनमें स्वाभाविक रूप से यह है। वे हर किसी को नाम से याद रखती हैं और उनका काम तब और भी महत्त्वपूर्ण लगता है जब आप यह सोचते हैं कि वे कितनी बार गंभीर रूप से बीमार पड़ी थीं। वे ऐसे काम करती हैं, जिसे अधिकांश लोग कहेंगे कि स्वास्थ्य की इस दशा में जो उनकी है, असंभव थे, लेकिन किसी भी तरह वह हमेशा सुबह सवेरे उठती हैं और चार बजे सुबह चिंतन करती हैं।

दादी के बारे में एक बात यह है कि वह लचीली हैं। यदि परिस्थितियाँ बदलती हैं तो वह एक मिनट की सूचना पर अपनी योजना बदल देती हैं, और बिल्कुल ही नई दिशा ले लेती है।

किसी भी मुसलिम महिला के लिए ब्रह्माकुमारी बनना आसान नहीं है और इसे थोड़ा छुपा हुआ ही रखा जाता है, इसलिए गुमनामी की जरूरत होती है। लेकिन सारी विचित्रताओं के बावजूद मध्य–पूर्व के केंद्रों की सफलता यह दरशाती है कि इस समस्याग्रस्त क्षेत्र में लोग शांति और स्थायित्व के लिए कितने भूखे हैं। दादी जानकी राजनीति में संलिप्त नहीं होती हैं या किसी पक्ष में नहीं होती हैं, लेकिन सभी को शांति और आशा का विश्वव्यापी संदेश देती हैं।

इजरायल

हम से बहुत सारे लोग इजरायल को मध्य–पूर्व के अन्य देशों से बहुत ही

अलग एक ऐसे देश के रूप में जानते हैं जिसकी बहुसंख्यक जनसंख्या यहूदी हैं, जिसका निर्माण सन् 1947 में यहूदियों के गृहभूमि के रूप में की गई, लेकिन दादी ऐसा नहीं सोचती हैं। उनके विचार में मध्य-पूर्व के लोग और विश्व के अन्य भाग के लोग उसी में आते हैं, सभी एक हैं। यदि वे इसे इस तरह नहीं भी देखते हैं तो भी, और यह कि ईश्वर की सत्ता द्वारा ही इस क्षेत्र का एकीकरण हो सकता है। हम सभी मानव परिवार के एक भाग हैं और एक-दूसरे को भाई-बहन के रूप में देखना चाहिए।

शैरोना स्टिलटमन—वे मूल रूप से अमेरिकी सन् 1952 में जन्मी यहूदी परंपरा से हैं। सन् 1998 से वे इजरायल में ब्रह्माकुमारीज केंद्रों की सर्वप्रमुख हैं।

वे कहती हैं—

> ''मेरा पालन-पोषण अमरीका के मध्य-पश्चिम में पारंपरिक मध्यमवर्गीय परिवार में हुआ था। यद्यपि हम यहूदी थे, हम कठोर बिल्कुल भी नहीं थे, इसलिए हमारी कोई कठोर धार्मिक पृष्ठभूमि नहीं है। हो सकता है कि बाहर के लोगों को यह लगे कि मेरे पास सब कुछ था, फिर भी मैं हमेशा असंतुष्ट थी। एक खालीपन की भावना और आकांक्षा थी, जिसे अंतत: मैं सच्चाई और ऐसे प्रेम की आकांक्षा जिस पर मैं भरोसा कर सकूँ, के रूप में समझ पाई।''

नृत्यांगना के रूप में प्रशिक्षित शैरोना की पूरी इच्छा थी कि इसे ही वह अपना व्यवसाय बनाए। लेकिन साथ आध्यात्मिक खोज भी जारी था। सामूहिक व्यवस्था के अधीन रहने के लिए वे 17 वर्ष की उम्र में इजरायल चली गईं। मुझे लगा कि सामूहिक व्यवस्था, जैसा कि उन दिनों हुआ करती थी, में ही उस तरह का जीवन है, जो मैं चाहती हूँ। जहाँ हम सभी एक परिवार की तरह थे और जहाँ सब कुछ, यहाँ तक कि बच्चे भी सामान्य साझेदारी में पाले जाते थे।

> मैं दो वर्षों तक वहाँ रही और मुझे लगा कि मेरा तीन-चौथाई जीवन संतुष्ट था, लेकिन मेरा एक-चौथाई अभी भी तलाश कर रहा था। मुझे इजरायल की सामूहिक व्यवस्था उत्तेजक लगी और मैं इसे पसंद करती थी कि किस प्रकार सामूहिक उपनिवेशवाद का उद्देश्य कम-से-कम उन दिनों एक ऐसे समाज का निर्माण करना था जो कि युद्ध में भाग लेने के लिए समर्थ न हो, क्योंकि लोगों के भीतर एक ही परिवार से जुड़े रहने के कारण संबद्धता की भावना होती है। इसका आदर्शवाद मुझे बहुत पसंद है और फिर भी कुछ कमी थी। बाद में मैंने पता लगा लिया।

सामूहिक व्यवस्था में दो वर्ष तक रहने के बाद शैरोना फ्रांस चली गईं। जहाँ उन्होंने नृत्य में अपना कॅरियर बनाने का विचार किया। लेकिन तब भाग्य ने हस्तक्षेप किया। मेरे साथ बहुत बड़ी दुर्घटना हो गई। जो वास्तव में पैदायशी दोष के कारण हुआ। कई वर्षों तक नृत्य के द्वारा मेरी मांसपेशियों में जो शक्ति आई थी, वह ऐसी हो गई थी कि मेरे पैर की हड्डियों का एक-दूसरे पर से सही नियंत्रण खत्म हो गया था और मेरे घुटने की व्यापक शल्य चिकित्सा की गई। इससे मेरे नृत्य के कॅरियर पर विराम लग गया और चूँकि इस समस्या का पता मेरे नृत्य शिक्षकों को लगा था, जिन्हें यदि इसके बारे में पहले ही पता चला होता तो वे बहुत सारी समस्याओं को होने से रोक पाते, मैंने सोचा कि मैं नृतकों के लिए डॉक्टर के रूप में प्रशिक्षण प्राप्त करूँगी।

जब शैरोना फ्रांस में अपनी पढ़ाई कर रही थीं तभी उन्हें कुछ दिलचस्प मस्तिष्क शोध का पता चला, जिसमें यह बताया गया कि आप किस प्रकार अपनी नींद में जटिल चीजें सीख सकते हैं। निद्रा ज्ञान तब एक नया विषय था और मुझे यह बड़ा आकर्षक लगा। इसने मस्तिष्क के क्षेत्र में नए अध्ययन के दरवाजे खोल दिए और इसी के माध्यम से मुझे पहली बार शब्द राजयोग से परिचय हुआ। मैंने अपना अध्ययन पूरा किया और शिक्षा के क्षेत्र में काम करने लगी। उस दौरान मैं किसी ब्रह्माकुमारीज से नहीं मिली, लेकिन थोड़े ही दिनों बाद मैं भारत के दौरे पर गई, जो स्वयंसेवी कार्यबल के रूप में मेरी यात्रा थी और भारत के वातावरण ने मुझे इतना द्रवीभूत किया जो वर्णन से परे है। मैं विशेष रूप से भारतीयों की आँखों से प्रभावित हुई और मैं योगियों तथा आँखों-निगाह जो आपको जकड़ लेती है, पर अन्वेषण करना चाहती थी।

फ्रांस लौटने पर पेरिस में उन्होंने ब्रह्माकुमारी चिंतन पाठ्यक्रम पर एक विज्ञापन देखा, जहाँ वह रह रही थीं और उससे जुड़ने का निश्चय किया।

> ''लगभग उसी क्षण मुझे विश्वास हो गया कि मैं सच सुन रही हूँ।'' उन्होंने कहा। मुझे ब्रह्माकुमारी ज्ञान बहुत पसंद है और मालूम है कि मुझे इसी की तलाश रही है। पहली के अंतिम टुकड़े साथ जुड़ने शुरू हो गए।
>
> मुझे अब लगता है कि यदि मैं सामूहिक व्यवस्था में रही होती तो मेरी तीन-चौथाई पूर्ण होने की भावना ही गायब हो गई होती। सामूहिक व्यवस्था बहुत बढ़िया अनुभव था, लेकिन दूरदर्श में मुझे मालूम था कि उन्हें आंतरिक आध्यात्मिक संसाधनों के संबंध में कोई व्यावहारिक ज्ञान नहीं था, जिससे दीर्घ सौहार्द और एकता संभव होती है। यह ज्ञान, जो ब्रह्माकुमारीज की शिक्षाओं

में इतना ज्यादा था और वास्तव में मुझे इसी की तलाश थी। चूँकि ये सभी आध्यात्मिक शक्तियाँ गायब थीं, वह सिर्फ समय की ही बात होती, इससे पहले कि ये एक बार फिर मुझे परास्त कर दी होतीं।

मैंने तीन माह तक फ्रांस में ब्रह्माकुमारीज के साथ अध्ययन किया, इसके बाद ही मुझे लंदन में नए विद्यार्थियों के लिए आयोजित सप्ताहांत सघन में मुझे आमंत्रित किया गया। वहाँ मुझे सबसे ज्यादा आश्चर्यचकित कर देनेवाला ईश्वरीय आध्यात्मिक प्रेम का अनुभव हुआ और तभी मुझे पता चला कि अब पीछे नहीं मुड़ना है। मेरे लिए अब स्पष्ट था, यही मेरा रास्ता और यही मेरा भाग्य था।

मैं पहली बार सन् 1984 में मधुवन गई और वहीं मेरी मुलाकात दादी जानकी से हुई। मुझे वे मेरे पूरे जीवन में मिलनेवाली सबसे बुद्धिमान और सबसे ज्यादा ज्ञानी व्यक्ति लगीं और उनके साथ होना एक रोचक अनुभव था। दादी ने ब्रह्माकुमारी से जुड़ी सभी जानकारियाँ और सूचनाएँ लीं और उन्हें प्रेम में बदल दिया। इस प्रकार का सच्चा प्रेम जिसकी मुझे हमेशा तलाश रही, लेकिन मैं उसे कभी ढूँढ़ नहीं सकी। वे इससे भरी हुई थीं।

सच में किसी बुद्धिमान व्यक्ति के साथ यह मेरा पहला अनुभव था, फिर भी वह कभी गुरु की तरह नहीं थीं। वे आपके बड़े और उच्च कार्यों में आपकी सहभागी थीं, हममें से हर एक व्यक्ति के प्रति उनका सम्मान और अपने अनुभव बाँटने का उनका जोश ऐसा था। वे एक रक्षक देवदूत की तरह थीं, आपके कुशल-क्षेम के प्रति हर क्षण पूरी तरह से समर्पित। वे एक वफादार दोस्त की तरह थीं, हमेशा आप में विश्वास करनेवाली और आपके जोश को बढ़ाने के लिए तत्पर। वे स्नेहमयी दादी माँ की तरह थीं। हमेशा मिठाई और आपके किसी भी आँसू को पोंछने के लिए रूमाल के साथ तत्पर।

बाबा—ब्रह्म बाबा और सर्वोच्च सत्ता के सम्मिलित रूप से पहली बार मिलने के बाद (एक अन्य वरिष्ठ बहन दादी गुलजार द्वारा अवचेतन की अवस्था में आयोजित) मैंने भविष्य के प्रति अपनी आशाओं के बारे में दादी से बात की।

मैंने दादी को बताया कि मैं अपना जीवन ईश्वर और विश्व की सेवा में समर्पित कर देना चाहती हूँ। जब मैंने यह कहा और दादी ने जिस तरह से मुझे देखा उससे मुझे लगा कि वे मुझे भीतर और बाहर सब तरह से जानती हैं। उनकी आँखों में संबद्धता, उल्लास और शक्ति की भावना थी। दादी के प्रति

मेरे मन में अगाध प्रेम और विश्वास का अनुभव हुआ, जो मैंने आज तक कभी किसी के लिए महसूस नहीं किया था। मैं अपने दिल की गहराइयों से यह जानती थी कि मेरे लिए वे जो कुछ भी चाहती थीं, बिल्कुल वही मैं भी चाहती थी। मुझे कभी नहीं लगा था कि मैं किसी ऐसे व्यक्ति से मिली थी जिन पर मैं दिशा-निर्देश के लिए भरोसा कर सकती थी, लेकिन उस पहली बातचीत में ही ऐसा था मानो उस समझौते पर मुहर लग गई हो और वह सबसे ज्यादा सब कुछ जाननेवाली, सदा दयालु, पथ-प्रदर्शक बन गईं। अपने आध्यात्मिक अध्ययन को गहरा करके, कुछ शिक्षक प्रशिक्षण करके और अगले श्रेष्ठ कदम के बारे में जानकारी करके मुझे फ्रांस छोड़कर अपने पास लंदन आने का आमंत्रण दिया।

मैंने पूरे उत्साह के साथ उनकी सभी सलाह का पालन किया और अपने सभी काम को बंद करने के लिए मैं फ्रांस वापस गई। मैं फिर लंदन आ गई और कुछ एक माह के बाद दादी ने बोस्टन में एक नया केंद्र खोलने के लिए मुझे आमंत्रित किया, जहाँ मैं अगले 15 वर्षों तक रही। फिर सन् 1998 में मुझे जयंती का बुलावा मिला, जिसमें उसने मुझे इजरायल में एक केंद्र खोलने के लिए आमंत्रित किया।

यू.एन.ओ. द्वारा आयोजित वर्ष 2000 में विश्व के महानतम धर्मगुरुओं के सम्मेलन में दादी जानकी।

इजरायल में पहले से ही कुछ ब्रह्माकुमारीज थे। लेकिन वे सभी बिखरे हुए थे और उनमें किसी प्रकार का तालमेल नहीं था। इसलिए मैं राष्ट्रीय समन्वयक के रूप में तेलअबीब गई, तब से मैं वहीं हूँ।

> शैरोनी बताती हैं, ''दादी की सच्चाई आत्म-परिवर्तन और विश्व-परिवर्तन के लिए अनवरत जुनून ही उन्हें दादी से प्यार पैदा करता है। दादी उस शुद्धता, आध्यात्मिक प्रेम की उस अद्‌भुत भावना की अवतार हैं, जो पहली बार मुझे लंदन जाने पर हुआ था।''

दादी और मध्य-पूर्व के बारे में शैरोना का कहना है, ''मध्य-पूर्व के लोग पुरानी आत्माएँ हैं और इस कारण विभिन्न जाति के लोगों का अच्छा अनुपात सच की तलाश में है। सभी लोग चाहे उनकी पृष्ठभूमि कुछ भी हो, या वे यहूदी, ईसाई और मुसलिम ही क्यों न हों, वे ब्रह्माकुमारीज से जुड़ते हैं, चूँकि हम एक ईश्वर, एक परिवार के होने की सर्वव्यापी, आध्यात्मिक भावना से काम करते हैं। एक ओर जहाँ हममें से अनेक लोग अपनी रूढ़िवादिता और पक्षपात को पहचानने की कोशिश कर रहे हैं, उन्हें विघटित करने की तो बात ही छोड़ दीजिए। दादी में मध्य-पूर्व के हर एक व्यक्ति के लिए एक सजीव समान अंतर्दृष्टि थी और इस तरह से वे हमें बहुत ही प्रेरक उदाहरण प्रस्तुत करती थीं।

''वे एक सर्वव्यापी वैश्विक नागरिक हैं और अपने सामने हर व्यक्ति को समान आत्मा मानती हैं। यही कारण है कि वे इतनी विभिन्न संस्कृतियों और धर्मों के लोगों को आकर्षित कर पाई हैं।''

शैरोना एक कहानी बताती हैं, जो इस बात की रेखांकित करती है। लंदन में हमारा एक कार्यक्रम था, जिसमें एक प्रसिद्ध मुसलिम व्यक्ति भी शामिल हुए। औपचारिक कार्यक्रम खत्म होने के बाद उन्हें निजी रूप से दादी से मिलने के लिए स्टेज के पीछे बुलाया गया। दादी ने उनका गर्मजोशी से स्वागत किया और कुछ मिनटों के मौन में उन्हें भी शामिल किया। कुछ मिनटों की शालीन खामोशी के बाद उस प्रसिद्ध व्यक्ति ने कहा कि दादी के साथ बैठने से उसे बहुत खुशी हुई, क्योंकि अभी तक उस कमरे में किसी हिंदू महिला के साथ बैठने का मौका नहीं मिला था।

दादी तब भी खामोश रहीं और उस व्यक्ति को प्यार और शांति से देखती रहीं। फिर वे बोलीं, ''आप अभी भी किसी हिंदू महिला के साथ नहीं बैठे हैं। मैं एक आत्मा हूँ और आप भी एक आत्मा हैं। हम उसी एक ईश्वर की संतान हैं और इसलिए आप मेरे भाई हैं और मैं आपकी बहन हूँ।'' दादी ने जिस भावना के साथ अपनी अनुभूतियों को उस व्यक्ति के साथ साझी की थीं, उसे सुन कर वह रो पड़ा। वे सचमुच में हर किसी को एक संबंध की भावना से देखती हैं और यह अनुभव जीवन बदल देनेवाला होता है।

शैरोना कहती हैं कि दादी के बारे में एक चीज है कि वे जहाँ कहीं भी जाती हैं और जिस किसी से मिलती हैं, बाधाओं को तोड़ देती हैं। उनके पास और कुछ नहीं है बस विश्व के विभिन्न आस्थाओं के प्रति सम्मान है, लेकिन इसके साथ ही सभी को एक परिवार के रूप में देखती हैं। आपका धर्म विशेष कोई भी हो, ईश्वर एक ही है और वही ईश्वर हर जगह है।

मेरे लिए दादी का उदाहरण इस बात का प्रमाण है कि ईश्वर अपना काम करते हैं। उन सभी के लिए वे एक चुंबक की तरह हैं जो इस संसार की बेहतरी के लिए अपना तन-मन न्योछावर कर देना चाहते हैं, उन्हें ईश्वर के निकट लाती हैं, ताकि अपना काम जारी रखने की शक्ति और सहायता उन्हें मिलती रहे। ईश्वर के लिए दाएँ हाथ की तरह वे खुद आपको उस ईश्वर की वास्तविकता की ओर खींचती हैं और एक बार आपको जब यह अनुभव हो जाता है तो आप संदेह की किसी छाया के बिना भी यह जान जाते हैं कि यही सच्चाई है।

□

उपसंहार

हम अब अपने इस अन्वेषण के अंत में पहुँच रहे हैं कि दादी जानकी कौन हैं? और क्या हैं? यद्यपि हम शायद कभी भी पूरी तरह से इस रहस्य को नहीं समझ पाएँगे कि उन्होंने किस तरह इतना सब कुछ हासिल किया और अभी भी कर रही हैं।

दादी ने स्वयं भी ऊपर की ओर संकेत करती हैं, यह बताने के लिए कि यह सब कुछ ईश्वर ही कर रहा है, लेकिन ऐसे बहुत-बहुत लोग हैं, जो ईश्वर के साथ मजबूत अंतरंग संबंधों का दावा करते हैं, जबकि उनकी उपलब्धियों की दादी की उपलब्धियों से कोई तुलना ही नहीं की जा सकती है।

मेरे लिए तो दादी एक महत्त्वपूर्ण व्यक्ति से भी ज्यादा हैं, वे अपने ही तरह की एक विलक्षण प्रतिभा हैं। सारांश रूप में, जो मैं मानती हूँ कि उनके मजबूत गुण हैं, यहाँ दिए जा रहे हैं।

उनके भीतर, जो कोई भी उनके सामने है, पर अपना पूरा ध्यान देने की क्षमता है। ऐसा लगता है कि आप ही एकमात्र व्यक्ति हैं जो उस क्षण उनके लिए महत्त्वपूर्ण हैं, अपने आप में यह दुर्लभ क्षमता है। साथ ही वे कभी भी किसी से विशेष दोस्ती या संबंध नहीं बनाती हैं, एक व्यक्ति पर दूसरे को वरीयता नहीं देती हैं। दादी के लिए, वह जिस किसी से मिलती हैं, वह ईश्वर की संतान है और वे सभी को उचित सम्मान और समय देती हैं। जो कोई भी उनके सामने आता है उसे उपहार और मिठाइयाँ दी जाती हैं, ताकि उसे लगे कि वह विशेष है।

वे जिस किसी से भी मिलती हैं, दृष्टि या आँखों की नजर के स्तर के प्रति हमें सावधान रहती हैं। कुछ लोगों को यह असहज या विचित्र लगता है, लेकिन कुछ लोगों के लिए निरंतर आँखों का संपर्क अपने आप में ही एक उपहार है—ऊर्जा, शांति और निश्चिंतता का हस्तांतरण।

शायद एक महिला होने के कारण ही वे ब्रह्माकुमारीज में परिवार का निर्माण करने और बनाए रखने में समर्थ रही हैं। चाहे संगठन कितना ही विकसित हो गया हो, यह अंतरंग वातावरण अभी भी है। दादी का यह विशेष उपहार है कि वह बड़ी-से-बड़ी भीड़ को भी अंतरंग महसूस कराती हैं। यह पारिवारिक वातावरण ही है जो बहुत सारे लोगों को ब्रह्माकुमारी की ओर आकर्षित करती है और यही इसका एक महत्त्वपूर्ण पक्ष भी है जो इसे अन्य भारत आधारित आंदोलनों से अलग करता है, जिसमें आपको गुरु की पूजा के लिए झुकना पड़ता है और उनके ईश्वर और आप—निम्न स्तर का निवेदक के बीच सम्माननीय दूरी रखनी पड़ती है।

'पतनोन्मुख' पश्चिम पहुँचने के बाद दादी ने कभी भी अपने सिद्धांतों या जीवनशैली के साथ कोई समझौता नहीं किया। साहसी और दृढ बने रहने के लिए वे स्वयं ब्रह्माकुमारी जीवनशैली का अधिकतम पालन करती हैं, प्रात:काल चार बजे उठती हैं, सुबह की कक्षा में पढ़ती और सुनती हैं, पूरे दिन चिंतन करती हैं, शुद्ध शाकाहारी भोजन करती हैं और साधारण सूती साड़ी या गाऊन पहनती हैं।

साथ ही वे ब्योरे प्रर भी पूरा ध्यान देती हैं। कोई भी चीज इतनी छोटी नहीं है कि वह उनकी नजरों से बच जाए और यद्यपि उनका मन हमेशा उच्चतर चीजों पर लगा होता है, लेकिन वे पूरी प्रसन्नता के साथ यह भी वर्जन करती हैं कि किस प्रकार की डायरी या नोटबुक श्रेष्ठ रहेगा या किस तरह के परदे सबसे ज्यादा अच्छे लगते हैं।

दादी में अपार साहस है। किसी के लिए भी यह देखना सहज है। लगभग 60 वर्ष की उम्र में लंदन आना ही पहली नजर में अद्‌भुत साहस भरा कदम रहा होगा, तब जबकि वे पहले कभी भारत से बाहर नहीं गई थीं और न ही किसी विदेशी से मिली थीं। वे यही कहती हैं कि ईश्वर ने उन्हें साहस दिया। लेकिन किसी भी तरह सभी ब्रह्माकुमारीज में ऐसी जगह जाने का समर्पण नहीं होता है जहाँ कोई पहले नहीं गया हो। इसके अलावा दादी ने कहा है कि जब वह छोटी थीं, वह ईसाइयों से बहुत डरती थीं और उन्हें देखिए, एक ऐसी भूमि पर आना जहाँ वे भरे हुए हैं, कम-से-कम सैद्धांतिक रूप से ही।

लाक्षणिक रूप से बोलें तो, क्या अपने आरंभिक व्यवहार की प्रतिक्रिया स्वरूप वे उन्हें शेर के सामने निकाल देंगे? हाँ, कुछ लोग ऐसे हैं और उन्होंने यह कोशिश भी की है। लेकिन ऐसे नकारनेवाले लोगों को वे अत्यंत तुच्छ समझकर नजरअंदाज कर देती हैं।

अपनी रुचियों और जीवनशैली में साधारण दादी ने हमेशा ही बड़ा सोचा है।

उन्होंने कभी भी विगत की प्रतिष्ठा से संतुष्ट होकर जीना नहीं सीखा, बल्कि हमेशा ही अगली बड़ी परियोजना की ओर बढ़ती रहीं, चाहे यह किसी नए केंद्र की प्राप्ति हो या कोई वैश्विक आयोजन। लंदन में ग्लोबल कॉरपोरेशन हाउस जैसे ही पूरा हुआ, उन्होंने आवासीय रिट्रीट सेंटर की तलाश शुरू कर दी, यद्यपि ऐसी योजना के लिए पैसे बिल्कुल भी नहीं थे। वह कभी भी अपने आरामदायक स्थिति में नहीं रहती हैं, शायद इनकी स्थिति ही कभी आरामदायक नहीं रही है।

दादी इस धर्मनिरपेक्ष संसार को पैसों के बारे में बहुत कुछ बता सकती हैं। एक ओर वे एक पैसा भी बरबाद न करने के लिए चिंतित रहती हैं, लेकिन भव्य परियोजनाओं पर बहुत ज्यादा पैसे खर्च करने से भी वे नहीं डरती हैं। अखबार में धन से संबंधित पृष्ठों पर प्रसिद्ध लोगों से प्राय: यह पूछा जाता है कि क्या वे पैसे खर्च करनेवाले हैं या बचानेवाले। दादी इनमें से कोई नहीं हैं। जब उचित होता है तो वे खर्च करती हैं और कभी जमा नहीं करती हैं। जो कुछ भी आता है वह सीधे खर्च भी हो जाता है। इन सबसे बढ़कर हर चीज हासिल किया गया है, लेकिन औपचारिक रूप से चंदा इकट्ठा किए बिना ही।

यह सिद्धांत कि आध्यात्मिक ज्ञान देने या उसकी साझेदारी के बदले में कोई शुल्क नहीं लेना चाहिए, का सख्ती से पालन किया जाता है। किसी भी घटनाओं या आयोजनों के लिए कभी शुल्क नहीं लिया जाता है, यद्यपि लोगों से दान आमंत्रित किए जाते हैं, लेकिन उनके लिए ऐसा करने की कोई विवशता नहीं है। दादी का हमेशा ही यह विश्वास रहा है कि यदि लोगों को लगता है कि उनका फायदा हुआ है, तो संगठन के आगे के काम के लिए वे योगदान करना चाहेंगे और व्यापक रूप से उनकी बात सही साबित हुई है।

शुल्क न लिये जाने की नीति के कारण कुछ लोगों में संकल्प की कमी देखी जाती है। लोगों द्वारा किसी आयोजन के लिए अपना स्थान आरक्षित करवाना तथा उस आयोजन में शामिल न होना और इसकी सूचना, आयोजनकर्ताओं को न देना कोई असामान्य बात नहीं है, अवश्यंभावी रूप से ऐसे भी लोग हो सकते हैं जो इस स्थिति का फायदा उठाते हैं और कुछ भी दान देने का विचार किए बिना ही वे रिट्रीट केंद्रों में आवासीय सप्ताहांत बिताते हैं। फिर कुछ ऐसे लोग भी हैं जो नकद या सेवाओं के रूप में बहुत ज्यादा दान करके इसकी क्षतिपूर्ति कर देते हैं।

अपने उदाहरण द्वारा ही दादी ने यह दिखा दिया है कि किस प्रकार थोड़े पैसे के साथ भी जीना संभव है, यदि आपको अपने लिए किसी भी चीज की कोई इच्छा या मनोकामना नहीं है। यह अद्भुत है कि किस प्रकार दादी के सिद्धांतों को

लागू करके अपने खर्च में कटौती की जा सकती है। सभी ब्रह्माकुमारीज द्वारा साधारण जीवन के कारण ही संगठन का इतना विस्तार संभव हो पाया है।

दादी को इस बात की भी तीव्र समझ है कि क्या सही है। जब ब्रह्माकुमारीज ने ऑक्सफोर्ड के ठीक बाहर नूनेहम पार्क हासिल किया तो उन्होंने यह आदेश दिया की परदे और साज-सज्जा इतने भव्य हों कि इस राजकीय घर के अनुरूप हों। ऐसी जगहों पर कुछ सस्तापन नहीं चलता है। दादी आंतरिक साज-सज्जा पर बहुत ध्यान देती हैं, जिसके पीछे उनका उद्‌देश्य यह होता है कि ऐसा लगना चाहिए कि सभी ब्रह्माकुमारी केंद्र वहाँ आनेवाले समाज के सभी वर्गों का स्वागत करता है, चाहे वे किसी भी पृष्ठभूमि के हों। इसलिए सादगी और गुण साथ-साथ चलता है।

वे अपनी तरह की उग्र स्त्रीत्ववादी हैं। उनका मानना है कि अब समय आ गया है जब महिला को नेतृत्व करना चाहिए, न कि अनुसरण। इस मामले में वे संस्थापक ब्रह्म बाबा की शिक्षाओं को जारी रखती हैं। जिन्होंने आदेश दिया कि इस आंदोलन की प्रमुख हमेशा महिलाओं को ही होना चाहिए। यह अपने आप में ही एक बहुत बड़ा कदम था, विशेषकर उस समय के भारत में। आज ब्रह्माकुमारी महिलाओं द्वारा संचालित, आध्यात्मिक या धर्मनिरपेक्ष संसार का सबसे बड़ा संगठन है। यह आंदोलन यह दिखाता है कि यदि मौका मिले तो महिलाएँ क्या कुछ कर सकती हैं।

यद्यपि दादी हमें शांत एवं शालीन लगती हैं, उन्होंने भी भारत में और भारत के बाहर उग्र चुनौतियों और विरोध का सामना किया है। कुछ लोग जिन्होंने इस संगठन को बदनाम करने में कोई कसर नहीं छोड़ी। आम तौर पर ब्रह्माकुमारी आंदोलन और दादी, दोनों पर बहुत कीचड़ उछाले गए, लेकिन दादी इस पर कभी ध्यान नहीं देती हैं और ब्रह्माकुमारीज का भी हर समय आलोचकों को शुभकामनाएँ भेजने के लिए प्रेरित करती हैं। वे अपने पूरे जीवन में गंभीर बीमारियों से पीड़ित रही हैं और यह एक सच्चा चमत्कार है कि उन्होंने लगभग एक शताब्दी तक जीवित रहकर चिकित्सा विज्ञान को भी गलत साबित कर दिया है। एक बार फिर वे कह सकती हैं कि उनमें जीने के अनेक कारण हैं और अभी भी बहुत काम करना है और यह कि ईश्वर से उनका प्रेम ही उन्हें जीवित रखने का कारण है।

दादी की सबसे बड़ी ताकत शायद उनका अविचलन है। बहुत बचपन से ही, एक मिनट के लिए भी उनका ईश्वर से जुड़ाव या संकल्प कमजोर नहीं हुआ है। कई ब्रह्माकुमारीज ने शंका और दु:खों की रातें देखी हैं, लेकिन दादी ने नहीं।

उनका मानना है कि चिंताएँ और समस्याएँ तब आती हैं जब ईश्वर के साथ आपका जुड़ाव कमजोर होता है या खत्म होता है।

क्या इन सब चीजों से यह साबित होता है कि ईश्वर है और यह कि वह इस तरह से चलता है और जितना हम समझे हैं उससे कहीं कम रहस्यमय है और उसने इस छोटी भारतीय महिला को इतने लोगों को प्रेरित करने में समर्थ किया? नहीं, चूँकि यह कभी भी साबित नहीं हो सकता है, लेकिन दादी शायद उस बात को दुहराएँगी जो कि एक बूढ़ी साध्वी ने अपनी मृत्युशय्या पर कहा, ''यदि जब मैं जाती हूँ, तो मुझे पता चलता है कि ईश्वर नहीं है, यह यात्रा फिर भी अद्‌भुत रही और यदि ईश्वर है तो मैं तो सफल रही।''

बिना किसी संदेह के दादी जानकी ने कई लोगों को स्वर्ग की झलक दिखाने में समर्थ किया है, शांति और आनंद का अमूल्य अनुभव देकर। वे लोग जिन्होंने इसकी झलक देखी है, यह दृष्टि उन सभी पीड़ा और परीक्षण के योग है जो उन्होंने झेली हो।

दादी और सभी ब्रह्माकुमारीज को उस समय की प्रतीक्षा है, जिसका सारांश एक समय लोकप्रिय रहे इस विक्टोरियाई छंद में मिलता है—

When knowleage hand in hand with peace,
Shall walk the earth abroad
The day of perfect righteougnerss,
The Promised day of God.

इस छंद में ईसाई भावना की अभिव्यक्ति मिलती है, लेकिन इसमें दादी के स्थायी संदेश की गूँज भी मिलती है कि मौलिक रूप से सभी धर्मों और आस्थाओं के केंद्र में यही संदेश होता है।

अपने लंबे जीवनकाल में दादी ने हमेशा इस बात पर जोर दिया है कि ज्ञान के साथ-ही-साथ शांति और प्रेम भी होना चाहिए। ज्ञान के आधार के बिना, प्रेम और शांति कोरे शब्द हैं।

इनके लोकप्रिय शब्दों के साथ इसका समापन करना उपयुक्त होगा : ओमशांति, ओमशांति, ओमशांति।

इन शब्दों की शक्ति को तीन गुना बढ़ाने के लिए इन शब्दों को तीन बार बोलना चाहिए।

□

दादी जानकी संक्षिप्त जीवनी

इस बात को समझाने के लिए दादी ने क्या हासिल किया है, यहाँ पश्चिम में ब्रह्माकुमारी के विकास से संबंधित कुछ महत्त्वपूर्ण तिथियाँ दी गई हैं।

सन् 1957 : सिस्टर जयंती के माता-पिता—मुरली और रजनी लंदन में बसने के लिए भारत से आए। रजनी ने घर और जीवनशैली ब्रह्माकुमारी की तरह रखा, लेकिन कोई केंद्र नहीं था, कोई बैठक नहीं हुई और न ही कोई आयोजन हुए।

जून 1971 : ब्रह्माकुमारीज का पाँच सदस्यी प्रतिनिधिमंडल लंदन में केंद्र स्थापित करने के विचार के साथ भारत से लंदन आया। वे जयंती के परिवार के साथ उत्तर-पश्चिम लंदन स्थित वेल्सडन में ठहरे। भारत के बाहर पहला केंद्र टेनिसन रोड में खोला गया। डॉ. निर्मला वहाँ एक साल से कम रहीं, उसके बाद दादी रतन मोहनी रहीं। जो भी हो, वे भारत वापस आ गईं और लंदन में अपने प्रवास के दौरान उन्होंने अंग्रेजों को आकर्षित करने का कोई प्रयास नहीं किया।

24 अप्रैल, 1974 : दादी जानकी जयंती के साथ लंदन आईं और उसके तुरंत बाद सिस्टर सुदेश आईं। उसी वर्ष दिसंबर में टेनिसन रोड में एक घर खरीदा गया है, जो शुरू में किराए पर लिये गए फ्लैट के ठीक बगल में था।

सन् 1974 : सिस्टर डेनिस और जॉनकेन पहले अंग्रेज विद्यार्थी थे।

जुलाई 1975 : यू.के. में ब्रह्माकुमारीज का कानूनी रूप से पंजीकरण दि वर्ल्ड रिनिउअल स्पिरिचुअल ट्रस्ट के नाम से, जो भारत में भी संगठन आधिकारिक नाम था, किया गया।

जुलाई 1977 : ब्रह्माकुमारीज ने लंदन में अपना पहला प्रमुख आयोजन, दि वर्ल्ड रिनिउअल फेस्टिवल किया, जिसमें वरिष्ठ बहन दादी कुमारका ने भी भाग लिया।

सन् 1978 : विलस्डन में सेंट ग्रैब्रिअल रोड पर एक विशाल उपनगरीय घर खरीदा गया और यह दूसरा सबसे प्रमुख केंद्र बन गया। मई 1979 में जयंती और दादी जानकी रहने के लिए टेनिसन रोड से सेंट ग्रैब्रिअल रोड पर आ गईं। टेनिसन रोड स्थित केंद्र को भी अपने पास ही रखा।

सन् 1982 : सेंट ग्रैब्रिअल रोड स्थित केंद्र सुबह की कक्षा के लिए आनेवाले लोगों की संख्या को देखते हुए अब बहुत छोटा लग रहा था। इसलिए इसे वेल्सडन स्थित डडन हिल लेन कम्युनिटी केंद्र हस्तांतरित कर दिया गया।

सितंबर 1991 : पाउंडलैंड, लंदन एन.डब्ल्यू. 10 स्थित ग्लोबल कॉरपोरेशन हाउस का उद्घाटन दादी कुमारका द्वारा किया गया और भारत से बाहर ब्रह्माकुमारी का यह पहला उद्देश्य निर्मित केंद्र था।

जनवरी 1993 : ऑक्सफोर्डशायर में एक भव्य घर खरीदा गया। इसका पुनरुद्धार किया गया और यह ग्लोबल रिट्रीट सेंटर बन गया। भारत के बाहर यह पहला आवासीय रिट्रीट केंद्र था।

सन् 1995 : रिजेंट रिट्रीट लंदन में पहला इनर स्पेस हाई स्ट्रीट शॉप खोला गया, जिसे बाद में कॉन्वेंट गार्डन हस्तांतरित कर दिया गया। इस शॉप ने प्रमुख शहरों में कई और इनर स्पेस शॉप खोले जाने का मार्ग प्रशस्त किया।

सन् 2004 : डायमंड डाउस, जो ग्लोबल हाउस का ही एक विस्तार था, का उद्घाटन एक बार फिर दादी कुमार द्वारा प्रिंस चार्ल्स से सहायता के संदेश के साथ किया गया।

अगस्त 2007 : दादी प्रकाशमनी का देहावसान हो गया और प्रबंधन समिति द्वारा दादी जानकी को वापस भारत आकर प्रशासनिक प्रमुख बनने के लिए कहा गया।

इसका अभिप्राय यह था भारत के बाहर ब्रह्माकुमारी के प्रसार में उनकी सक्रिय संलिप्तता का अंत हो गया, लेकिन उन्होंने इतना कुछ कर दिया था कि संगठन अपने आप भी या पूर्व कार्यकर्ताओं के योगदान के कारण आगे बढ़ सकता था।

□□□